Horst Opaschowski

Wissen, was wird

Horst Opaschowski

Wissen, was wird

Eine kleine Geschichte
der Zukunft Deutschlands

Patmos Verlag

29 VIII 19

Für Elke,
mit der meine Zukunft begann

INHALT

VORWORT

Im Tiefflug über Deutschland:
Im Tiefgang über die deutsche Seele

Was hat Deutschland, was andere Länder nicht haben? Vor dieser
Frage stand ich erstmals 1988, als ich im Auftrag des Bundeswirt-
schaftsministers das Drehbuch-Konzept für die Weltausstellung in
Brisbane/Australien schrieb. Der Film *„One, two, three – Germany!"*
war als amtlicher Beitrag der Bundesrepublik Deutschland für den
deutschen Pavillon in Brisbane geplant.

Meine erste Antwort auf die Frage lautete damals: Was sich Austra-
lier erst nachträglich als Walt-Disney-Kulisse schaffen müssen, gibt
es bei uns im Original: Fluchtburgen und Dome, Traumschlösser
und Industriedenkmäler. Ein Deutscher, der jeden Tag ein anderes
Theater oder Opernhaus besuchen möchte, wäre mehr als 400
Tage beschäftigt, für den Besuch der vorhandenen Museen mehr
als vier Jahre. Aus der Sicht der Neuen Welt muss „Old Germany"
wie ein belebtes Freilichtmuseum erscheinen: die Passionsspiele in
Oberammergau, das Schloss Neuschwanstein (von einem Theater-
maler entworfen) und die Stadt Rothenburg ob der Tauber mit ihren
echten Folterkammern.

Ist Deutschland nur ein Land der Kuckucksuhren und der Schwarz-
waldklinik, in dem „Frühstücksei, Rouladen mit Rotkohl und dichte
Fenster" (Angela Merkel 2017) gefragt sind? Gibt es *etwas Spezi-
fisches, was uns von anderen unterscheidet?* Oder ist allein eine

solche Frage schon „typisch deutsch"? Nicht zufällig ging vor mehr als hundertdreißig Jahren der Philosoph Friedrich Nietzsche der Frage nach, was eigentlich die „deutsche Seele" ausmacht. Sein Resümee in der Schrift „Jenseits von Gut und Böse" (1886) lautete: „Es kennzeichnet die Deutschen, dass bei ihnen die Frage ‚Was ist deutsch?' niemals ausstirbt."

Erinnert sei an Anfang Juli 2017: Die Deutschen holten im Fußball innerhalb von zwei Tagen die U21-Europameisterschaft und den Confed Cup – und das ohne ihre besten Spieler. Europa und die Welt wunderten sich. Die spanische Zeitung AS resümierte dazu am 4. Juli 2017: „Es gibt nun einmal *die Zuverlässigkeit bei allem, was deutsch ist* – egal, ob Auto oder Waschmaschine." Werden wir hier schon wieder nur auf „Sekundärtugenden" und sogenannte „Helmut-Schmidt-Werte" (DER SPIEGEL vom 6. Mai 2017) wie Pflichtbewusstsein und Zuverlässigkeit reduziert?

Im Rahmen meiner Forschungsarbeiten habe ich in den letzten Jahrzehnten die Erfahrung gemacht: *Das Klischee ist oft die Wirklichkeit.* 1989 musste ich nach Repräsentativumfragen zu den Alltagsgewohnheiten der Deutschen feststellen: Die Frauen handarbeiten, die Männer heimwerken. Die Frauen lesen gern ein Buch, die Männer sehen sich gern Sportveranstaltungen an. Die Frauen gehen gern zum Friseur usw. usw. Die Liste der vermeintlichen Klischees, die mit der Wirklichkeit übereinstimmen, schien endlos zu sein.

Zwanzig Jahre später habe ich im Rahmen meiner Arbeit in der BAT Stiftung für Zukunftsfragen 10.000 Europäer in acht Ländern repräsentativ nach ihren Einstellungen und Werten befragt (Opaschowski/Reinhardt 2008). Das Ergebnis: In der Werteorientierung der Deutschen stehen im Unterschied zu anderen Europäern zwei Besonderheiten ganz obenan: *Verlässlichkeit* (78 Prozent – Europa: 59 Prozent) und *Pflichtbewusstsein* (62 Prozent – Europa: 46 Prozent). Es muss wohl Eigenheiten in Deutschland geben, die sich nicht nur in der Gewohnheit widerspiegeln: „Wir geben uns zur Begrüßung die Hand."

Kein Land hat mehr Nachbarn als Deutschland. Der problemlose Übergang von einem Land in das andere macht Deutschland zu einem *Land (fast) ohne Grenzen.* Diese geografische Mittellage in Europa und die Nähe zu den europäischen Nachbarn haben ihre Spuren in den Einstellungen und Verhaltensweisen der Deutschen hinterlassen. Hinzu kommen Besonderheiten der politischen Landschaft, die man heute noch spürt: Historisch gesehen gab es Franken und Sachsen, Bayern und Schwaben, ehe es Deutsche gab.

Diese Gedanken bewegten mich vor mehr als dreißig Jahren, als ich mich in das Filmszenario für die Weltausstellung in Australien einstimmte. Entstanden ist auf diese Weise ein Drehbuch: *Im Tiefflug über Deutschland von der Zugspitze bis zum Wattenmeer.* Wie eine Möwe flog die Kamera über Bundesländer und Landschaften hinweg – unterbrochen vom regelmäßigen Hinabtauchen in die Arbeits-, Technologie- und Lebenswelten der Deutschen. Ein Film mit vielen Ansichten und optischen Gags und mit der Musik von Klaus Doldinger. Inhaltlich stand auch damals schon das *Zeitalter der Technologie* im Mittelpunkt – im Jahr 6 vor Amazon, im Jahr 8 vor Google und im Jahr 16 vor Facebook. Das Projekt ist inzwischen ein Zeugnis moderner Technologiegeschichte.

Wie im Flug über Deutschlands Geschichte, Gegenwart und Zukunft zugleich – und das aus der Sicht eines Forschers, der die gesellschaftliche Entwicklung Deutschlands seit einem halben Jahrhundert persönlich erlebt und beruflich im Blick hat: so ist „meine" Geschichte Deutschlands von den sechziger Jahren bis heute und darüber hinaus entstanden. Die Flugperspektive eines Gesellschaftsforschers eröffnet Antworten auf die Fragen: *Was war? Was ist? Und was wird sein?* Historisch. Analytisch. Futuristisch. Eine Multivision mit Orts- und Szenenwechseln, auch ohne Hologramme und Lasershow.

Dafür aber ein aufregendes *Angebot, zurück in die Zukunft zu reisen* – in einem Endlos-Film, der immer wieder von vorne beginnen kann. Kein langatmiges Lavieren und Theoretisieren, eher eine

Erzählung in bewegten Bildern mit gelegentlichen Schütteleffekten zum Wachrütteln. Und das heißt: Aufrichten. Den Staub abschütteln. Losleben. Und dies im schwarz-rot-goldenen Deutschlandjahr 2019: 100. Jahrestag der Nationalversammlung in Weimar, 70 Jahre Grundgesetz und 30 Jahre Mauerfall. Zukunft ist Herkunft. Deutschlands Zukunft hat längst begonnen.

Horst Opaschowski

I. KAPITEL

HERKUNFT. ANKUNFT. ZUKUNFT.
Meine Reise durch ein halbes Jahrhundert

„Ich habe von Ihnen gelesen", hieß es in der E-Mail einer mir unbekannten Mutter im Januar 2019. „In unserem Land soll es mit der Zukunft nicht so rosig aussehen – das ist eindeutig so! Ich denke mal, wenn man Zukunftsforscher ist, muss man auch etwas von der Vergangenheit wissen." Genauso ist es: *Ich wollte einmal Historiker werden. Zukunftsforscher bin ich geworden.* Von Gregor von Tours und Chlodwigs Taufe im fünften Jahrhundert über den Historikerstreit um Fritz Fischers Buch „Griff nach der Weltmacht" in den sechziger Jahren bis zur Kriegsschuldfrage und Verantwortung für den Ausbruch des 1. Weltkriegs reichten damals meine Geschichtsstudien an der Universität Köln – dabei immer getrieben von der Frage: *Wie geht es weiter?*

In den neunziger Jahren wirkte ich als Jury- und Kuratoriumsmitglied mit bei der Konzeption der ersten Weltausstellung in Deutschland: EXPO 2000. Als begleitende Werbemaßnahme gaben wir seinerzeit einen Kurzfilm für das deutsche Fernsehen in Auftrag. Im Zeitrafferstil wurde in 90 Sekunden die gesamte Menschheitsgeschichte in Bild und Ton, aber ohne Text und Kommentar dargestellt – von der Erzeugung des Feuers über die Erfindung des Wagenrads bis zur menschenleeren Fabrik. Am Ende des Films wurde das Gesicht eines Kindes eingeblendet – mit großen Augen und der neugierigen Frage: *„Und wie geht es weiter?"*

In der Schule gibt es seit alters her den Geschichtsunterricht. Hier wird gelehrt, was geschehen ist und was getan wurde. Aber danach – *danach steht die Zeit still*. Über die Zukunft schweigt die Schule. Der Geschichtsunterricht endet im günstigsten Fall in dem Jahr, in dem er erteilt wird. Dann bricht der Lauf der Zeit ab. Es ist, als gäbe es keine Zukunft. Es stellt sich wirklich die Frage: Wird die Zukunft, die aus dem Unterricht verbannt wird, auch aus unserem Bewusstsein verdrängt? Orientieren wir uns mehr an Vergangenheit und Gegenwart und fast gar nicht an der Zukunft? Kommt das nicht einer Verdrehung des Zeitsinns gleich? Bei der Beantwortung dieser Frage sind wir offensichtlich auch im 21. Jahrhundert noch nicht viel weitergekommen. *An die Stelle von Neugier ist heute Verunsicherung getreten.* Ein großer Teil der Bevölkerung weiß nicht, wie es politisch und gesellschaftlich weitergeht – in Deutschland, Europa und der ganzen Welt.

1. Vor zweitausend Jahren:
Nur Gott und der Kaiser kennen die Zukunft

Erinnern wir uns: In Griechenland wimmelte es von *Orakeln* (Delphi, Delos, Olympia, Epidaurus, Theben u. a.), die miteinander um Treffsicherheit wetteiferten. Hinzu kamen sogenannte *Seher*, die Politikern und Militärstrategen nicht selten das verkündeten, was sie hören wollten. So vermittelten beispielsweise die Feldzüge Alexanders des Großen den Eindruck einer fast *konspirativen Kooperation zwischen dem König und den Sehern*, bei der man nicht wusste, „wer wen manipulierte" (Minois 1998, S. 108). König und Seher steckten sozusagen „unter einer Decke". Dafür sprach auch, dass jede militärische Expedition ihre eigenen Seher hatte, so wie es heute für jeden Wahlkampf parteienspezifische Meinungsumfragen und bezahlte Werbeagenturen gibt.

Die griechische Kultur hat als Erste ernsthaft über den Begriff der Zukunft nachgedacht. Die Römer hingegen hatten mehr die Gegenwart im Blick und rückten Weissagungen in die Nähe von Betrug,

Verschwörung oder gar Landesverrat. *Zukunft wurde zur Chefsache erklärt.* Nur der Kaiser sollte die Zukunft kennen. Kaiser Tiberius versuchte, Orakel in der Nähe Roms zu beseitigen. Und Kaiser Claudius fasste im Jahre 47 alle Weissager zu einem Staatskollegium zusammen – zu einer Art *Zukunftsministerium.* Die *Zukunftsdeuter* wurden zu Beamten und die Voraussagen eine Sache des Staatsmonopols.

Die Politik Roms hatte ein ernsthaftes Interesse daran, Voraussagen oder gar Gerüchte über die Zukunft der kaiserlichen Macht zu verhindern. So ließ z. B. Kaiser Augustus alles, was an griechischen und lateinischen Orakelbüchern kursierte, verbrennen. Stattdessen wurde in Rom der Mythos der Ewigen Stadt verbreitet. Und der Dichter Horaz verkündete die *Carpe-diem*-Devise: „Nutze den Tag und verlass dich so wenig wie möglich auf den, der noch kommt." Jeder sollte im Hier und Jetzt leben – und nicht etwa im Vertrauen auf die Zukunft. Denn: „Es hat ein weiser Gott den Weg der Zukunft mit dunkler Nacht verhüllt und lächelt nur, wenn ein Sterblicher über das erlaubte Maß sich ängstigt ... Nur der wird als sein eigener Herr und heiter leben, der nach jedem Tag zu sprechen weiß: ‚Ich habe gelebt'" (Horaz „Oden" I und III). Das erinnert an den Zeitgeist des 21. Jahrhunderts.

Cicero stützte Horaz in dieser Meinung, das Wissen um die Zukunft sei weder nützlich noch hilfreich: „Was für ein Leben hätte doch Priamos gehabt, wenn er von Jugend an gewusst hätte, welche Schläge ihn im Alter treffen würden? ... Es ist demnach die *Unkenntnis* künftigen Unheils gewiss *von größerem Nutzen als ein entsprechendes Wissen*" (Cicero, „Über die Wahrsagung" II).

Mit dem Übergang von der Antike zum Mittelalter verändert sich die Einstellung zur Zukunft nicht grundlegend: *Gott allein kennt die Zukunft,* heißt es jetzt, zumal die Welt nicht mehr lange bestehen sollte. Die Ankündigungen von Antichrist / Wiederkehr Christi / Ende der Welt / Jüngstes Gericht bestimmten die mittelalterlichen Zukunftsvorstellungen. Der Zyklus der ewigen Wiederkehr geriet ins Wanken. Das römische „Carpe diem" von Horaz wurde einfach umgeschrieben. An die Stelle von Daseinsfreude und Lebensgenuss trat die Flucht nach vorn (Minois 1998, S. 211): *Wir leben nicht mehr – wir erwarten das Leben*.

Das neuzeitliche *Zukunftsverständnis* gibt es im Deutschen erst seit der zweiten Hälfte des 18. Jahrhunderts. Im Deutschen Wörterbuch von Jacob und Wilhelm Grimm heißt es dazu: „Erst das ‚philosophische Jahrhundert', als der Mensch aufhörte, die Zeitlichter der Ewigkeit entgegenzustellen, und anfing, sich selbst im Ablauf des allgemeinen Geschehens zu sehen ... hat die für uns so geläufige Abstraktion des Begriffs der *zukünftigen Zeit* allgemein vollzogen" (Grimm 1954, Sp. 479). Bis dahin gab es Zukunft eigentlich nur in der räumlichen und nicht in der zeitlichen Bedeutung von *Ankunft* bzw. *adventus* – ganz im Sinne von Kap. 24/Vers 3 des Matthäus-Evangeliums „quod signum adventus tui, et consumatione saeculi?" Gemeint war die Ankunft Christi auf Erden, die Martin Luther 1545 ganz modern ins Deutsche übersetzte: „Welches wird das Zeichen sein deiner Zukunft und der Welt Ende?" Die Zukunftsvorstellung glich damals mehr einer *Adventsstimmung*.

Dies spiegelt sich noch heute in verschiedenen Sprachen wider, bei denen als Zukunftsbegriff das lateinische *adventus* zugrundegelegt wurde, z. B. in *avenir* (französisch), *avenire* (italienisch) und *provenir* (spanisch). Im Übrigen gilt nach wie vor das Wort von Albert Camus (1914–1960): „Die Zukunft ist für Menschen ohne Gott – das einzige *Jenseits*" (Camus 1959, S. 190): die Zukunft als letzte Hoffnung.

Im Unterschied zu heute war man früher sehr viel mehr von der ewigen Wiederholung des Gleichen überzeugt. Maßstab hierfür waren die *Kreisläufe der Natur:* Vogelflug und Witterung, Aussaat und Ernte, jahreszeitliche Rituale und Kirchenfeste, die Folge und das Zusammenleben der Generationen von der Geburt über die Eheschließung und Vererbung bis hin zur Blutrache. Alles, was sich diesem Kreislauf des Lebens entzog, wurde als *Schicksalsschlag bzw. Ratschluss Gottes* hingenommen.

Völlig neuartige, ja revolutionäre gesellschaftliche und technologische Entwicklungen wie in der heutigen Zeit waren den Menschen in Antike und Mittelalter weitgehend fremd. Geschichtlich gesehen wiederholte sich alles: „Der Sohn folgte dem Vater auf den Thron, der neue dem alten Rat in der Herrschaft über Republiken und Städte. Kriege folgten auf Friedenszeiten, Frieden auf Krieg, Reichtum auf Armut, Glück auf Unglück" (Hölscher 1999, S. 28). In römischer Zeit hatte der Kaiser die Zukunft definiert und reglementiert – im Mittelalter war es die Kirche: *Zukunftsdenken* wurde jetzt als *Aberglaube* und Teufelswerk gebrandmarkt. Das traf insbesondere für die Astrologie, die Wissenschaft und die Deutung der Sterne, zu. Die Aufstellung von Horoskopen wurde verurteilt.

2. Vor hundert Jahren:
„Die Zukunft redet schon in hundert Zeichen"

Vergangenheit, Gegenwart und Zukunft müssten eigentlich eine Symbiose eingehen – ganz im Sinne der Vorrede Friedrich Nietzsches in seinem Buch „Der Wille zur Macht" aus dem Jahre 1888: *„Was ich erzähle, ist die Geschichte der nächsten Jahrhunderte. Ich beschreibe, was kommt, was nicht mehr anders kommen kann ... Diese Geschichte kann jetzt schon erzählt werden. Die Zukunft redet schon in hundert Zeichen"* (Nietzsche 1888/1966, S. 634).

Als Zukunftsforscher habe ich mittlerweile gelernt, in *drei Welten* zu leben: Im Gestern. Im Heute. Und im Morgen. Dabei habe ich das Wortspiel *„Zukunft ist Herkunft"* gern und viel für Erklärungen genutzt. Doch spätestens nach der zeitgeschichtlichen Zäsur des 11. September 2001 ist mir bewusst geworden: Zukunft *„braucht"* Herkunft! Nur mit diesem Verständnis bekommen wir Klarheit in die Deutung von Zeitgeist, Zeitgeschichte und Zukunftsentwicklung. Die Erfahrung lehrt: Wer nicht zurückschauen will, kann auch nicht nach vorne blicken – ganz im Sinne der Spruchweisheit von Konfuzius: *„Erzähle mir die Vergangenheit und ich werde die Zukunft erkennen."*

Ist das nicht der Schlüssel des Lebens? Jeder Mensch kann auf seine *Vergangenheit als lebendige Erinnerung* zurückblicken und persönliche Schlüsse daraus ziehen: Wie will ich eigentlich leben? Aus dem Rückblick entwickelt sich ein Vorausblick. Und mit etwas Phantasie lässt sich sogar *die eigene Zukunft besuchen*. Mein Zukunftsdenken setzte vor einem halben Jahrhundert ein. Als Student entdeckte ich Ende der sechziger Jahre cen Zukunftsreport von Ernst Gehmacher zum Thema „So leben wir in 30 Jahren" (Gehmacher 1968). Da war bereits von *Haushaltsrobotern und elektrischen Stadtautos* die Rede. Und auch treffsichere Prognosen wurden erstellt, die unser gesellschaftliches Leben heute nachhaltig verändert haben:

- Ein langes Leben für jeden.
- Die Kinderzahl wird sinken.
- Das tägliche Leben wird ein Stadtleben sein.
- Konferenzen werden über Fernsehtelefone abgewickelt.
- Statt in Büchern zu stöbern, verrichten Datenverarbeitungsanlagen die Sucharbeit.
- Fremdsprachige Texte werden vom Computer übersetzt.
- Maschinen nehmen den Menschen die Arbeit weg.

Hier wurde die technologische Vorausschau zum Blick in die *Zukunft mit sozialen Folgen*. Dabei stellt sich aus der Sicht von heute auch die *Was-wäre-wenn-Frage*: Was wäre gewesen oder geworden, wenn Politik und Wirtschaft aufgrund dieser Vorausschau die gesellschaftlichen Weichen damals anders gestellt hätten – z B. mit dem Bau elektrischer Autos schon in den 70er-Jahren begonnen oder eine neue *Generationenpolitik* als Folge des demografischen Wandels oder eine „Agenda 2000" (und nicht erst eine „Agenda 2010") mit grundlegenden Reformansätzen der Sozialpolitik realisiert hätten? Im Nachhinein müssen dies illusorische Vorstellungen sein. Realistischerweise wäre eher zu fragen: Wollte und will die Politik überhaupt so weit vorausdenken oder gar von Experten vorausdenken lassen?

MEIN ZUKUNFTSDENKEN –
VOR EINEM HALBEN JAHRHUNDERT:

„Es geht weniger um ein Vorausberechnen und Voraussagen,
sondern um das Vorausdenken und Vorausblicken.
Unsere Handlungen in der Gegenwart sollten auf historischen
Erfahrungen basieren
und von Vorstellungen über die Zukunft geleitet sein."

(1969/Publikationsliste Nr. 50)

Seit fünfzig Jahren betreibe ich Zukunftsforschung. Fünfzig Jahre
verändern viel. Menschen, Medien, Märkte. Auch ich habe mich in
fünf Jahrzehnten verändert – nur in einer Sache nicht: Als Wissen-
schaftler begleite ich den wirtschaftlichen, sozialen und technologischen Wandel in Deutschland und habe die Lust auf Innovation,
Fortschritt und soziale Verantwortung nicht verloren. Zukunft beginnt immer jetzt – meine Zukunft und die Zukunft Deutschlands
und die der Welt auch.

3. Vor fünfzig Jahren:
Mondlandung und Herztransplantation

Vor fünfzig Jahren betrat am 21. Juli 1969 der erste Mensch den
Mond. Willy Brandt wurde am 21. Oktober 1969 zum neuen
Bundeskanzler gewählt. Die Zahl der Gastarbeiter in Deutschland
erreichte 1969 einen neuen Höchststand – doch die *große Zei-
tenwende* stand den Deutschen erst noch bevor. Mit dem Club-of-
Rome-Bericht über die Grenzen des Wachstums begann Anfang der
siebziger Jahre eine neue Ära – ein Zeitalter, das von Unsicherhei-
ten und Ängsten geprägt wurde und heute noch nicht zu Ende ist.
Die Deutschen nahmen Zug um Zug *Abschied vom optimistischen
Fortschrittsglauben*. Zur gleichen Zeit begannen meine eigenen

Forschungen und Publikationen für ein besseres Leben und gegen einen zivilisationsfeindlichen Zukunftspessimismus.

Während der Öl-/Energiekrise 1971/1972 gab ich mein erstes Rundfunkinterview zu einem Thema, das mich seit fünfzig Jahren geradezu verfolgt: *„Es wird nie wieder so werden, wie es war."* Ob Tschernobyl 1986, Golfkrieg 1991, 11. September 2001, Finanzkrise 2009, Fukushima 2011 oder Flüchtlingskrise 2015: Ich habe mich seither an Dauerkrisen und Krisengefühle gewöhnt – und meine Zuversicht nicht aufgegeben: *Es geht immer wieder weiter!*

Die amerikanische Anthropologin Margaret Mead brachte es vor einem halben Jahrhundert auf den Punkt: Nur wenn es uns gelingt, „mit unserer Vergangenheit und Gegenwart ins Reine zu kommen, *werden wir eine Zukunft haben"* (Mead 1970, S. 11). Mead hatte im Jahr 1925 Feldforschungen bei den Manus auf Bali und Neuguinea durchgeführt. Nach neunundzwanzigjähriger Abwesenheit kehrte sie wieder zurück. Die wahrgenommenen Veränderungen waren gravierend: Die Großeltern waren plötzlich nicht mehr präsent und hatten ihre *Vorbild-Funktion für die Enkel verloren.* Früher konnten die Älteren noch stolz sagen: „Weißt du, ich war einmal jung, aber *du* warst niemals alt. Ich habe dir etwas voraus." Jetzt, drei Jahrzehnte später, antworteten die jungen Leute selbstbewusst: *„Ihr* wart nie jung in der Welt, in der wir jung sind. Und ihr werdet es auch nie sein" (Mead 1970 S. 94).

Als Aldous Huxley 1931 seinen Zukunftsroman „Brave New World" schrieb, war er davon überzeugt, dass wir bis zum 6. oder 7. Jahrhundert „nach Ford" noch viel Zeit hätten: Von der ständigen Ablenkung durch Unterhaltungsangebote des Sports und der Musicals über die Verabreichung einer pharmakologisch hervorgerufenen Glückseligkeit bis zur Abschaffung der Familie reichte der Spannungsbogen seines ebenso phantasievollen wie zynischen Bildes einer neuen Gesellschaft. Doch schon knapp drei Jahrzehnte später musste Huxley eingestehen: *„Die Prophezeiungen von 1931 werden viel früher wahr, als ich dachte"* (Huxley 1959).

Seine realistische Quintessenz lautete: „Ich denke jetzt *beträchtlich weniger optimistisch.*" Die ehemals ungefährliche ferne Zukunft war plötzlich ganz nah. Wie auf einer *Geschichtsbühne* erschien ihm nun die „schöne neue Welt" in einer Mischung aus Alptraum und Illusion, aktiver Euphorie und negativer Glückseligkeit. Im Zeitraum von knapp dreißig Jahren hatte sich nicht nur die Welt, sondern auch die eigene Sichtweise grundlegend verändert.

Meine *Reise durch das letzte halbe Jahrhundert* ist rückwärtsgewandt und zugleich nach vorne gerichtet. Auch ein Grund, warum Politiker ungern Zukunftsprognosen hören und lesen wollen. Denn *in jeder Prognose steckt ein Stück Gegenwartskritik*, die Menschen und Märkte beunruhigen kann. *Zukunft gestern. Zukunft heute. Zukunft morgen.* Diese drei Sichtweisen bündeln sich in diesem Buch *Wissen, was wird!* Ein solches Wissen erlaubt einen Mix aus Herkunft, Ankunft und Zukunft, der vieles realistisch erscheinen lässt: Schafe aus Eizellen klonen, Tomaten ohne Erde züchten, in der Tiermedizin durch Musik stimulierende Wirkungen erzielen oder das menschliche Gehirn im Computer scannen.

„Meine" Geschichte der Zukunft Deutschlands hat zwei Gesichter:

- Zunächst steht *objektiv* die gesellschaftliche Entwicklung Deutschlands in den nächsten zehn bis fünfzehn Jahren im Fokus – vom Struktur- und Wertewandel bis zum demografischen Wandel.

- Hinzu kommt *subjektiv* die ganz persönliche Wahrnehmung auf der Basis von vier Jahrzehnten eigener empirischer Grundlagenforschung zwischen 1979 und 2019. Wie habe ich Anfang der achtziger Jahre die Zukunft Deutschlands eingeschätzt? Was hat sich bewahrheitet? Und in welchen Bereichen gab es überraschende Entwicklungen?

Meine Geschichte ist eine Zeitreise auf der Basis von Zeitreihen und Zeitvergleichen. So arbeite ich seit Jahrzehnten. Augenblicksaufnahmen und Status-quo-Umfragen haben für mich eher einen Hauch von Langeweile. Was kann ich schon mit solchen Umfragedaten anfangen? War es nicht immer so? Nicht *das, was ist*, überrascht und interessiert mich als Zukunftsforscher, sondern *das, was sich verändert*. Die Entdeckung der Zukunft in Vergangenheit und Gegenwart. Das ist Zukunftsforschung.

„Die Zukunft ist immer das, was wir aus ihr machen.
Und oft nichts anderes als die verlängerte Gegenwart –
wenn wir die Entwicklung nicht ändern oder gegensteuern."

(1983/Publikationsliste Nr. 36)

„*Sagen, was ist*", das Motto des Wochenmagazins DER SPIEGEL, ist für Realitätsanalysen schon hilfreich, „spiegelt" aber im schnelllebigen Digitalzeitalter nur die halbe Wahrheit wider. Die *Erzählung über die Zukunft Deutschlands* fängt doch erst danach richtig an. Schlüsselfragen an die Zukunft lauten beispielsweise: Was bleibt? Was ändert sich? Und wie werden die Menschen damit fertig? Wo die „Sagen, was ist"-Antworten aufhören, fängt die *„Wissen, was wird"*-Agenda an.

4. Der Weltuntergang findet nicht statt:
Der Glaube an eine bessere Zukunft ist stärker

Die Menschen glauben seit dem 16. Jahrhundert an eine bessere Zukunft. Die Angst vor der Zukunft schwindet. Zukunft erscheint plötzlich planbar und beherrschbar. Die Welt ist nicht mehr dem Schicksal oder Zufall ausgeliefert. Astrologen, Propheten und Utopisten werden zunehmend von Mathematikern, Historikern und Philosophen abgelöst.

Einen zeitgeschichtlichen Einschnitt gab es 1516 mit der Veröffentlichung des Werkes *Utopia* von Thomas Morus. Der Kanzler

Heinrichs III. beschrieb darin die glückliche Gesellschaft der Gleichen auf einer imaginären *Insel im Nirgendwo*. Die Entdeckung Amerikas durch Morus' Zeitgenossen Christoph Columbus hatte neue Horizonte eröffnet – räumlich und geistig. Gleichzeitig machte Nostradamus („Michel de Nostre-Dame") durch seine Sammlung astrologischer Weissagungen ab 1550 auf sich aufmerksam. Und Tommaso Campanella (1568–1639) schrieb seinen *Sonnenstaat*.

Der französische Sozialhistoriker Georges Minois beschreibt das 19. Jahrhundert als *Jahrhundert der Zukunft*, als prophetisches Jahrhundert und Jahrhundert wissenschaftlicher Utopien. Die Folge: Die neuen Propheten verließen den Boden der Kirche. 1830 erschien in Frankreich die erste Zukunftszeitschrift *L'Avenir*. Optimismus breitete sich aus. Alle Welt sprach von Zukunft, von Freiheit, Fortschritt und Entwicklung. Die *Zukunftsdenker* verstanden sich als neue Propheten des Glücks.

Das Interesse an *Zukunftswissen* war groß. Zur göttlichen Vorsehung (französisch: prévision) gesellte sich die menschliche Voraussage (französisch: prévoyance). Der religiöse Hoffnungsbegriff wurde erweitert – vor allem zur Zeit der Aufklärung. Der französische Mathematiker Marquis de Condorcet hatte 1793 in seiner berühmten Schrift über die Fortschritte des menschlichen Geistes („des progrès de l'esprit humain") die unbegrenzte *Vervollkommnungsfähigkeit* des Menschen (*perfectibilité*) verkündet und das Fortschritts- und Zukunftsdenken gesellschaftsfähig gemacht. Nur Karl Marx distanzierte sich deutlich: Die phantastischen Antizipationen sollten nicht „vom gegenwärtigen Kampf" ablenken (Karl Marx' Brief an Nieuwenhuis am 21. Februar 1881). Ende des 19. Jahrhunderts deutete sich das Ende der Utopien, Träume, Hoffnungen und des Optimismus an. Der Aufstieg des *Pessimismus* begann. Aldous Huxley veröffentlichte 1932 die „Schöne neue Welt" als Synonym für Glück ohne Freiheit in einer Welt der Diktatur. 1949 folgte George Orwells Zukunftsroman „1984". In dieser Welt des Big Brother regierten Furcht, Verrat und Folter, Angst, Hass und Wut. Als Grundsatz galt: *Wer die Gegenwart kontrolliert, kontrolliert die Zukunft.*

> **„1984: Orwells Jahrhundertbuch ist eine Herausforderung
> für zukunftsorientiertes Denken.
> Die Weichen für die Jahrhundertwende
> müssen rechtzeitig gestellt werden."**
>
> *(1994/32)*

Ein afrikanisches Sprichwort lautet: „Weißt du nicht, wohin du willst, so wisse zumindest, woher du kommst." Gemeint ist damit: *Es gibt keine Zukunft ohne Herkunft*. Und *Herkunft* bedeutet Geschichte, Tradition, Kultur. Solange die Herkunft unerforscht bleibt, lassen sich auch Zukunftsfragen nicht beantworten. Die meisten Ideen für die Zukunft können aus der Vielfalt der Vergangenheit geschöpft werden (vgl. Oloukpona-Yinnon 2000, S. 85). Der ehemalige Baseballstar der New-York Yankees, Goose Gossage, soll auf die Frage, was er sich unter Zukunft vorstelle, geantwortet haben: „Die Zukunft ist im Wesentlichen wie die Vergangenheit – nur länger." Die Zukunft ist geradezu schicksalhaft mit der *Vergangenheit* verbunden.

Seit der Jahrtausendwende macht der Begriff Zukunft neugierig, aber auch Angst. Solche Zeitwenden haben schon immer *Weltuntergangsstimmungen* (Zweckbronner 2000, S. 321) und gleichermaßen *euphorische Erwartungen* ausgelöst:

- Um 1800 ging es zentral um die Frage, wie viele Menschen die Erde wohl noch tragen könne.

- Auch zur Jahrhundertwende um 1900 griff die Angst vor künftiger Unterversorgung der wachsenden Bevölkerung mit Nahrungsmitteln um sich. Gleichzeitig wurden das „Jahrhundert des Dampfes" und das „Zeitalter der Elektrizität" gefeiert.

- Im Jahr 2000 war die Weltbevölkerung mittlerweile auf

sechs Milliarden angewachsen. Der Übergang zum solaren Zeitalter wurde verkündet, der selbst zehn Milliarden Menschen ausreichend *Energie* für ein Leben im *Wohlstand* geben sollte. Folgerichtig sollte das 21. Jahrhundert ein Jahrhundert technologischer Revolutionen werden – von der Computerrevolution bis zur biomolekularen Revolution (Kaku 1997/2000).

Inzwischen deuten sich zusätzlich psychische Probleme an. Im alltäglichen Leben machen die Menschen die Erfahrung: Zu wenig *Innovation ist langweilig* – ein Zuviel an neuen Entwicklungen aber *ängstigt*. Auch ein Grund dafür, warum *Zukunftsdenken* Jahrhunderte lang aus dem Leben ausgeblendet, ja systematisch verdrängt wurde.

Vor 2500 Jahren beschrieb der Philosoph Platon dieses Phänomen im Dialog Phaidros: Danach präsentierte der Erfindergott Theuth dem ägyptischen Pharao Thamus eine Reihe von *Erfindungen*, die sich im ganzen Land ausbreiten sollten. Dazu gehörte auch die *Erfindung der Schrift*. Der ägyptische Herrscher lehnte dies jedoch kategorisch ab. Denn: „Mit Einführung der Schrift verändern sich auch die gesellschaftlichen Begriffe von Erinnerung und Weisheit" (Warnecke 1999, S. 11). Der Pharao befürchtete eine Schwächung des Gedächtnisses und eine Vernachlässigung der mündlichen Überlieferungstradition.

5. Zurück in die Zukunft:
Die Zukunft wird im Vergangenen entdeckt

Die Geschichte beweist: Neue Technologien wie z. B. der Buchdruck, das Fernsehen oder das Internet verändern langfristig die Lebensgewohnheiten von Menschen. Ähnliches gilt für zukunftsweisende Entwicklungen im Bereich der Mobilität. Der technologische Fortschritt ist kaum aufzuhalten, die Zukunft und die Zukunftsforschung auch nicht – frei nach den erfolgreichen Zukunftsstudien von Robert Jungk, „Die Zukunft hat schon begonnen" (1952/1990), sowie von Herman Kahn und Anthony Wiener, „Ihr werdet es erleben" (1967/1971). In der modernen Zukunftsforschung geht es um *Vorausdenken und Vorausschauen*, nicht um Prophetie, Astrologie oder Magie. Die Zukunftsforschung weist Gemeinsamkeiten mit der Geschichtsforschung auf, in der von der ewigen Wiederkehr des Gleichen die Rede ist und Vergangenheit als Präfiguration der Zukunft erscheint (vgl. Eliade 1984, S. 101): Alles wiederholt sich endlos – seit Jahrhunderten.

Genau genommen beginnt die *Zukunftsforschung* mit der Geschichtsforschung – ganz im Sinne von Ernst Bloch: „Die *Entdeckung der Zukunft im Vergangenen*, das ist Philosophie der Geschichte" (Bloch 1951, S. 474). Zukunft ohne Vergangenheit bleibt blass. In dieser Sichtweise ergeben sich geradezu neue Anforderungen an die Geschichtsforschung, die bisher unvermittelt mit dem Heute oder Gestern abbricht und ohne Bezug zur Zukunft bleibt. Man stelle sich einmal vor: Historiker würden auch prognostisch arbeiten, also nicht nur den Blick zurück auf das 19. oder 20. Jahrhundert werfen, sondern auch futurologisch 2030 oder 2050 antizipieren. So könnte die Geschichtswissenschaft neue Dimensionen gewinnen.

Dies träfe genauso gut für andere Disziplinen zu: In der *Politologie* könnte zukunftsgestaltende Politik eine größere Rolle spielen. Gleiches gilt für die *Pädagogik*: Die vorausschauende Pädagogik wäre dann die Schwester der Historischen Pädagogik. In der *Philosophie* wird ohnehin die Prognose als eigene Kategorie definiert: „In der Bildung von Prognosen bestehen das Ziel und die Existenzberechtigung der Wissenschaft" (Grundmann 1968, S. 40). Schon in den Frühzeiten der futurologischen Forschung war klar, dass Zukunftswissenschaft die *Disziplingrenzen* sprengen muss. „*Futurologie*, die mehr ist als Utopie, Technokratie oder ‚crisis management', muss versuchen, Prognostik, Planung und Philosophie der Zukunft zu einer neuen Einheit zusammenzufügen" (Flechtheim 1972, S. 8).

Brauchen wir überhaupt eine Geschichte des Zukunftsdenkens? Vor zwei Jahrzehnten wagte erstmals der Historiker Lucian Hölscher den großen *Sprung von der Vergangenheitsbewältigung zur Zukunftsvorstellung*: „Auch die Zukunft hat ihre Geschichte" (Hölscher 1999). So lautete seine Ausgangsthese für die Entdeckung der Zukunft. Die Begründung lag auf der Hand: In zunehmendem Maße orientieren sich Politiker, Parteien und Wähler bei politischen Entscheidungen an Vorstellungen über mögliche künftige Entwicklungen. Als Vertreter der neueren Geschichte betrat Hölscher Neuland, musste sich zwischen faktischen und fiktiven Ereignissen bewegen und in der Erforschung der Zukunft auch utopische und apokalyptische Entwürfe mit im Blick haben.

Zukunft entdecken heißt: herausfinden, was auf uns zukommt – im ursprünglichen Sinne von „adventus" im Lateinischen und „time to come" im Englischen. Als Historiker gelangte Hölscher seinerzeit schnell zu der Erkenntnis, dass Zukunft nur noch im Plural gedacht werden kann: Statt der einen „Zukunft" muss realistisch mit einer Vielzahl möglicher „Zukünfte" gerechnet werden. Nur so ist erklärbar, warum es zeitgeschichtlich gesehen um 1770 zwar den ersten großen „Zukunftsboom" gab, dem aber in den Jahren 1830, 1890, 1950, 2000 und 2010 weitere Wellen folgten.

Eine *Vielzahl futurologischer Denkfabriken* ist in der Kriegs- und Nachkriegszeit vor allem in den USA entstanden. Mit der Digitalisierung in fast allen Bereichen des Lebens, die zur Verunsicherung großer Teile der Bevölkerung führt, ist weltweit kein Ende des Zukunftsbooms absehbar. Kaum ein Unternehmen kann sich heute noch dem Future-Sog entziehen. Und auch Institutionen, Organisationen und Parteien kommen ohne *Programme mit Zukunftsbezug* nicht mehr aus.

6. Zukunftsfrage:
Wo bleibt der Mensch?

Über der Haustür von Niels Bohr, dem großen dänischen Atomphysiker, war einst ein Hufeisen befestigt. Ein Freund sprach ihn prompt darauf an: „Aber du glaubst doch nicht an so etwas!" „Nein", antwortete Bohr, „natürlich nicht. Aber ich habe mir sagen lassen, dass es trotzdem wirkt." Und als Niels Bohr seine Atomtheorie entwickelt hatte, wurden Stimmen laut wie: „Mein Gott, muss der gerechnet haben." Seinen Freunden und Schülern wie z. B. Carl Friedrich von Weizsäcker vertraute der Gelehrte jedoch an: „Ich habe nicht gerechnet. Das war ein Einfall" (Jungk 1969/1990, S. 71).

So muss wissenschaftliches *Zukunftsdenken* auch verstanden werden: Eine Antenne für das Kommende haben, eine Art inneres *Radarsystem*, das ständig die Gegenwart beobachtet und systematisch der Frage nachgeht: Wo gehen die Dinge hin? Eine Mischung aus Datenbankbasis, Ideenfindung und Problemlösungshilfe für Entscheidungsträger. Verantwortliche Zukunftsforschung muss sozialkritische Analysen liefern, aber genauso offen für kreative Prognosen sein.

„Zukunftsforschung zeigt die Richtung an,
wohin wir uns entwickeln.
Dabei geht es um Entwicklungstendenzen
und sich abzeichnende Perspektiven
und nicht um Spekulationen und Visionen.
Wohl steht am Ende die Vision einer wünschbaren Zukunft,
die Wirklichkeit werden kann,
wenn wir bereit sind, die ‚richtigen' Wege zu gehen."

(1997/30)

Im Mittelpunkt meiner Forschungsarbeit steht seit Jahrzehnten die systematische Untersuchung der Lebensgewohnheiten der Bevölkerung. Die Ergebnisse von Repräsentativumfragen im Zeitvergleich, sogenannte *Zeitreihen,* bilden die sozialwissenschaftliche Basis für Prognosen. Prognosen erzielen immer dann eine große *Treffsicherheit,* wenn sie von der zentralen Frage ausgehen: *Wo bleibt und was will der Mensch?* Erst danach ergeben sich Antworten darauf, was wirtschaftlich und technologisch alles möglich wäre. Daraus folgt: Große gesellschaftliche Veränderungen von der Perestroika bis zur deutschen Vereinigung lassen sich nicht präzise prognostizieren, auch Kriege und Krisen von der Energiekrise über den Golfkrieg bis zu den Terroranschlägen in den USA nicht – voraussagbar aber sind die Lebensgewohnheiten der Menschen in den nächsten Jahren.

Lebensgewohnheiten sind wie eine *zweite Natur* und haben fast die Wirkung einer Kleidung aus Eisen, die nur schwer zu sprengen ist. Viele Tätigkeiten im Alltag werden so lange praktiziert, dass sie fast wie Aufstehen, Essen und Schlafengehen zur lieben Gewohnheit bis ins hohe Alter werden. Dies erklärt auch, warum beispielsweise Urlauber auf Reisen am meisten das eigene Bett, die Zeitung aus der Heimat und das gemütliche Zuhause vermissen. Gewohnter *Lebensrhythmus* und alltäglicher Regelkreis sind den Menschen geradezu in Fleisch und Blut gegangen. Viele können einfach nicht aus ihrer Haut heraus.

Die Sozialforschung geht davon aus, dass die Persönlichkeits- und Interessensstruktur eines Menschen im Wesentlichen ausgebildet ist, wenn er das Erwachsenenalter erreicht. Die *Kindheits- und Jugenderfahrungen* haben ein größeres Gewicht als die spätere Sozialisation. Im Einzelfall kann es zwar auch im Erwachsenenalter noch zu dramatischen Veränderungen kommen, aber die statistische Wahrscheinlichkeit einer grundlegenden Persönlichkeitsveränderung nimmt abrupt ab, wenn das Erwachsenenalter erreicht ist.

Der *Wertewandel* einer Gesellschaft besteht nicht darin, dass sich die Menschen sozusagen über Nacht verändern. Er vollzieht sich vielmehr allmählich in dem Maße, in dem *die jüngere Generation einer Gesellschaft die ältere Generation Zug um Zug ablöst.* Und eine Generation, die unter veränderten gesellschaftlichen Lebensbedingungen aufwächst, gelangt zwangsläufig zu anderen Erfahrungen und Gewohnheiten. Damit verändern sich auch die Einstellungen zu Arbeit und Leben, zu Partnerschaft, Familie und Freundeskreis.

> **„Die große Leistungsverweigerung findet nicht statt!**
> **Wohl kann es eine Verlagerung von Leistungsreserven**
> **in neue Lebensbereiche**
> **(z. B. Natur, Umwelt, Soziales) geben."**
>
> *(1983/36)*

7. Zukunftsparadox:
Halbwertzeit verursacht Gewissheitsschwund

Vor mehr als zwanzig Jahren zählte der Schweizer Philosoph Hermann Lübbe zu den *Trends der Zukunft* vor allem die „temporale Innovationsverdichtung" (1996, S. 117). Weil sich die *Innovationsrate pro Zeiteinheit* immer mehr erhöht, kommt es zu immer schnelleren Innovationsschüben. Messbar sind sie an der *Halbwertzeit* – an der Zeit also, die vergeht, bis beispielsweise die Hälfte der Ergebnisse eines Forschungsprojekts, einer technologischen Entwicklung, einer wissenschaftlichen Disziplin oder auch eines Lehrbuchs als überholt und veraltet gelten. Bibliothekare könnten auf diese Weise die Benutzung wissenschaftlicher Literatur in Abhängigkeit von ihrem Erscheinungsdatum messen. Das ergäbe dann – grafisch gesehen – eine steil nach unten absinkende Kurve.

Beispiele aus der Industriegeschichte zeigen, dass z. B. Werkzeugmaschinen im Textilbereich im 19. Jahrhundert bei guter Wartung etwa drei Jahrzehnte nutzbar waren. Hundert Jahre später lag die Nutzungszeit nur mehr bei 15 Jahren. Heute haben wir Innovationsschübe in der Technologie von gerade einmal 15 bis 18 Monaten. Wenn sich die sogenannte temporale Innovationsverdichtung weiter so exponentiell entwickelt, dann werden Wirtschaft, Politik und Gesellschaft immer hektischer agieren und reagieren, wenn sie sich nicht auf verlässliche Prognose-Daten stützen können. Der subjektive Eindruck entsteht: Die Gegenwart schrumpft – von der Wahrnehmung bis zur gelebten Realisierung werden die Zeiträume immer kürzer.

Im 21. Jahrhundert müssen wir mit dem *Zukunftsparadox* leben: Je mehr und je präziser wir Prognosen abzugeben in der Lage sind (z. B. bei Wahlprognosen, Wettervorhersagen), desto mehr stellt sich bei uns das subjektive Gefühl von Ungenauigkeit und Unsicherheit ein. So entsteht der *Zukunftsgewissheitsschwund* (Lübbe 1990, S. 68). Weil die Menge der Ereignisse pro Zeiteinheit mit der Menge des verfügbaren Wissens wächst, entsteht der Eindruck, dass die Zukunft immer weniger prognostizierbar sei. Nichts anderes meint der Sachverständigenrat zur Begutachtung der gesamtwirtschaftlichen Entwicklung in seinem Jahresgutachten 2018/19: *„Die ungewisse Zukunft"* stellt Deutschland vor *„große Herausforderungen"*.

Globale Ereignisse dringen heute via elektronische Medien in jedes Wohnzimmer ein. Medien setzen und besetzen Themen und Problemfelder, mit denen sich die Menschen auseinandersetzen. Auf diese Weise können gesellschaftliche Probleme zugespitzt, aber auch in den Hintergrund gedrängt werden. Wenn allerdings die *Informationsüberflutung* zu stark wird, neigen die Menschen eher dazu, sich *abzuschotten* oder die Infoflut nur noch *selektiv aufzunehmen*. Nach vorliegenden Erfahrungswerten aus der Konsumentenforschung werden nur etwa ein bis zwei Prozent der durch Massenmedien verbreiteten Informationen genutzt: „Der Rest landet unbeachtet auf dem Müll" (Kroeber-Riel/Weinberg 1999, S. 615). Mehr kann nicht verkraftet werden.

Die Medien versuchen deshalb, die dargebotenen *Bilder und Stim-*

mungen zunehmend zu emotionalisieren, um die Aufmerksamkeit auf sich zu lenken. Das bleibt nicht ohne Verhaltenswirkungen. Das Bild, das die Medien beispielsweise von der wirtschaftlichen Entwicklung zeichnen, hat unmittelbaren Einfluss auf das Verhalten der Verbraucher. Wie beim *Kurseinbruch an der Börse* können negative Konjunkturmeldungen zu einem *Vertrauensverlust* bei den Verbrauchern führen und entsprechende Verhaltensänderungen zur Folge haben. So entsteht ein *negativer Kreislauf* bzw. psychologisch bedingter Mechanismus oder gar Automatismus:

- Von dem negativen Konjunkturbild zum Vertrauensverlust der Verbraucher
- über die nachlassende Konjunktur zur Kaufzurückhaltung
- bis zur sich verstärkenden Rezession.

Verbraucherforschung in diesem Sinne stellt eine Art „Konsumklimaforschung" (Weinberg 1990, S. 83) dar.

Informationen und Meldungen wirken besonders verhaltensprägend, wenn sie die emotionale Betroffenheit bzw. das Erleben von Bedrohung (z. B. Ehec-Krise) ansprechen – allerdings nur bis zu einem gewissen (Zeit-)Punkt. Dann stellen sich *Problemgewöhnungen* ein, d. h. die persönliche Betroffenheit unterliegt trotz ständiger Krisenmeldungen immer stärkeren *Abstumpfungserscheinungen* (vgl. Lehmann/Langeheine 1989). Die psychische Abwehr von längerfristigen Problemen (z. B. Terrorismus) sorgt für die gewünschte Entlastung. Die *Problemverdrängung* setzt sich durch (vgl. Adelt u. a. 1990, S. 173). Der Zeitfaktor wirkt und heilt.

In der *Prognoseforschung* muss die Ökonomie stärker mit der Psychologie verbunden werden, Konjunkturstimmung und Konsumentenvertrauen sind mehr als Einheit zu sehen. Dann sind die Prognosen auch nicht mehr mit so großen Unsicherheiten verbunden; die Wirtschaft steht nicht mehr hilflos vor der Frage, wie schnell das verlorene Vertrauen der Konsumenten und Investoren wieder zurückgewonnen werden kann.

8. Zukunftsforschung:
Mehr beobachten als prophezeien

Die Sozialwissenschaft traditioneller Prägung tut sich bisher schwer mit Voraussagen – aus Angst vor Fehlschlägen. Die *Schwäche der Sozialwissenschaft im Prognostizieren* ist bekannt. Dabei gibt es nach Meinung des Amerikaners Alasdair MacIntyre (1997, S. 141) in der Sozialwissenschaft durchaus voraussagbare Elemente, die verlässliche Aussagen und Prognosen zulassen:

- Dazu gehören beispielsweise die *Alltagsrituale*, wonach die meisten Menschen zu bestimmten Zeiten das immer Gleiche tun, was Voraussagen mit großer Wahrscheinlichkeit ermöglicht.

- Auch die Kenntnis *statistischer Regelmäßigkeiten* spielt bei Prognosen eine wichtige Rolle. So lassen sich in den Sozialwissenschaften durchaus rational begründete Voraussagen machen.

Dennoch bleibt die Skepsis gegenüber sozialwissenschaftlichen Voraussagen weit verbreitet. Der Philosoph Karl Raimund Popper hält es sogar für ein großes Unglück, wenn z. B. von Geschichtsphilosophen erwartet wird (unter Hinweis auf Hegel und Spengler), dass sie die Zukunft voraussagen können. Die Nachfrage nach Propheten und Zukunftsideen wächst: „Denn Ideen können Berge versetzen" (Popper 2002, S. 156).

Wer auf die Suche nach der Welt von morgen gehen will, der sollte seine Ideen und Visionen in erster Linie auf das beziehen, was man von der Vergangenheit und der Gegenwart lernen kann. Nur so lässt sich auch die *Hoffnung auf eine bessere Welt* begründen. Schlüsselfragen einer wissenschaftsbasierten Zukunftsforschung sind beispielsweise: Welche Gesellschaft wollen wir in Zukunft haben? Was hält die Gesellschaft dann zusammen? Wie wollen wir leben? Und dies unter Berücksichtigung globaler Probleme wie z. B. Bevölkerungsexplosion, Nord-Süd-Gefälle und Ausbeutung der natürlichen Ressourcen.

„Zukünfte" bzw. *„Futures"* sind bisher eigentlich nur aus der Finanzbranche bekannt: „Futures" sind *Zukunftskontrakte* oder *Wetten auf die Zukunft.* Anders als beim klassischen Aktienkauf liegt das Geschäft erst in der Zukunft und muss daher auch nicht direkt bezahlt werden. Bei der Bank wird lediglich eine Art Kaution („Margin") hinterlegt. An einem zuvorbestimmten Tag in der Zukunft wird dann der Aktienkauf getätigt und bezahlt. Es gleicht mehr einem *Chancen-Risiko-Spiel.* Zu Beginn des Geschäfts wird ein *Zukunftsziel* vereinbart: Jede Abweichung vom Dax-Stand nach oben bringt zusätzlich Geld, jede Abweichung nach unten kostet Geld bzw. Punkte (jeder Punkt ist 25 Euro wert).

Auf die Zukunftsforschung übertragen wäre das eine große Herausforderung für Wirtschaft, Politik und Gesellschaft im Hinblick auf die Genauigkeit und Treffsicherheit von Prognosen. Denn mit der Präzision von Prognosen würden auch die Akzeptanz und die Anerkennung wachsen. Aus möglichen und wünschbaren Zukünften muss die Zukunftsforschung Handlungsoptionen für die Zukunft ableiten, Handlungsstrategien aufzeigen und fragen: Wenn wir in Zukunft „so" leben wollen – welche Wege müssen wir dann heute gehen? Eine nachhaltige wissenschaftliche Zukunftsforschung ist Wegweiser und Weichensteller zugleich. Dies war meine Position in den siebziger Jahren: „Die Humanisierung der Gesellschaft erzwingt einen neuen Fortschrittsglauben und damit auch einen neuen Lebenssinn. Das faszinierte Starren auf die durch Arbeit und Fleiß hervorgebrachten Wachstumsraten hat uns für nicht-ökonomische Wertvorstellungen blind gemacht. Wir müssen jetzt genug Phantasie und vor allem Mut aufbringen, um die weitere gesellschaftliche Entwicklung qualitativ zu steuern" (Opaschowski 1974/1).

Für mich als Zukunftsforscher gilt: *Ich prophezeie gar nichts.* Ich beobachte nur, was geschieht, und wäge mögliche Folgen für die Zukunft ab. Mit meinen Forschungen und Publikationen versuche ich, Einfluss auf die künftige gesellschaftliche Entwicklung zu nehmen. Wirtschaft und Politik orientieren sich an solchen Empfehlungen – oder auch nicht. In Zukunft findet eine *fortschreitende Wissensexplosion* in Verbindung mit Beschleunigungsprozessen statt. Macht und Verantwortung, Wissen und Vorauswissen gehören daher zusammen. Infolgedessen können Wirtschaft und Politik auf das Wissen, die Vorausschau und die Wegweisung der Zukunftsforschung nicht verzichten: Eine vorausschauende Forschung schafft im 21. Jahrhundert erst die Voraussetzungen für eine vorausschauende Gesellschaftspolitik und eine vorausschauende Unternehmensplanung.

Wer als Politiker nur an die nächste Wahl denkt oder als Manager lediglich die nächste Aktionärsversammlung im Blick hat, handelt ebenso kurzsichtig wie unverantwortlich. Politik und Wirtschaft propagieren gern: *Die Schnellen schlagen die Langsamen* – das ist viel zu kurzatmig gedacht. Erst rastlos, dann ziellos und am Ende ratlos? Offensichtlich sind sie manchen schnelllebigen Trendforschern auf den Leim gegangen, die auf dem 5. Deutschen Trendtag in Hamburg kleinlaut eingestehen mussten: *„Vorne ist da, wo sich keiner auskennt"* (Sebastian Turner).

Ein Ziel vor Augen haben und unbeirrt daran festhalten, um es zu erreichen – das sind Grundsätze einer vorausschauenden Zukunftsforschung. Immer erkenntnis- und handlungsleitend getragen von einer ganz persönlichen positiven Motivation – im Sinne des Philosophen Karl Popper, der am 29. Juli 1994, wenige Wochen vor seinem Tod, in einem Interview erklärte: „Es ist unsere *Pflicht, optimistisch zu sein."*

9. Zukunftswissen:
Weitsicht mit Tiefgang

Vor mehr als zweihundert Jahren entbrannte im englischen Parlament eine Debatte darüber, ob die Bevölkerung nun zu- oder abnehme. Die Parlamentarier widersprachen sich in ihren Argumenten gegenseitig, weil sie sich seinerzeit auf *kein gesichertes Datenmaterial* stützen konnten. Also beschloss man 1790, das Problem „durch eine Volkszählung (die erste in der Neuzeit) zu lösen" (Bell 1973/1996, S. 204). Seither hat die Menge an verfügbaren Daten durch Volkszählungen und Bevölkerungsumfragen deutlich zugenommen.

Knapp ein Jahrzehnt nach der Französischen Revolution veröffentlichte der englische Landpfarrer Thomas Robert Malthus sein weltberühmtes Werk „Ein Essay über das Prinzip der Bevölkerung, wie es die zukünftige Verbesserung der Gesellschaft beeinflusst" (London 1798). Malthus wies dabei auf ein wachsendes *Missverhältnis zwischen Menschen und Ressourcen* hin. Weil sich die Bevölkerungen von England, Frankreich und Amerika alle 25 Jahre verdoppeln, würde die Nahrungsmittelproduktion nicht Schritt halten können. Die Folgen wären zunehmender Hunger, Verelendung, Massensterben durch Unterernährung, Krankheiten sowie ein Zerreißen aller gesellschaftlichen Strukturen. Das Bevölkerungswachstum würde zu einer deutlichen Verschlechterung der menschlichen Lebensbedingungen führen und die Kluft zwischen Besitzenden und Habenichtsen vergrößern. Malthus' Prognosen von 1798 sind nicht in vollem Umfang Wirklichkeit geworden, können aber durchaus als *erster Ansatz für Zukunftsdenken* auf wissenschaftlicher Basis gewertet werden.

Es vergingen rund hundertfünfzig Jahre, bis der amerikanische Präsident Franklin D. Roosevelt 1944 zum ersten Mal in seinem Haushaltsbericht *systematisch Forschungsdaten gesammelt und veröffentlicht* hat (einschließlich grundlegender wirtschaftlicher und sozialer Projektionen und Prognosen). Den wichtigsten Anstoß zur Zukunftsforschung gab wieder einmal das amerikanische Militär: Der Aerodynamiker Theodor von Karman vom California Institute of Technology veröffentlichte im gleichen Jahr einen Bericht über die Zukunft des Flugzeugantriebs, der bis heute als *erste moderne technologische Prognose* (vgl. Bell 1973/1996, S. 205) gilt. Die

US-Luftwaffe wie auch die NATO haben diesen Ansatz zu Fünf-Jahres-Prognoseprogrammen weiterentwickelt.

Ein Meilenstein in der Geschichte der Zukunftsforschung stellt der bereits 1965 in den USA gegründete „Ausschuss für das Jahr 2000" dar. Der Physiker und Mathematiker Herman Kahn sowie der Jurist und Soziologe Anthony J. Wiener vom New Yorker Hudson-Institut entwickelten für diesen Ausschuss eine *Übersicht über wahrscheinliche und mögliche künftige Entwicklungen*. Bei der Darstellung ihrer Zukunftsentwürfe haben sie *historische und statistische Methoden miteinander kombiniert* und in dem Zukunftsreport „The Year 2000. A Framework für Speculation on the Next Thirty-Three Years" (deutsch: „Ihr werdet es erleben", 1967) zusammengefasst.

Die öffentliche Diskussion in Deutschland bewegt sich bisher nicht selten zwischen *Visionsängsten und Innovationsmüdigkeit*. Gefragt sind mehr Gegenwartsanalysen und Problemstudien zu Frieden, Umwelt, Entwicklung u. a. Erst wenn es gelingt, Aspekte der Nachhaltigkeit in das öffentliche Bewusstsein zu rücken, wird erkannt, dass Zukunftsforschung auch ein Frühwarnsystem sein kann und eine Alarmfunktion hat. Jede Zukunftsidee muss wenigstens drei kritische Phasen der Entwicklung durchlaufen bzw. Nachweise erbringen, bevor sie Wirklichkeit werden kann: die *Machbarkeit, die Finanzierbarkeit und die Akzeptanz des Verbrauchers.*

Wie nie zuvor in unserer schnelllebigen Zeit sind *Orientierungs- und Handlungswissen* gefordert, um *Krisenmanagement* erfolgreich meistern zu können. Zukunftsforschung zwingt zur *Entwicklung von Eventualstrategien*. Empfehlungen für das Handeln lassen sich aber nur formulieren, „wenn auch die Ziele des Handelns transparent gemacht werden" (Minx 2000, S. 121). Andernfalls agiert man wie im Märchen Alice im Wunderland: „Würdest du mir bitte sagen, wie ich von hier aus am besten weitergehe", fragt Alice. „Das hängt sehr davon ab, wo du hin willst", antwortet die Katze.

> „Von Marshall McLuhan stammt die Aufforderung:
> Know the present – mache dich mit der Gegenwart vertraut!
> Also in die Zukunft schauen,
> aber Wissen, Orientierung und Sicherheit
> aus der Gegenwart und Vergangenheit beziehen."
>
> *(2004/15)*

Jules Verne (1828–1905), der Begründer des utopischen Romans und Autor von Büchern wie „Von der Erde zum Mond" (1865), „20.000 Meilen unterm Meer" (1870) sowie „Die Reise um die Erde in 80 Tagen" (1872), ist aus heutiger Sicht kein Zukunfts-„Forscher". Er hat aber dennoch viele Zukunftsentwicklungen *realistisch vorhergesagt* bzw. technische Entwicklungen vorweggenommen. Kein Wunder: Verne holte sich seine Ideen und Anregungen von den *Weltausstellungen* 1855, 1867 und 1878 in Paris.

Über die Weltausstellung 1878 in Paris berichtete seinerzeit die Deutsche Rundschau 1879 in ihrem Rückblick auf die Pariser Weltausstellung: „Abermals stehen wir vor einem Rätsel aus Jules Vernes Nautilus, vor dem *Kapitän Nemo!* Was der überreizten Phantasie zugeschrieben wurde, ist bereits zur Tatsache geworden. Die elektro-dynamische Maschine liefert Strahlen, welche in sanften weißen Schwingungen, dem Lichte des Vollmonds gleich, unser Auge erfreuen; sie dringen von dem Felsenriffe Meilen weit hinaus auf die tobende See, um dem ratlosen Schiffer die Gefahren zu zeigen, denen er entfliehen muss; sie beleuchten den tiefen Meeresgrund, dessen Schrecken für uns weichen, welcher von uns durchforscht und durchfurcht werden kann. Fürwahr ein großartiger Sieg des menschlichen Geistes, der ewige Umsatz von Stoff und Kraft! Durch die elektro-dynamische Maschine wird mechanische *Bewegung in Elektrizität, Elektrizität in Licht, Licht in Wärme verwandelt"* (Deutsche Rundschau 1879, S. 93).

Insofern kann es auch nicht überraschen, dass Jules Verne 1889 in der Erzählung einen Journalisten *tausend Jahre weiter in der Zukunft* leben bzw. konkret das Jahr 2889 erleben lässt. Jules Vernes Bericht aus dem „29. Jahrhundert. Ein Tag aus dem Leben eines amerikanischen Journalisten im Jahre 2889" mutet wie eine Prognose von heute an – mit Aerotrain und transozeanischer Untergrundbahn, mit Fernseh-Telefon, gesprochener Zeitung und gigantischer Werbung auf den Wolken. Jules Verne verstand es offensichtlich, das technisch Machbare mit dem menschlich Wünschbaren zu verbinden und die Kenntnis über neue technische Entwicklungen um die soziale Phantasie zu erweitern. Weitsicht muss Tiefgang nicht ausschließen.

Weil sich die Computerleistungen etwa alle 18 Monate verdoppeln und damit exponentielles (und nicht mehr nur lineares) Wachstum möglich ist, glaubt der Physiker Kaku, dass sich schon bald zu den intelligenten Technologien ein ebenso *intelligenter Mensch* gesellen wird. Ist dies nicht eine gravierende Fehlannahme? Das Wissen der Menschheit, nicht aber das Wissen des einzelnen Menschen verdoppelt sich alle zehn Jahre. Im Vergleich zum explosionsartigen Wachstum der *Computerleistungen* müssen die ganz individuellen Technikleistungen fast wie Stagnation oder gar Rückschritt erscheinen.

Machen wir uns nichts vor: Arthur Gregg Sulzberger, der Verleger der NEW YORK TIMES, die 150 Millionen Menschen im Monat erreicht, gab auf die Frage nach seinem Erfolgsprinzip die Antwort: „Das Wichtigste ist, ein tiefes Verständnis davon zu haben, *was bleibt*. Erst wenn Sie *wissen, was sich nicht verändert*, können Sie sich auf Veränderungen einlassen" (Sulzberger 2019, S. 72). Während weltweit der Print-Niedergang beklagt und der gedruckten Zeitung kaum eine Zukunftschance eingeräumt wird, hat die NEW YORK TIMES heute doppelt so viele Abonnenten wie vor fünf Jahren. Daraus folgt: *Wer wissen will, was wird*, sollte sich von drei Fragen leiten lassen: *Was bleibt? Was geht? Was kommt?*

II. KAPITEL

WESTDEUTSCH. OSTDEUTSCH. GESAMTDEUTSCH.
Geschichte und Zukunft der deutschen Vereinigung

„Vorne die Ostsee und hinten die Leipziger Straße." Mit einem Wort: *„Alles!"* Nach dem Mauerfall konnte es für die Ostdeutschen nicht schnell genug gehen. Sie wollten im Kurt Tucholskyschen Sinne: *Alles – wie im Westen. Und das sofort!* Ihr Geduldsfaden war dünn: Sie hatten lange genug gewartet. Psychologisch erklärlich. Aus heutiger Sicht ist die deutsche Vereinigung ein Prozess, der noch lange nicht abgeschlossen ist. Im Mittelpunkt steht schließlich ein grundlegender *Mentalitätswandel von Menschen* und nicht nur eine geopolitische Verschiebung von Ländergrenzen. Hier wiederholen sich historische Erfahrungen: 1928 unternahm die amerikanische Ethnologin Margaret Mead eine Expedition zu den Admiralitätsinseln, die zu Papua-Neuguinea gehören. Dort lebten seinerzeit die Manus, ein steinzeitliches Volk, in Pfahlbausiedlungen inmitten von Korallenriffen und tropischem Regenwald (vgl. Mead 1930).

Fünfundzwanzig Jahre später, inzwischen war der Zweite Weltkrieg beendet und amerikanische Truppen hatten das Gebiet der Manus heimgesucht, wiederholte Margaret Mead ihren Besuch. Als sie eintraf, hatten die Manus gerade die katholischen Missionare verjagt, die sich redlich bemühten, die Manus allmählich an westlich-amerikanische Lebensweisen zu gewöhnen. So viel Geduld aber hatten die Manus nicht mehr: Sie wollten den *Sprung in die Moderne in einem Satz* machen. Sie hatten das Gefühl, die Missionare behandelten sie herablassend und besserwisserisch, weil sie ihnen die Segnungen der westlichen Wohlstandsgesellschaft nur rationiert zuteilen wollten. Die Missionare hatten die Auffassung vertreten: „Ganz so wunderbar ist es auch wieder nicht, die westliche Zivilisation zu übernehmen: Immer langsam voran!" Doch die Manus hatten kein Verständnis dafür. Sie wollten genauso wie im Westen leben und das sofort. Sie entschieden sich statt der Missionare für Paliau, einen „Retter" und revolutionären Führer, der wie ein „Erlöser" die Amerikanisierung ganz schnell zur neuen Religion machte.

Das Verhalten der Manus geht auf einen menschlichen Urglauben, den sogenannten *„Fracht-Kult"*, zurück, der vor allem bei den Völkern der Südsee beheimatet ist: Traditionelle Gegenstände werden einfach in das Meer geworfen – in der frommen Hoffnung, dass Schiffe kommen, vollbeladen mit neuen Gütern, die das Alte bzw. das dem Meer Geopferte vergessen machen und den Verlust durch das Neue doppelt ausgleichen.

1. Wessis traten wie Missionare auf:
Wunsch und Wirklichkeit der deutschen Vereinigung

Auch die Ostdeutschen haben in den letzten dreißig Jahren viele Eigenheiten, Lebensgewohnheiten und Traditionen über Bord geworfen – in der Hoffnung, der *Traum vom Leben im Wohlstand* werde sich umso schneller erfüllen. Weil aber die Fahrt zum Wohlstand vielen *zu lange dauerte*, wurden immer mehr westdeutsche „Missionare" (und Politiker) in die Wüste geschickt. Birgit Breuel, die ehemalige Präsidentin der Treuhandanstalt, hat die Ost-West-Kluft in Deutschland frühzeitig erkannt: „Manche Wessis sind hier ja wie Missionare aufgetreten. Das muss irgendwann den Leuten so auf die Nerven gehen, dass sie die Westdeutschen abstoßen" (20. Juni 1992). Die Manus auf Papua-Neuguinea jedenfalls haben ihre eigene Kultur und Tradition geopfert. Dafür erwirtschaften sie heute ein höheres Bruttosozialprodukt.

In der Sozialforschung umschreiben Lebensstile alltägliche Lebens-gewohnheiten, die der Einzelne in seinem Leben verwirklicht. Sie verkörpern individuelle Werte, auf die jeder sein Leben ausrichtet, auf die er „zulebt" – von Vermögen schaffen bis hin zu Lebensge-nuss. Einen Monat nach der deutschen Vereinigung habe ich erst-mals im November 1990 die unterschiedlichen Lebensstile der Ost- und Westdeutschen repräsentativ untersucht. Beide hatten sich gleichende Lebensziele, die aber unterschiedlich stark ausgeprägt waren: Die Westdeutschen waren den Ostdeutschen in der Wohl-standsentwicklung Jahrzehnte voraus.

„Die Ostdeutschen orientierten sich 1990 an Lebenszielen, wie sie für die Westdeutschen in den 50er- und 60er-Jahren prägend waren."

(1993/33)

Im Unterschied zu den Westdeutschen konzentrierten sich die Bür-ger in den neuen Bundesländern primär auf drei Lebensziele:

- etwas leisten
- viel Geld verdienen
- Vermögen schaffen.

Im Gegensatz dazu orientierten sich die Westdeutschen mehrheit-lich an *hedonistischen Lebenszielen*, in denen Spaß und Lebens-freude vorherrschten:

- etwas selber tun, was Spaß macht
- das Leben genießen
- gesellig mit anderen zusammen sein.

Aus der subjektiven Sicht der Bevölkerung ergab sich das Bild eines

Lebensstilprofils, bei dem die einen unbedingt etwas leisten und verdienen, die anderen mehr sich etwas leisten und Geld ausgeben wollten.

Nach der Wende standen viele Ostdeutsche vor der Alternative, entweder als abgewickelte Arbeitslose der Sozialhilfe oder „der Trinkhalle anheimzufallen" oder aber „irgendwas zu machen, egal was". Wo es keine Arbeitsplätze (für Frauen) gab, musste man sich etwas anderes überlegen. So sind nach der *Glücksritterphase* (die vorwiegend westdeutsche Selbstständige im Osten betraf) etliche Menschen *in die Selbstständigkeit geworfen worden* – durchaus mit der zu dieser „Geworfenheit" im Heideggerschen Sinne passenden Gefühlslage. Sie wussten nicht, was auf sie zukam. Sie paddelten ohne klares Ziel und ohne Kenntnis des Gewässers. Sie mussten sehr schnell viele Dinge lernen. Und sie fielen dabei oft genug „auf die Nase". Gleichzeitig hatte Selbstständigkeit als Kontrast zu der DDR-Tradition für sie einen höheren Wert als im Westen.

Die persönlichen Erfahrungen wurden sehr stark durch das soziale Umfeld geprägt: Arbeitslosigkeit, Scheinarbeit (ABM-Maßnahmen), Insolvenzen und niedergehende Konjunktur. Im Gegensatz zu Zeiten, in denen *Arbeit von allen gefordert* und selbstverständlich war, erlebte man jetzt die mangelnde Möglichkeit der weiblichen Berufstätigkeit bei gleichzeitiger Familiengründung als schwerwiegend: *„Kinder kann man sich eigentlich nur als Angestellte oder Sozialhilfeempfängerin leisten."* Es gab plötzlich keine Jugendzentren, keine Ganztagsschulen und keine Jungen Pioniere mehr. Der im Einzelfall entschiedene Verzicht auf Kinder war die vorübergehende Folge.

Bemerkenswert war noch ein wesentlicher Unterschied in der sozialen Lebensorientierung: Zwei Drittel der ostdeutschen Bevölkerung (67 Prozent) hielten es für besonders *wichtig im Leben, anderen zu helfen*. Vor dem Hintergrund von Massenarbeitslosigkeit und Zukunftsängsten rückten die Betroffenen auch psychosozial enger zusammen. Die Hilfsbereitschaft im westlichen, wohlhabenderen

Teil Deutschlands war hingegen deutlich geringer ausgeprägt (50 Prozent).

Die ostdeutsche Bevölkerung konnte sich im Jahr der deutschen Vereinigung 1990 noch den *Zeitluxus erlauben*, öfter Briefe zu schreiben oder Bücher zu lesen, in Ruhe eine Tasse Kaffee oder Tee zu trinken, sich in Ruhe zu pflegen, gemeinsam über wichtige Dinge zu reden oder ihren Gedanken nachzugehen. Die westdeutsche Bevölkerung hingegen erledigte zur gleichen Zeit vieles über Telefon, ging öfters ins Restaurant, ins Kino oder in die Kneipe und trieb viel Sport.

1993, drei Jahre nach der deutschen Vereinigung, hatte sich die vage Hoffnung, die Ostdeutschen würden den westdeutschen Lebensstil nicht einfach kritiklos kopieren, nicht erfüllt: Die Frage, wer sich wem anpasst, schien offensichtlich schon beantwortet zu sein: Im kräftigen Sog des westdeutschen Konsumangebots ging die ostdeutsche Beschaulichkeit langsam verloren. Immer weniger ostdeutsche Bundesbürger nahmen sich jetzt – anders als 1990 – nicht mehr die Zeit, sich mit der Familie zu beschäftigen, sich in Ruhe zu pflegen oder den eigenen Gedanken nachzugehen. Auch für Bücherlesen und Briefeschreiben blieb weniger Zeit. Zunehmend entdeckten die Ostdeutschen die Möglichkeiten des Erlebniskonsums – vom Freizeitparkbesuch bis zum Essergehen, vom Badengehen bis zur Urlaubsreise. Ostdeutscher und westdeutscher Lebensstil glichen sich zunehmend an – aber nur einseitig. Der „westliche" Konsumstil setzte sich durch. *Die Ostdeutschen verloren weitgehend ihr Eigenprofil.*

2. Mehr Kauflust als Kaufkraft bei den Ostdeutschen:
Die Grenzen grenzenlosen Geldausgebens

In der Bewertung wies ich seinerzeit auf einen „Mentalitätsgraben" zwischen Ost und West hin, „der zu *erheblichen Spannungen* zwischen der west- und ostdeutschen Bevölkerung führen kann, wenn es nicht gelingt, die Lebensbedingungen zwischen den alten und den neuen Bundesländern in absehbarer Zeit anzugleichen". Große Unterschiede waren auch im Informationsbedürfnis feststellbar. Die Westdeutschen wünschten sich

- Tipps für umweltbewusstes Reiseverhalten,
- Ideen für die Freizeitgestaltung und
- Verbraucherberatung.

Die ostdeutsche Bevölkerung signalisierte hingegen einen hohen und vielfältigen Beratungsbedarf. Mehrheitlich genannt wurden

- Informationen über gesunde Ernährung,
- Urlaub und Reisen,
- Radio, Fernsehen und Zeitschriften,
- Wohnen und Einrichten,
- Kochrezepte und Bücher,
- Schönheits- und Körperpflege,
- Ausflüge und Wochenendfahrten.

Bei den Ostdeutschen waren zu DDR-Zeiten viele Wünsche offen geblieben. Jetzt entdeckten sie die *Einkaufswelt als Erlebniswelt* neu. Außerhäusliche Freizeiterlebnisse waren für sie erst einmal *„Guck"-Erlebnisse*, wo es Vieles und Vielfältiges zu sehen gab: Deutlich mehr als die Westdeutschen hielten sie sich in Warenhäusern und Einkaufszentren, auf Flohmärkten und Basaren, bei Volksfesten und Kirmes, in Zoos und Freizeitparks auf. Beim Freizeiterleben in geschlossenen Räumen, die mit Eintrittsgeldern oder Verzehrzwang verbunden waren, stießen sie allerdings schnell an ihre ökonomischen Grenzen: mehr Lebenslust als Kaufkraft. Sie konnten weniger ins Kino gehen und seltener eine Kneipe besuchen; und Essengehen war auch nur für wenige erschwinglich.

Ein Jahr nach der deutschen Vereinigung stellte die damalige Bundesjugendministerin Angela Merkel am 11. Dezember 1991 anlässlich der jugendpolitischen Debatte im Bundestag fest: 51 Prozent der Jugendlichen in Deutschland halten es für unwahrscheinlich,

„dass Politiker *zukunftsbedrohende Herausforderungen* überhaupt angehen". Zwei Jahrzehnte später hat sie als Bundeskanzlerin die mangelnde Zukunftsfähigkeit selbst bestätigt: Die Flüchtlingsbewegungen in Südeuropa waren für sie *„weit weg"* und Internet und Digitalisierung empfand sie als *„Neuland".* Die Geschichte hat sie inzwischen eingeholt.

Die Jugendlichen von damals sind mittlerweile zwischen vierzig und fünfzig Jahre alt. Sie stellen die Bevölkerungsgruppe der Enttäuschten und Zukurzgekommenen, die bei den Demonstrationen in Leipzig und Dresden besonders stark vertreten war. Ganz anders hatte ich die positive Aufbruchsstimmung der Jugend nach der Wende erlebt. Gemeinsam mit Studenten der Tourismuswirtschaft in Bärenklau im Bundesland Brandenburg entwickelte ich 1991 ein Zukunftsprojekt. Die Studierenden waren fasziniert von *Zukunftsvisionen mit Nachhaltigkeitscharakter.* Sie waren beseelt von dem Gedanken, *Deutschlands Zukunft gestalten* zu können. Sie wünschten sich eine Zukunft „jenseits von Disneyland". Nach vierzig Jahren „organisiertem Beschickungstourismus durch FDGB und Betriebe" wollten sie etwas Eigenes schaffen.

Doch Investorengesellschaften mit Beteiligung des US-Sportmanagers Mark McCornack standen schon vor der Tür. Die Marktwirtschaft hielt Einzug in das Land: Japaner eroberten Brandenburg und Spekulanten lockten mit Yacht- und Sportboothäfen. Die langfristigen Visionen der jungen Generation fielen schnell kurzfristigen Wirtschaftsinteressen zum Opfer. Investoren und ein Großteil der ostdeutschen Bevölkerung zogen an einem Strang. Erlebnisorientierte Konzepte mit Kommerzcharakter waren gefragt. Am Ende resignierten die Studenten: *„Selbst die beste Idee trifft auf reale Zustände. "*

Sie hatten zuvor schon die Erfahrung machen müssen: Was dem Zweiten Weltkrieg unversehrt widerstanden hatte, fiel dem DDR-Aufbau zum Opfer: Von 779 Schlössern und Herrenhäusern in Brandenburg wurden 643 in der Nachkriegszeit dem Erdboden gleichgemacht. Die letzten Spuren der „Junkernherrschaft" wurden systematisch vernichtet. Symbolisch und beispielhaft sei hier die veränderte Nutzung des Schlosses Hoppenrade genannt. Zu Zeiten Theodor Fontanes war es ein „Zeichen des Reichtums und des guten Geschmacks", zu DDR-Zeiten war es ein HO-Konsumladen. Jetzt, zu Nach-Wende-Zeiten, drohte die Kultur des Landes erneut ein Opfer politischer und wirtschaftlicher Interessen zu werden. Jugendliche Visionen wollten zwar die Realität verändern. Stattdessen aber hat die *Realität die Visionen verhindert*.

Im Rahmen des Kongresses „Vierzig Jahre politische Bildung in der Demokratie" leitete ich am 11. November 1989 eine Diskussion im Berliner Reichstagsgebäude. Das war politische Bildung pur.

1989: MAUERFALL VOR DEM BERLINER REICHSTAG
Die Abstimmung fand mit den Füßen statt

„Es war schon eine merkwürdige Stimmung an jenem denkwürdigen 11. November 1989 im Berliner Reichstagsgebäude: Während sich die Experten theoretisierend über die Frage ‚Mehr Freizeit – weniger politische Bildung?' die Haare rauften, fand vor den Fenstern des Tagungsgebäudes die praktische Beantwortung Tausender junger Leute mit den Füßen statt. Trotz Sonnenschein mussten die Fenster geschlossen bleiben, weil die Freude der jungen Leute über die politische Öffnung der Mauer die Konzentration der politischen Bilder beeinträchtigte. Vor ihren Augen ereignete sich politische Bildung: Anschauungsunterricht statt staatsbürgerlicher Unterweisung, Sozialkunde statt Institutionenkunde, lebendiges Zeitgeschehen von heute statt überlieferter Geschichte von gestern.

> **Politische Bildung war an diesem Tag die Berliner Luft, die man atmete, sobald man das Reichstagsgebäude verließ."**
>
> *(Kongressdokumentation der Bundeszentrale für politische Bildung, Bonn 1990, S. 234 f.)*

Die Diskussionsrunde im Berliner Reichstag war sich weitgehend einig: Aus der sinkenden Wahlbeteiligung bei Bundes- oder Landtagswahlen kann nicht einfach auf ein sinkendes Politikinteresse geschlossen werden. Wachsendes politisches Interesse kann auch an den Parteien vorbeilaufen. Bei der jungen Generation ist ein *wachsendes Interesse für politisches Geschehen* (nicht für politische Institutionen) feststellbar. Politik heißt für die junge Generation: selbst gestaltend am sozialen Leben mitwirken.

3. Gefühlte Armut entsteht:
Die Schattenseite der Wohlstandswende

Was die einen nicht hatten, besaßen die anderen. Ein großer Teil der westdeutschen Bevölkerung lebte im Wohlstand, konnte sich aber eins nicht leisten: *Zeit haben*. Der Alltag der Westdeutschen trug *Züge von Hektik und Stress*, der Alltag der Ostdeutschen wirkte beschaulicher. Sie verfügten über mehr Zeitwohlstand, sie hatten und nahmen sich Zeit, bis auch für sie der Konsumstress einsetzte. Ihre neue Reisefreiheit in Verbindung mit der neuen Konsumfreiheit, ein Auto nach freier Wahl erwerben und überall hinfahren zu können, verleitete die Ostdeutschen zu einem besonderen Mobilitätsverhalten: Sie fuhren nur so aus Lust und Laune „mit dem Auto herum". Andererseits war die soziale Dimension des Alltagsverhaltens in den neuen Bundesländern stärker ausgeprägt. Die Ostdeutschen waren in ihrer freien Zeit mehr mit der Familie zusammen, redeten öfter miteinander und schrieben sich auch mehr Briefe.

Mit steigender Arbeitslosigkeit wuchsen in den neuen Bundesländern nicht nur Sorgen und Ängste um Lebensunterhalt und Lebenssicherung. Es wuchs auch die Gefahr von Neid und Enttäuschung, aber auch *Demütigung*. Während sich viele Ostdeutsche in Selbstbedienungsläden und Heimwerkermärkten drängten, flanierten Westdeutsche mehr in Konsumtempeln und Gourmetshops. Nur in der Urlaubsfinanzierung gab es eine gesamtdeutsche Gemeinsamkeit: Verreist wurde in der Regel erst dann, wenn genug Geld angesammelt, also verdient oder gespart war. „Ferien auf Pump" (durch Kreditaufnahme) kam nicht infrage.

Bei den Konsumwünschen der Ostdeutschen gab es zunächst nur ein Ziel: *Alles wie im Westen und das sofort!* Das hatte Folgen. Die Grenzen der Finanzierbarkeit waren schnell erreicht. Im April 1990, drei Monate *vor* der Währungsunion, vertraten sechs Prozent der ostdeutschen Bevölkerung die Auffassung: „Ich will und muss sparen. Mein Haushaltsbudget reicht gerade zur täglichen Versorgung." Im April 1991, sechs Monate *nach* der deutschen Vereinigung, hatte sich der Anteil der *Sparkonsumenten* auf 20 Prozent *mehr als verdreifacht*. Objektiv ging es den Ostdeutschen besser, subjektiv fühlten sich die Ostdeutschen plötzlich ärmer. Die gefühlte Armut ist bis heute bei den Ostdeutschen stärker ausgeprägt. Dazu gehört auch die Angst vor der Entstehung einer *Zweiklassengesellschaft: eine Spaltung zwischen Arm und Reich, zwischen Demütigung und Arroganz.*

Zugleich werden die Ostdeutschen in ihrer Ungeduld bestätigt durch die Erfahrungen der Osteuropäer. Die Bürger in Ungarn, Polen, Rumänien, der Slowakei und der Tschechischen Republik zeigten sich enttäuscht über den *zu langsamen Weg zum westlichen Wohlstand*. Sie wollten den westlichen Konsumentenstandard ganz schnell erreichen und imitieren. Doch stellte sich rasch ein Gefühl von Ohnmacht und Machtlosigkeit ein. Ihre Rolle als *Imitator des westlichen Lebensstils* rief unweigerlich „Gefühle wie Unzulänglichkeit, Minderwertigkeit, Abhängigkeit, Identitätsverlust und unwillkürliche Unaufrichtigkeit" hervor. Die Nachahmung fühlte sich wie *„Souveränitätsverlust"* an (Krastev 2019).

Subjektiv haben auch die Osteuropäer heute den Eindruck: Die westlichen Staaten treten arrogant wie Kolonisatoren auf und wollen die Osteuropäer am schnellen Gewinn von Wohlstand hindern. Die Folge: Politiker wie Orban in Ungarn und Kaczynski in Polen drehen den Spieß einfach um, wandeln das Gefühl der Schwäche in Stärke um und geben den Osteuropäern ihr Selbstwertgefühl wieder. Konsequenz: Der Westen hört auf, ein Vorbild zu sein. Stattdessen wird populistisch der Eigenstolz herausgefordert: *„Hören wir doch auf, wie der Westen sein zu wollen"* (Schmid 2019, S. 2). Das Aufblühen des Nationalismus in der Welt geht in die gleiche Richtung: *Wir sind wieder wer!*

„Warten die Ostdeutschen sehnsüchtig auf den eigenen Führer einer neuen Sammlungsbewegung, der ihnen den Wohlstand bringen und die eigene Identität wiedergeben soll?"

(1993/33)

Von einer Gleichheit der Lebensverhältnisse in Ost und West kann auch heute nicht die Rede sein. Drei Jahrzehnte nach der deutschen Vereinigung gibt es den *Wohlstandsgraben zwischen Ost und West* immer noch – materiell und auch mental. Die ungleiche Verteilung der Berufs- und Lebenschancen sorgt nach wie vor für Unzufriedenheit in Deutschland.

4. Alle wollen „ultra" sein:
Eine Anspruchshaltung können sich nur wenige leisten

Die menschliche Psychologie und Erfahrung spricht dafür, dass Ostdeutsche nicht Ruhe geben werden, bis sie auch den westdeutschen Standard an Wohlstand, Wachstum und Lebensqualität erreicht haben. Hier bewahrheitet sich wieder einmal eine alte Erkenntnis von Johann Wolfgang von Goethe, der am 6. Juni 1825 in einem Brief an Karl Friedrich Zelter vermerkt hatte: *„Alles ist jetzt ultra*: Reichtum und Schnelligkeit ist das, was die Welt bewundert und wonach jeder strebt.“* In Deutschland – ob in Ost oder West – dominiert der *Ultra-Konsument*, der das Non-plus-Ultra heute (und nicht erst morgen) erleben und im Leben nichts verpassen will.

Sicher: Politisch war die deutsche Einheit 1990 verwirklicht, persönlich und im sozialen Zusammenleben der Menschen aber nicht. Die Unterscheidung zwischen Ost- und Westdeutschen wird in Forschung, Wissenschaft und Politik wohl noch längere Zeit existent bleiben. 45 Jahre unterschiedliche Lebens-, Arbeits- und Konsumverhältnisse haben die Menschen geprägt. Die Ostdeutschen haben die gleichen Lebensziele, aber die Lebensbedingungen als materielle Basis für Konsumentscheidungen und Reisepläne lassen viele spüren, wie groß noch die Kluft zwischen West und Ost ist.

Seit der deutschen Vereinigung sind drei Jahrzehnte vergangen. Nach wie vor leben *mehr Ostdeutsche als Westdeutsche an der Armutsschwelle*. Und nach wie vor gibt es Unterschiede in der Einstellung zu Familie und gesellschaftlichem Zusammenleben. Ostdeutsche halten weniger vom klassischen Lebensmodell „Ehe mit Trauschein und Kindern“. Sie sehen auch dem wachsenden Ausländeranteil in Deutschland mit großer Sorge entgegen. Die Befürchtung, dass es zur Überfremdung von Kultur und Religion im eigenen Land kommt, nimmt vor allem bei den Ostdeutschen zu. Das Gefühl breitet sich aus, *Fremde im eigenen Land* zu werden. Und je schlechter es den Menschen geht (z. B. weniger Eigentum, mehr unsichere Arbeitsplätze), desto größer sind die Ängste. Dies sind Probleme von Mehrheiten, die sich nicht einfach mit dem Hinweis auf Minderheiten abtun lassen.

Organisierte „Gegendemonstrationen“ von Gewerkschaften und Parteien werden die Konflikte nicht nachhaltig lösen können. Erforderlich sind deutliche Verbesserungen der Lebenslage. Selbst wenn es nur wenige Ausländer am Wohnort gibt (wie z. B. in Dresden), kann es zu Konflikten und Protesten kommen, wenn sich ein großer Teil der Bevölkerung ausgegrenzt fühlt. Verstärkt wird das noch durch unsensible Politiker. Demonstranten fühlen sich von Politikern oft unverstanden und verunglimpft („Pack", „Schande", „Dumpfbacken").

Wie in den vergangenen dreißig Jahren wird es auch in naher Zukunft einen *materiellen und mentalen Wohlstandsgraben zwischen Ost und West* geben. Nichts deutet darauf hin, dass eine Angleichung der Lebensverhältnisse unmittelbar bevorsteht. Die Überwindung der Kluft zwischen Ost und West und die Ungleichheit der Lebensverhältnisse sind keine Frage von Jahren, sondern von Jahrzehnten. Nach dem aktuellen Nationalen WohlstandsIndex für Deutschland (NAWI-D) sind die Unterschiede signifikant und gravierend, werden also weiterhin für Unfrieden in Deutschland sorgen. Empirisch und repräsentativ ist auch für 2019 nachweisbar:

- Im Vergleich zu den Ostdeutschen besitzen die *Westdeutschen* mehr Eigentum, haben öfter ein sicheres Einkommen, können sich eher eine gute medizinische Versorgung leisten und äußern mehr ihre freie Meinung.

- Im Unterschied zu den Westdeutschen haben die *Ostdeutschen* mehr Angst vor der Zukunft, können finanziell weniger für die Zukunft vorsorgen, haben mehr gute Kontakte zu Familie und Verwandten und sind auch mehr für andere da.

Bei aller Unterschiedlichkeit stimmen beide in einem weitgehend überein: Jeweils eine deutliche Mehrheit (Ost: 57 Prozent – West: 58 Prozent) kann von sich sagen: *„Ich bin glücklich."* Glück bleibt auch in Zukunft vorwiegend eine persönliche Lebensqualität, die man nicht einfach kaufen kann.

Die Prognose des amerikanischen Soziologen Daniel Bell aus den siebziger Jahren, die westliche Welt stehe vor einem „collapse of the older value system" (1973), bewahrheitet sich nicht. Ganz im Gegenteil. Eine *Renaissance der alten Werte* kündigt sich an als

Antwort auf die ökonomischen und politischen Krisen unserer Zeit. Die Menschen gehen auf die *Suche nach Sicherheit, Geborgenheit und innerem Frieden*. Damit verbunden ist eine Besinnung auf beständige Werte. Mit dieser konservativen Wende entsteht beinahe eine *neue Bürgerlichkeit*. Das kann auch ein Rückzug in die Familie und die eigenen vier Wände sein – wie vor einem Vierteljahrhundert zur Zeit des Golfkriegs 1991, als die Amerikaner plötzlich *„Back to the simply life"* riefen und *„Cocooning"* entdeckten – in Anlehnung an den Kokon, der Schutzhülle, mit der sich die Raupe des Seidenspinner-Schmetterlings von der Außenwelt abschirmt.

Der sich abzeichnende Wertewandel bleibt nicht ohne Folgen. *Die Mehrheit der Deutschen wird zunehmend konservativ.* Dies trifft vor allem für die Ostdeutschen zu, weshalb sie auch die eher *klassischen Arbeitstugenden* wie Disziplin, Fleiß und Durchsetzungsvermögen betonen. Kann die konservative Wende auf längere Sicht zur *Innovationsbremse in der Wirtschaft* werden? Werden die Uhren dann wieder zurückgestellt? Müssen Unternehmen feststellen, dass Online-Auftritte allein nicht mehr reichen? Selbst *Google* und *Amazon* fangen neuerdings an, ehemals eingestellte Kundenmagazine und Kataloge neu drucken zu lassen. Auch in der Medienbranche wird der *Hype um das Internet* wieder relativiert. Selbst für Jugendliche werden sogenannte *trimediale Angebote (Fernsehen/ Radio/Internet)* zunehmend interessant. Es ist der Versuch eines Brückenschlags, das Alte nicht einfach über Bord zu werfen (wie beim „Frachtkult" der Manus auf Neuguinea), sondern intelligent mit Neuem zu mischen.

5. 30 Jahre nach dem Mauerfall:
Mehr Wiedervereinigung als „Deutsche Einheit"

Wir schreiben das 21. Jahrhundert. Auch nach der Jahrtausendwende zieht sich *eine Grenze durch Deutschland*: Ostdeutschland auf der einen Seite, Westdeutschland auf der anderen Seite. Der Wohlstand ist *subjektiv* im Osten vielfach noch nicht angekommen.

Das Institut Infratest Dimap ermittelte im August 2005 bei den Ostdeutschen einen Zufriedenheitsgrad von 39 Prozent, bei den Westdeutschen hingegen von 58 Prozent. Diese gravierenden Abweichungen resultieren *objektiv* aus ungleichen Lebensverhältnissen. Sie sind aber auch die Folge von historisch, politisch und kulturell gewachsenen Lebenserfahrungen.

Zwei Jahre nach der deutschen Vereinigung habe ich im Rahmen meiner Forschungsarbeit am Hamburger BAT Institut die *Lebensqualität der Deutschen* in Ost und West erstmals repräsentativ untersucht. Befragt wurden 3.000 Personen ab 14 Jahren in Gesamtdeutschland.

- In der Wertehierarchie der *Westdeutschen* rangierte dabei die persönliche Freizeit (70 Prozent) deutlich vor Arbeit und Beruf (60 Prozent). Und Freundschaften waren den Bundesbürgern im Westen fast genauso wichtig (82 Prozent) wie Familie und Kinder (83 Prozent).

- Im Vergleich zu den Westdeutschen setzten die *Bundesbürger in den neuen Bundesländern* andere Akzente. Die Familienorientierung dominierte deutlich (+10 Prozentpunkte) vor dem Freundeskreis. Und die Identifikation mit Arbeit und Beruf war signifikant höher (+13 Prozentpunkte) als im Westen.

Im Vergleich zum Wohlstandsleben in Westdeutschland meldeten die Ostdeutschen erhebliche Defizite in der alltäglichen Lebensqualität an: Von der „schönen Wohnung" (-13) über die Stereoanlage (-5) und den Telefonanschluss (-18) bis zum Essengehen (-9). Nur in einer Aktivität dominierten die Ostdeutschen, was vielleicht auch dem Nachholbedarf geschuldet war: *Mit dem Auto herumfahren* (+12).

Machen wir uns nichts vor: Nach wie vor befürchten die Ostdeutschen mehr Gewaltbereitschaft (+7 Prozentpunkte) und mehr Fremdenfeindlichkeit (+7). Zugleich geht die *Zukunftshoffnung auf „bessere Zeiten"* bei den Ostdeutschen weiter verloren: 2015: 19 Prozent – 2016: 18 Prozent – 2017: 15 Prozent – 2018: 14 Prozent. *„Einigkeit und Recht und Freiheit"*: Die wurden den Ostdeutschen zur deutschen Vereinigung versprochen.

- Die Einigkeit in Deutschland ist offener denn je.

- Der Anspruch auf soziale Gerechtigkeit wartet weiter auf seine Erfüllung.

- Der Gewinn an Freiheit kommt bei den Menschen im Osten Deutschlands mehr als Unsicherheit an.

30 Jahre nach dem Mauerfall ist die „gesamtdeutsche" Einheit mehr Hoffnung als Wirklichkeit. Vom *Deutschland der Wiedervereinigung* zum *Deutschland der Einheit* ist noch ein weiter Weg.

Dafür spricht auch, dass sich die herkömmlichen Volksparteien CDU und SPD fast verzweifelt mit Blick auf den 30. Jahrestag des Mauerfalls und drei Landtagswahlen in Ostdeutschland um eine *Angleichung der Lebensverhältnisse* in Ost und West bemühen: Nahverkehrs- und Bahnangebote sollen schnell verbessert, Bundesbahnbehörden verstärkt im Osten angesiedelt, die Rentenansprüche und das Lohnniveau angeglichen werden. Die Erklärung: 30 Jahre nach dem Mauerfall gibt es noch immer eine *„Rentenmauer"* und eine *„Tarifmauer"* (Brandenburgs Ministerpräsident Dietmar Woidke im Januar 2019).

Seien wir realistisch: Auch versprochene Transferzentren für Künstliche Intelligenz und Modellregionen für neue 5G-Mobilfunkstandards werden die jahrzehntealten *Biografiemauern* der Ostdeutschen nicht plötzlich zum Einsturz bringen können. Die Politik hat es dreißig Jahre lang versäumt, ein *gesamtdeutsches Konzept* zu entwickeln, mit dem sich alle Bundesbürger identifizieren können. Die Ostdeutschen wünschen sich die *Anerkennung ihrer Lebensleistungen* und nicht nur die Angleichung ihrer Lebensverhältnisse. Sie wollen *Zugehörigkeit und nicht nur Zuwendung* (SPD-Motto

im Januar 2019: „Ehrlich und einander zugewandt"). Nach dreißig Jahren deutsch-deutscher Vereinigung muss die Politik eingestehen: „Das Land war vielleicht *nie so versöhnt, wie man dachte"*
(Angela Merkel 2019). Die Prognose für die nahe Zukunft kann nur
lauten: *Der Mentalitätswandel lässt noch lange auf sich warten!*

III. KAPITEL

MIGRATION. INTEGRATION. ZUSAMMENHALT.
50 Jahre Zuwanderung in Deutschland

Ich bin ein Flüchtlingskind! In meinem Aktenschrank liegt noch immer ein „Ausweis für Vertriebene und Flüchtlinge". Ausgestellt vom „Vertriebenenamt" der Bundesrepublik Deutschland nach Ende des Zweiten Weltkriegs und als Folge der großen Flüchtlingswelle vom Osten nach dem Westen Deutschlands. Kürzlich war ein polnisches Ehepaar bei uns zu Besuch. Stolz zeigte ich ihnen auf dem Atlas meinen oberschlesischen Geburtsort Beuthen, der heute in Polen „Bytom" heißt. Im Gegenzug fuhren die beiden Polen spontan mit dem Finger auf der Landkarte weiter ostwärts und meinten: „Da sind wir geboren. Da sind jetzt die Russen." Für einen Moment verstummte ich. Die Geschichte hatte zugeschlagen.

Die Geschichte der Menschheit ist eine Geschichte der großen Wanderungen und Flüchtlingsbewegungen. Als Hauptursache gilt die wachsende *Kluft zwischen armen und reichen Ländern* in der Welt. Die Erfahrung zeigt: Armut benötigt keinen Pass, um Ländergrenzen zu überwinden. Internationale Migration, Bevölkerungsbewegungen aus weniger entwickelten Ländern in „Wohlstandgesellschaften", wird auch in den nächsten zwanzig Jahren problematische Entwicklungen mit sich bringen. *Eine Zuwanderungskrise großen Ausmaßes* kann die Folge sein.

1. Aus der Zuwanderung wird eine Kettenwanderung: Diskussion über Aufnahmefähigkeit hält an

Im Zeitalter der Globalisierung wird Zuwanderung zur Normalität – zugespitzt in der These: *Die Welt wandert und wächst – Deutschland altert und schrumpft.* Und die Politik muss eingestehen: Wir brauchen Zuwanderung, weil die Jugend deutlich schrumpft und die Bevölkerung altert. Allerdings hat man dabei die sozialen Folgeprobleme weitgehend aus den Augen verloren. Seit den sechziger und siebziger Jahren wurden Zuwanderer ("früher: „Gastarbeiter") in Deutschland gebraucht – aber Menschen sind gekommen.

Die Erfahrungen der letzten fünfzig Jahre legen nahe, dass *aus der Zuwanderung eine Kettenwanderung wird*: Die Zugewanderten wollen dauerhaft bleiben und Familien, Verwandte und Freunde nachfolgen lassen. Infolgedessen wird auch in Zukunft der Versuch scheitern, die Zuwanderung an kurz- und mittelfristigen Konjunkturzahlen bzw. primär am Bedarf der Wirtschaft zu orientieren. Die Zuwanderung wird sich eher verselbstständigen und *für die Folgekosten werden Staat und Steuerzahler (und weniger die Wirtschaft) aufkommen*.

Eine Mahnung des ehemaligen Bremer Senators für Wohlfahrtswesen Wilhelm Kaisen (1887–1979) scheint in Vergessenheit geraten zu sein: „Jede Förderung der Wirtschaft hat dort seine Grenze, wo versucht wird, ihr Risiko auf den Staat zu verlagern." Vieles deutet darauf hin, dass wir in der Frage der Zu- und Einwanderung kaum etwas dazugelernt haben. Es bestätigt sich vielmehr eine politische Erfahrung des ehemaligen Bundeskanzlers Willy Brandt in seiner Regierungserklärung von 1973: „Es ist aber notwendig geworden, dass wir sehr sorgsam überlegen, wo die Aufnahmefähigkeit unserer Gesellschaft erschöpft ist und wo soziale Vernunft und Verantwortung Halt gebieten. Wir dürfen das Problem nicht dem *Gesetz des augenblicklichen Vorteils* überlassen." Wo hört der augenblickliche Vorteil auf, wo fängt der nachhaltige Nachteil an?

Vor einem halben Jahrhundert setzte im Jahr 1968 mit der Promotion zum Doktor der Philosophie an der Universität Köln mein wissenschaftliches Zukunftsdenken ein. Eine doppelte Vorgehensweise faszinierte mich seinerzeit: Historische und gegenwärtige Analysen verband ich mit Gedanken über Entwicklungstendenzen und Zukunftsprobleme. Ich sprach vor fünfzig Jahren schon von *„Vorausdenken und Vorausblicken"*, damit in der Zukunft angemessen gehandelt werden kann. Die Zukunft könne schließlich nur das sein, was wir gegenwärtig aus ihr machen. Und so lautete meine Maxime 1969: „Unsere Handlungen in der Gegenwart sollten auf historischen Erfahrungen basieren und von Vorstellungen über die Zukunft geleitet sein."

Ich war seinerzeit jung genug, um neugierig und offen für technologische Innovationen in Bereichen von „Automation", „Datenverarbeitung" und „Telekommunikation" zu sein. Große Zukunftshoffnungen setzte ich damals auf „Europarat" und „EWG", „UNESCO" und „OECD", wies aber auch auf die menschlichen *„Probleme und Gefährdungen"* der Zuwanderung hin.

> **„Die Zuwanderung wird in Zukunft**
> **einen ökonomischen, sozialen und politischen**
> **Rotationsprozess größten Ausmaßes auslösen können.**
> **Spannungen und Konflikte bleiben nicht aus."**
>
> *(1969/50)*

Bis heute wird die abnehmende Bevölkerung in Deutschland – vor allem im Zeitraum zwischen 2030 und 2060 – noch gar nicht als soziales Problem gesehen. Die Zuwanderung soll ja verhindern, dass die deutsche Wirtschaft im internationalen Leistungsvergleich und Konkurrenzkampf zurückfällt. Arbeitsmarkt- und konjunkturpolitische Gründe geben den Ausschlag. Die Sorge ist berechtigt, dass die gesamtwirtschaftliche Nachfrage sinkt, weil ihre wichtigste

Komponente – der private Verbrauch – von der Bevölkerungsgröße abhängt: Weniger Einwohner haben weniger Ausgaben für den Konsum zur Folge.

Aus der Sicht der Politik ist Zuwanderung zunächst einmal ein wirksames *Instrument der Arbeitsmarktsteuerung* und dient primär der Lösung wirtschaftlicher Probleme. Daher sollen auf internationaler Ebene Arbeitskräfte mobilisiert werden – und zwar möglichst hochqualifizierte. Nur so kann man im globalen Wettbewerb bestehen. Und wenn von „Zuwanderungssteuerung" die Rede ist, dann ist in erster Linie eine arbeitsmarktbezogene Zuwanderung gemeint, die auf die Entwicklungen auf der Angebots- und Nachfrageseite Rücksicht nimmt. Steuerung heißt letztlich Flexibilität, indem man flexibel auf sich verändernde Qualifikationsbedarfe der Wirtschaft reagiert. Doch genau hier setzen die Probleme ein: Deutschland hat keine Erfahrung mit gesteuerter qualifizierter Zuwanderung.

2. Zuwanderung trägt langfristig zur Wohlstandssicherung bei:
Migrationseffekte in Herkunfts- und Aufnahmeländern

Unbestritten ist, dass *Zuwanderung langfristig Wohlstand sichern hilft* – auch aus dem Gebot der globalen Solidarität gegenüber den ärmeren Ländern heraus. Durch Zuwanderung kann ein günstiger Beitrag zur *Wohlstandssicherung der Herkunfts- und Aufnahmeländer* geleistet werden. Die Zuwanderung wirkt sich positiv auf die Arbeitsproduktivität und Wettbewerbsfähigkeit der Wirtschaft aus. Zuwanderung leistet erhebliche Wertschöpfungsbeiträge.

Zuwanderung bedeutet immer auch Abwanderung. Für das Herkunftsland kann die Abwanderung negative Effekte haben, wenn z. B. eine Abwanderung von qualifizierten Arbeitskräften die technische Kompetenz eines Landes gefährdet. Know-how, Produktivität und gesamtwirtschaftliche Lage eines Landes können darunter leiden. Andererseits sind auch *positive Migrationseffekte* möglich:

- Mexiko profitiert z. B. von der Rückkehr eines Experten, der in den USA ein Jahr Berufserfahrung gesammelt hat, achtmal mehr, als wenn die Person ein Jahr in Mexiko gearbeitet hätte.

- Die Absolventen der führenden Technischen Universitäten in Indien gehen zu etwa 60 Prozent ins Ausland, kommen aber auch vielfach wieder. Infolgedessen hat sich die Zahl der indischen Software-Firmen in den letzten Jahren vervielfacht.

Die Wohlfahrt im Herkunftsland ist nur dann gewährleistet, wenn die Abwanderer wieder zu Rückkehrern werden. Nach Vorausberechnungen der Vereinten Nationen („Replacement Migration") wird der Anteil der zugewanderten Bevölkerung in Deutschland einschließlich der bereits hier lebenden Menschen ohne deutschen Pass bis zum Jahr 2050 rund ein Drittel im Bundesdurchschnitt und in den Großstädten mehr als 50 Prozent erreichen – und trotzdem wird die Bevölkerungszahl zurückgehen. Ohne Zuwanderung würde es Mitte des Jahrhunderts nicht mehr wie heute 83 Millionen, sondern nur noch 51 Millionen Bundesbürger geben. Eine solche „Nullzuwanderung" ist unrealistisch, wie die aktuelle politische Diskussion beweist.

„Für die Zukunft sind massive Hilfeleistungen
und Entwicklungsprogramme gefordert,
sonst wird die Kluft zwischen Arm und Reich explosiv.
Die Flucht und der lange Marsch der Dritten in die Erste Welt
wären damit vorprogrammiert."

(1994/32)

Vor einem Vierteljahrhundert nahm ich noch gutgläubig und folgerichtig an: Wenn wir die *Fluchtursachen vor Ort durch Entwicklungshilfe bekämpfen und beseitigen*, also für mehr Wohlstand und Lebensqualität sorgen, dann gibt es weniger Migration. Das war eine trügerische Hoffnung. Die Erfahrungen der Massenmigration aus Afrika und dem Nahen Osten in den letzten Jahren haben gezeigt: Es sind *„nicht die* Ärmster. der Armen, die ihre Länder verlassen, sondern die, die sich das leisten können" (Plickert 2019, S. 16). Erst ab einer gewissen Einkommenshöhe können Menschen in Entwicklungsländern die teure Reise (einschließlich „Schlepperdienste") bezahlen. Wenn wir also in den Herkunftsländern das Wohlstandsniveau bis zu einer bestimmten Höhe verbessern, *steigt sogar der Migrationsdruck.* Ein moderat steigendes Bruttoinlandsprodukt (BIP) in den ärmsten Ländern setzt mehr Auswanderung in Gang. Kurzfristig haben Entwicklungshilfeausgaben keinen klaren Bremseffekt (Dreher u. a. 2019), sie führen eher dazu, dass sich mehr Menschen auf den Weg machen.

3. Deutschland altert und schrumpft nach 2030:
Die Folgen des demografischen Wandels

Alles deutet darauf hin: *2030* wird zum *demografischen Wendejahr.* Ganz gleich, ob die Nettozuwanderung bis dahin 200.000 oder 300.000 pro Jahr beträgt: Zwischen 2030 und 2060 geht es in Deutschland *demografisch bergab.* Alle Szenarien, Prognosen und Bevölkerungsvorausberechnungen kommen zum gleichen Ergebnis: Die Schrumpfung Deutschlands um mindestens drei bis fünf Millionen Einwohner bis zum Jahr 2060 ist dann unaufhaltsam. Nur eine Steigerung der Geburtenquote von derzeit 1,4 auf 1,5 oder 1,6 Kindern könnte den Schrumpfungsprozess mildern, aber auch nicht mehr stoppen.

Die Zuwanderung wird in Zukunft den notwendigen Bedarf an qualifizierten Arbeitskräften nicht decken können. Denn erfahrungsgemäß liegen die Bildungsabschlüsse der Zuwanderer und ihrer in Deutschland geborenen Kinder deutlich unter dem Qualifikationsniveau der deutschen Bevölkerung. Qualifizierte IT-Fachkräfte aus Asien („Greencards") fallen da quantitativ kaum ins Gewicht.

- Wer nur die *Bevölkerungszahl* in Deutschland bis zum Jahr 2050 einigermaßen konstant halten wollte, müsste bis dahin rund 18 Millionen Menschen zuwandern lassen. Damit wäre die Einwohnerzahl vorübergehend stabilisiert.

- Wer dagegen die Überalterung in Deutschland verhindern oder gar die traditionelle *Bevölkerungspyramide* wieder herstellen wollte, müsste die jährliche Nettozuwanderung um das 56-fache des Durchschnitts der letzten fünf Jahre im richtigen Verhältnis von Alter und Gesellschaft erhöhen, also netto mindestens 3,4 Millionen Zuwanderer im Jahr aufnehmen (vgl. Leicht 2002, S. 4).

> **„Selbst massive Einwanderungen werden den prognostizierten Bevölkerungsrückgang und die Überalterung der Gesellschaft in Deutschland nicht aufhalten können."**
>
> *(2002/16)*

Für die Zukunft ist in Deutschland ein starkes *Wachstum des multi-ethnischen Segments der Sozialstruktur* mit entsprechenden sozialen und rechtlichen Folgen zu erwarten, wenn die meisten Arbeitsmigranten weiterhin nur für einfache Tätigkeiten eingesetzt werden.

4. Integration kommt nur langsam voran:
Zuwanderung bleibt eine große Herausforderung

Die Daten zu Migration und Integration sind nach wie vor ernüchternd – in Deutschland, in der EU und in den 36 OECD-Staaten auch: Zuwanderer sind *häufiger arbeitslos* gemeldet. Jeder Vierte arbeitet in einem *niedrig qualifizierten Job*, in Deutschland, Österreich und Schweden sind es sogar 40 Prozent. Und von fast jedem zweiten hochqualifizierten Migranten werden die Fähigkeiten nicht oder nicht voll genutzt. Die ökonomischen Voraussetzungen für eine gesellschaftliche Integration sind bisher nicht gut. Dennoch sind auch *positive Ansätze für Integrationsmöglichkeiten* feststellbar: Mehr als zwei Drittel der im Ausland Geborenen haben in Deutschland einen Job und wollen hier auch weiter arbeiten und leben.

Die nächsten Jahrzehnte müssen zu einem *Zeitalter der Integration* werden, weil sonst die Abkapselung der Zugewanderten *Kapselwelten* schafft, die nicht nur für den Erhalt von materiellem Wohlstand, sondern auch für die Entstehung von sozialem Unfrieden sorgen. *Gelebte Integration* kann aber auch ganz anders aussehen – zum Beispiel wie in Remscheid: Diese Stadt hat über 100.000 Einwohner. Hier leben über 100 Nationen. Dennoch zählt Remscheid zu den Städten mit der niedrigsten Kriminalitätsziffer in Nordrhein-Westfalen und gilt als eine der sichersten Großstädte in Deutschland.

> **„In Zukunft werden Regionen, Städte und Kommunen um junge qualifizierte und motivierte Nachwuchskräfte aus dem Ausland wetteifern. Dazu müssen sie mehr bieten als ‚harte' Standortfaktoren wie z. B. hohe Einkommen und Karrieremöglichkeiten. Als neuer Standortfaktor kommt in Zukunft die örtliche Toleranz für ethnische Minderheiten hinzu."**
> *(2002/16)*

Wir *Europäer*, die oft über zu viel Zuwanderung klagen, sollten uns in Erinnerung rufen, dass wir selbst *jahrhundertelang an Zuwanderungsbewegungen beteiligt* waren:

- Im Rahmen der Kreuzzüge wanderten Europäer in den Orient.

- Im Rahmen des Siedlungskolonialismus wanderten Europäer nach Amerika, Afrika und Australien.

Noch vor gut hundert Jahren, im Jahr 1890, stellten die Deutschen *dreißig Prozent der amerikanischen Bevölkerung.*

Wir sollten uns realistisch von einer Illusion verabschieden: Die Annahme, in eine deutsche Mehrheitsgesellschaft müsse sich eine Minderheit von Zuwanderern integrieren, stellt sich in Zukunft eher umgekehrt dar. Schon in den nächsten zwanzig Jahren kippt in den Großstädten bei den unter 40-Jährigen das Mehrheitsverhältnis Deutscher zu Zuwanderern. Die Frage lautet dann eher: Wie integriere ich mich als Deutscher in eine neue *Mehrheitsgesellschaft aus Zugewanderten?* In Hamburg gibt es heute schon mehr Muslime als Katholiken.

Mehrere tausend Menschen strömten im Frühjahr 2002 auf der Plaza Major in Palma de Mallorca zusammen und demonstrierten für die Integration. Sie forderten weitreichende Maßnahmen zur Verbreitung der katalanischen Sprache auf den Balearen. Erwartet wurde von den Zuwanderern und mehrheitlich deutschen Residenten eine *Anpassung an die Realität des Landes,* das sie aufnimmt. „Sich integrieren" hieß im Verständnis der Demonstranten: Catalan *schätzen, beherrschen und anwenden.* Das wäre angewandte Integration – und nicht nur deutsch reden, deutsch kochen und deutsche TV-Programme schauen.

„Wenn du in Rom bist, mach es den Römern gleich" – so lautet ein altes englisches Sprichwort. Mit dem Spracherwerb allein ist es nicht getan. *Interkulturelle Kompetenz* wird in Zukunft als Schlüsselqualifikation immer wichtiger (Simson 2002, S. 27). Das heißt konkret für Zu- und Einwanderer in Deutschland:

- Sie müssen die kulturellen Besonderheiten des Aufnahmelandes Deutschland *kennen und anerkennen.*

- Sie sollten die kulturelle Vielfalt für sich – beruflich und privat – *produktiv zu nutzen* wissen.

- Sie sollten die *richtige Balance* zwischen der Achtung vor der für sie zunächst fremden Kultur und dem eigenen Selbstverständnis finden.

- Sie müssen in der Lage sein, sich selber *mit den Augen der Einheimischen* zu sehen.

Gelungene Integration im Sinne von angewandter interkultureller Kompetenz hat mit unkritischer Anpassung nichts zu tun, sondern geht mehr mit einer *Wertschätzung des Aufnahmelandes* – auch bei Partnern und Familien – einher.

13 Millionen Zuwanderer leben mittlerweile in Deutschland, einem der wichtigsten Einwanderungsländer in Europa und der Welt – mit einem wesentlichen Unterschied: In Europas größte Volkswirtschaft zieht es bisher vor allem Migranten mit niedrigem Bildungsniveau. Allerdings zeichnet sich für die nahe Zukunft eine positive Entwicklung ab: Wie in der Schweiz und in Kanada ist der Anteil *junger* Migranten, die in *Ausbildung oder in Fortbildung* sind, besonders hoch. Und weniger als im EU-weiten Durchschnitt fühlen sich Zuwanderer in Deutschland diskriminiert. Eine OECD/EU-Studie kommt 2019 zu dem Ergebnis: Die Zuwanderer in Deutschland sind *besser integriert als vor zehn Jahren*. Einen festen Job oder Ausbildungsplatz zu haben ist offensichtlich neben der Beherrschung der Sprache und der Orientierung an den Lebensgewohnheiten der Deutschen die beste Voraussetzung für eine *gelungene Integration*. Das alles braucht aber Zeit, damit am Ende Kultur, Tradition und Lebensgewohnheiten von Zuwanderern *und* Einheimischen gleichermaßen akzeptiert und respektiert werden.

Gelungene Integration gleicht einer *ausbalancierten Identität* zwischen Fremden und Einheimischen, zwischen Herkunftskultur und Aufnahmekultur. Für das Gelingen dieses Integrationsprozesses sind aber beide Seiten verantwortlich – die Zuwanderer *und* die Einheimischen, setzt also *Integrationswilligkeit* der Zuwanderer genauso voraus wie *Integrationsfähigkeit* der Deutschen. Beide müssen sich aufeinander zubewegen, was dazu führen kann, dass man dabei auch die eigene Kultur und den eigenen Lebensstil noch einmal kritisch überdenkt.

Vielleicht müssen wir in Zukunft sogar ernsthafter über *Integrationskurse für Einheimische* (und nicht nur für Zugewanderte) nachdenken. Insbesondere die Städteplanungs- und Wohnungsbaupolitik muss sich mehr als bisher als Integrationspolitik verstehen und konzentrierte Inselbildungen verhindern helfen. Nur dann können sich Zuwanderer in Deutschland heimisch fühlen.

Deutsche müssen keine Angst vor Fremden haben: Am Ende eines längeren Anpassungsprozesses wird der *Wunsch nach Gemeinsamkeit größer sein als das Bedürfnis nach Abgrenzung.* Heimat ist in Zukunft für die Zu- und Einwanderer dort, wo sie sich nicht mehr erklären und legitimieren müssen. Nur aus dem problemlosen Zusammenleben kann sich ein stabiler Zusammenhalt entwickeln. Kein Zuwanderer wird in Zukunft seine Identität aufgeben oder seine Herkunftskultur verleugnen müssen. Es reicht schon, wenn die Toleranz mit der *Akzeptanz des Fremden* beginnt und im Umgang miteinander auch gelebt wird. Wie sagte mir unlängst ein indonesischer Reiseführer während einer Studienreise: „Wenn ich mit Ihnen hier zusammen bin, trinke ich auch Bier. Und das heißt auf Indonesisch: *Ich bin tolerant!"*

Ausblick: Eine Million Zuwanderer verändern langfristig das Zusammenleben in Deutschland. Es wird ein Geben und Nehmen sein. Die meisten Zuwanderer werden dauerhaft in Deutschland bleiben und leben wollen und keine Gäste auf Zeit („Gastarbeiter") sein. Sie werden *Zugehörigkeitsgefühle* entwickeln und sich mit neuen Umgangsregeln anfreunden müssen. Und die Deutschen müssen mit Respekt zur Kenntnis nehmen, dass Werte familiären Zusammenhalts und der Hilfsbereitschaft gegenüber Älteren von Zuwanderern aus anderen Ländern und Kulturen intensiver gelebt werden. Beide Seiten, Einheimische und Zuwanderer, können durch Wertschätzung voneinander lernen. *Zusammenleben statt Auseinanderdriften*: Das wird die Leitlinie für die nächste Zukunft sein.

IV. KAPITEL

MENSCH. NATUR. TECHNIK.
Die EXPO 2000 auf der Suche nach der Welt von morgen

Nach einer alten finnischen Legende gab es einmal zwei Steinmetze. Beide arbeiteten an kubischen Blöcken aus Granit. Im Vorbeigehen fragte sie ein Passant, was sie da tun. „Ich haue diesen Granit zu Würfeln zurecht", sagte der eine Steinmetz völlig erschöpft. Der andere hingegen antwortete mit vor Eifer glühenden Wangen: *„Ich arbeite am Bau einer Kathedrale mit."* An diese Worte fühlte ich mich erinnert im Rahmen meiner Mitarbeit an der Planung und Realisierung der EXPO 2000 in den neunziger Jahren. In einer Zeit technologischer Innovationen und weltweiter Umbrüche sollte die erste Weltausstellung in Deutschland konzipiert werden: *„Willkommen zum Projekt Zukunft"* hieß die Aufforderung, eine zeitgemäße Definition von Fortschritt zu entwickeln:

- Wie kann die wachsende Bevölkerung ernährt und mit Energie versorgt werden?
- Wie werden wir in Zukunft arbeiten, leben und wohnen?
- Welche Rolle werden Wissen, Information und Kommunikation spielen?

Das *magische Jahr 2000* verlangte nach Ideen und Visionen für eine bessere Zukunft, die *greifbar nahe* und nicht Science Fiction sein sollte. Und so sah die Zukunftsreise in die EXPO 2000 aus: *Der Zukunftshunger der Deutschen war groß*. Dicht an dicht drängten sich die Besucher vor der Themenparkhalle „Planet of Visions". Am Ende jeder Warteschlange lagen mitunter die Nerven blank: drinnen lange Schlangen, draußen lange Staus. Trotzdem: *Gestresst, aber glücklich* verließen die meisten Besucher das Gelände oder kamen gar am nächsten Tag wieder. Meist gingen sie mit der Gewissheit nach Hause: Es hat sich gelohnt, die Weltausstellung zu besuchen. Sie hatten im Jahr 2000 schon die *Welt von morgen* gesehen.

Besucher von Weltausstellungen gleichen Zeitreisenden, die Zukünfte besuchen. Kaum glaublich, aber wahr. *Ausstellungsbeispiel Aachen:* Wir werden auf die oberste Plattform einer Ausgrabungsstätte geführt, auf der wir im Jahr 2070 landen. Von dort aus wandern wir wie im New Yorker Guggenheim-Museum spiralförmig abwärts – zurück in das Jahr 2000. Im Sinne von *„gute Zeiten, schlechte Zeiten"* werden zwei alternative Zukunftsvisionen dargestellt:

- *Szenario A:* Aachen floriert und ist streng orientiert am Leitbild nachhaltiger ökonomischer und ökologischer Entwicklung.

- *Szenario B*: Aachen in der Wohlstandskrise: Arme und Reiche leben in Ghettos. Durch die Innenstadt bewegt man sich nur per Pkw mit gesicherten Türen. Die Straßen gehören den Autos und den Underdogs. Hinzu kommen bewachte Villen-Vororte sowie Marmor-Lobbys der Großbanken.

1. Mit dem Fahrstuhl in die Zukunft:
Eine Zeitreise als Mega-Event

Beide Szenarien forderten zum Zukunftsdenken heraus: *Wie wollen wir morgen leben?* Beide Szenarien wurden auf der EXPO 2000 in einer Halle veranschaulicht. Gezeigt wurden die Veränderungen von vier Städten in der Welt des 21. Jahrhunderts. Ausgewählt wurden *Aachen, Dakar, São Paulo und Shanghai.* Die Vorführung begann mit einer Fahrstuhlfahrt auf einen Berg, der für das Jahr 2100 stand. Danach ging es schrittweise abwärts in die Jahre 2070, 2030 und schließlich 2000. Im Mittelpunkt stand das *positive Szenario A* mit der Beachtung des Umweltschutzes und der sinnvollen Nutzung moderner Technologien. Dargestellt wurde aber auch das *„Szenario B"* – Umweltverschmutzung, Wirtschaftskrise, Kriminalität und Gewalt.

Was hatten England, Frankreich und die USA, was Deutschland bis zur Jahrtausendwende nicht hatte? Sie hatten in den letzten hundertfünfzig Jahren dutzendfach Weltausstellungen organisiert, Deutschland noch nie. Die EXPO 2000 in Hannover war die erste Weltausstellung in Deutschland. Und sie war zugleich das erste globale Ereignis des neuen Jahrtausends, bei dem sich 192 Nationen und Organisationen präsentierten.

Dieses Mega-Event in Hannover verdankte seine Existenz einer *historisch wie politisch günstigen Konstellation*. Denn am 14. Juni 1990 war es zur ersten Kampfabstimmung in der Geschichte der Weltausstellungen gekommen. Venedig hatte im letzten Moment seine Kandidatur zurückgezogen. Im Rennen blieben lediglich Toronto und Hannover. Vier Monate vor der deutschen Vereinigung gab die DDR mit ihrer Stimme durch die Übergangsregierung de Maizière den Ausschlag. Hannover erhielt denkbar knapp den Zuschlag mit 21 zu 20 Stimmen gegen Toronto.

„Die Erwartungen der Besucher sind mindestens so wichtig wie die Ansprüche der Aussteller.
40 Millionen Menschen aus aller Welt sollen und wollen freiwillig nach der Arbeit, am Wochenende oder im Urlaub die EXPO 2000 in Hannover besuchen.
Sie kommen aus breiten Bevölkerungsschichten und erwarten für ihr Geld Attraktivitäten und Ereignisse, die Hoffnung für die Zukunft machen, aber auch nachdenklich stimmen."

(Mein Positionspapier vom 11. März 1996 als Kurator und Jurymitglied der EXPO 2000)

Die EXPO 2000 in Hannover wurde ein globales Publikumsereignis. 23.000 Journalisten berichteten regelmäßig über die 18.000 Veranstaltungen an 153 Tagen: Kamerateams und Fotografen wurden mit umweltfreundlichen Elektro-Caddies regelrecht zu ihren Terminen „gekarrt". Das Leitbild der Expo, „Mensch – Natur – Technik", war dabei nicht bloßes Lippenbekenntnis. Vielmehr wurde die Weltausstellung in ein bereits bestehendes Messegelände integriert. Im Sinne einer *nachhaltigen Entwicklung* hatte man von Anfang an großen Wert auf die Nachnutzung gelegt und damit von den Negativerfahrungen der Weltausstellung 1992 in Sevilla gelernt. Bauruinen sollte es nach der EXPO 2000 nicht geben. Nicht nachnutzbare Pavillons sollten lediglich temporär entstehen und danach den Messebesuchern wieder als Parkfläche dienen.

Nachhaltigkeit wurde großgeschrieben – nicht nur in Bezug auf die Inhalte. Auch Gebäude, Verkehrsplanung, Ver- und Entsorgung mussten den *drei Nachhaltigkeitssäulen Soziales/Ökologie/Ökonomie* entsprechen. Eine vollautomatische Sortieranlage für Verpackungsmüll sorgte z. B. dafür, dass die Weltausstellung eine der saubersten wurde, die es je gegeben hat. Vielleicht war es kein Zufall, dass die nachfolgende große Weltausstellung im Jahr 2005 in Japan den Titel trug: *„Jenseits des Fortschritts: Natur neu entdecken".*

2. Mensch. Natur. Technik:
Ein Zukunftsthema gegen Mainstream und Zeitgeist

Das EXPO-Leitbild konnte nur mit großen Schwierigkeiten gegen Mainstream und Zeitgeist durchgesetzt werden. In Wirtschaft, Medien und Öffentlichkeit dominierte ein ganz anderes Leitbild: *Umwelt-Themen waren out, Technologie-Themen in.* Fortschrittsoptimisten wollten einfach nicht wahrhaben, dass die Zeit der *Weltausstellungen als Wettkämpfe der Technik,* bei denen die Industriegiganten der Welt ihre Kräfte maßen, endgültig vorbei sei. Weltausstellungen könne man doch nicht einfach umpolen. Sie seien nun einmal für die Präsentation technischer Höchstleistungen geschaffen. Geradezu aberwitzig sei die Idee, „die Wirtschaft auf der EXPO 2000 im ökologischen Büßerhemd vorzuführen und diese Maskerade als ‚Problemlösung' auszugeben" (Stefan Dietrich in der FAZ vom 29. November 1996). Dagegen stand das Konzept der Weltausstellung, die mehr sein wollte als eine Industriemesse hoch vier, mehr als ein Disneyland oder eine Show der Eitelkeiten.

Als Kurator der EXPO machte ich seinerzeit deutlich: Die *Furcht vor einer industriefeindlichen* Ökoschau sei völlig unbegründet. Die EXPO sei eine Brücke in das 21. Jahrhundert und liefere Zukunftsideen für das Leben im dritten Jahrtausend. Sie werde *kein Schaufenster des Kapitalismus* sein. Ganz im Gegenteil: Es werde die erste Weltausstellung sein, bei der sich Nicht-Regierungs-Organisationen (NGO/Non-Government-Organizations) beteiligen und engagieren können.

„Als Zukunftsforscher und Mitglied des Kuratoriums
habe ich die Patenschaft für die konzeptionelle Gestaltung
der beiden Themenbereiche
‚Zukunft der Arbeit' und ‚Mobilität' übernommen.
Dabei werde ich mich in die Zukunftsdiskussion einmischen:
Einmischen heißt
in der Suche nach Orientierungen vorangehen,
nicht alle Lösungen gleich selbst finden,
sondern Fragen stellen
und andere zu Antworten ermutigen.
Der Themenpark, ‚der' Besuchermagnet und ‚das' Herzstück
der EXPO 2000,
soll eine spannende Reise in die Zukunft sein –
in eine lebenswerte Zukunft,
die nicht nur Antworten darauf gibt,
wie wir morgen leben werden,

> **sondern auch Wege aufzeigt, wie wir morgen leben wollen."**
>
> *(Mein Positionspapier vom 3. Juni 1998 zur Vorbereitung der EXPO 2000)*

Zur Weltausstellung gehörte ein hoher Qualitätsanspruch: Heute schon die Welt von morgen erleben? Antworten auf Probleme geben, die wir noch gar nicht haben? Ja, lassen sich überhaupt Probleme des 21. Jahrhunderts in einer Weltausstellung sachgerecht und angemessen präsentieren? Eine Ausgangsthese lautete: Das 21. Jahrhundert wird vor allem ein *Jahrhundert der Städte* sein. In den nächsten hundert Jahren wird die überwiegende Mehrheit der Bevölkerung *in städtischen Netzwerken leben*. Zwei Jahrzehnte später stellt sich dann die Frage: Droht ein Kollaps der Riesenstädte ("Mega-Cities"), eine ökologische und soziale Zeitbombe, die frühzeitig entschärft werden muss (Trink- und Abwasser, Verkehrsinfrastruktur u. a.)?

Die konzeptionelle Gestaltung des Themenparks stützte sich bewusst auf Lebensbereiche, die auch für die *Lebensqualität der Deutschen in den nächsten zwanzig Jahren* bestimmend sein werden:

- Der Mensch
- Die Umwelt: Landschaft/Klima
- Basic Needs/Grundbedürfnisse
- Die Ernährung
- Die Gesundheit
- Die Energie
- Wissen: Information, Kommunikation
- Die Mobilität
- Die Zukunft der Arbeit

Insbesondere für die beiden letztgenannten Bereiche "Mobilität" und "Zukunft der Arbeit" hatte ich die "thematische Patenschaft" übernommen. Als Pate für das Themengebiet „Zukunft der Arbeit" hatte ich z. B. dafür Sorge getragen, dass neben traditionellen Arbeitsformen auch neue, z. T. auch unbezahlte Beschäftigungsformen ins Blickfeld gerückt wurden:

- Dazu gehörten neue Formen der *Tele-Arbeit, Arbeitszeitflexibilisierungen* sowie *Teilzeitarbeit* und *Altersteilzeitarbeit.*

- Die Zukunftsvision einer Tätigkeitsgesellschaft zwang dazu, intensiver über Formen *freiwilliger und unbezahlter Arbeit* nachzudenken.

- Schließlich mussten auch die Aspekte *Existenzgründung* und *Neue Selbstständigkeit* angemessen Berücksichtigung finden.

Als Fachberater und Mentor für das Themenfeld „Zukunft der Mobilität" legte ich Wert darauf, die Euphorie gegenüber technischen Neuerungen zu bremsen, Mobilität nicht nur auf Wirtschaft und Verkehr zu reduzieren und insbesondere die ökologische Verantwortung für die Grenzen der Mobilität ernst zu nehmen. Mobilität sollte umfassend als *Lebensprinzip* verstanden werden. Schließlich waren die Menschen mobil, noch ehe sie sesshaft wurden. Die *Geschichte der Menschheit ist eine Geschichte der Mobilität,* des Ortswechsels und der großen Wanderungen. *Mobilität ist Leben.*

3. Zukunft bleibt ein Abenteuer:
Mehr Fortschrittsfest als Industriemesse

Die EXPO 2000-Konzeption glich aus heutiger Sicht einer Gratwanderung zwischen High Tech und High Touch, E und U, Bildung und Entertainment. Die Weltausstellung war auch ein *Synonym für das Abenteuer Zukunft*: Sie lieferte Bilder und Ideen für die Welt von morgen. Globale Vielfalt war angesagt: eine Zeitreise – mehr Fortschrittsfest als Industriemesse.

Auch in Zukunft werden Weltausstellungen nur ein anderes Wort für *Sehnsuchtsträume der Menschen* sein, dargestellt durch Innovationen von Technik, Medien, Kunst und Kultur. Es gibt wohl kaum vergleichbare friedliche Ereignisse, die über Monate die Aufmerksamkeit von Medien und Öffentlichkeit so auf sich ziehen können wie Weltausstellungen. Vergleichbar sind allenfalls noch Fußballweltmeisterschaften und Olympiaden. Der *Sympathieeffekt* solcher Mega-Events (man denke z. B. an die kommunikative Wirkung der Olympischen Spiele 1972 in München) war und ist außerordentlich groß.

Deutschland hat sich auf der EXPO 2000 einem Millionen-Publikum als freundliches, modernes und weltoffenes Land präsentiert. An der Schwelle zum 21. Jahrhundert wurde die Formel „Schneller, größer, weiter" durch ein *„Nachhaltiger, intelligenter, menschlicher"* ersetzt. Im Themenpark wurden Grundfragen unserer Zukunft und Ideen zu ihrer Lösung sinnlich erfahrbar gemacht. Im Mikrokosmos einer Zukunftsschau wurden Vergangenheit, Gegenwart und Zukunft verständlich dargestellt – von der Gutenberg-Bibel über die Capri-Batterie von Joseph Beuys bis zum Spacelab aus Bremen.

V. KAPITEL

FAMILIE. FREUNDE.
WAHLVERWANDTSCHAFTEN.
Die Wagenburg des 21. Jahrhunderts

„Sei auf der Hut" empfahl der irische Managementpsychologe Charles Handy seinem Sohn, als er von dessen Heiratsplänen erfuhr. „Du wirst nicht nur die Liebe deines Lebens, sondern eine ganze Familie heiraten. Du solltest besser herausfinden, worauf du dich da einlässt. *Familien sind wichtig"* (Handy 2007, S. 235). Mittlerweile wird die „ganze Familie" in einer Gesellschaft des langen Lebens immer unverzichtbarer. Ob es uns gefällt oder nicht: *Wir brauchen die Familie – für eine gemeinsame Zukunft.* Unternehmen können uns kündigen. Nachbarn und Freunde ziehen weg, aber die Familie ist immer da, wenn man sie braucht.

Der erfolgreiche Manager und Dozent an der London Business School wusste, wovon er sprach. Er hatte schließlich leidvolle Erfahrungen hinter sich. Ein halbes Leben lang war er beruflich viel zu beschäftigt, um sich seiner Familie zu widmen. „Bis ich zehn war", sagte seine Tochter Jahre später, „dachte ich, du wärst der Mann, der sonntags zum Lunch kommt" (Handy 2007, S. 235). Bis dahin bestand seine Definition des guten Lebens in *Erfolg, Geld und Familie* – in genau dieser Reihenfolge. Erst später, zu spät, erkannte er: *Die Lebensreise beginnt in der Familie.*

Auch für mich hatte die Lebensreise 1941 als Kriegskind im Elternhaus begonnen, ehe sie nach Kriegsende 1945 mit der Einweisung in ein Waisenhaus und Kinderheim im oberpfälzischen Amberg abrupt endete. Von da an ist für mich „Familie" ein Wunschtraum gewesen, den ich mir noch während meines Studiums mit der Gründung einer eigenen Familie auch erfüllte. Bis heute ist für mich Familie Leben, ja *das Wichtigste im Leben*. Und mit dieser Einschätzung stehe ich nicht allein.

1. Familie wird wichtigster Lebensinhalt:
Die beste Lebensversicherung in unsicheren Zeiten

Die Familie ist den Deutschen heilig. Es gibt keinen anderen Lebensbereich, der eine so hohe Wertschätzung erfährt. Da können Arbeit und Karriere, Medien und Konsum noch so wichtig und attraktiv sein: In den anhaltend unsicheren Zeiten ist die Familie zum *Anker und Mittelpunkt des Lebens* geworden. Das Votum der Bevölkerung in Deutschland ist eindeutig: „Was auch immer auf uns zukommt: Für mich ist und bleibt die *Familie das Wichtigste im Leben*", sagt die überwiegende Mehrheit der Bundesbürger mit kaum noch zu steigernder Zustimmung (2014: 88 Prozent – 2019: 90 Prozent). In schwierigen Zeiten ist und wird die Familie zum *sicheren Hafen*, der Schutz, Sicherheit und Zusammenhalt gewährt. Einige Bevölkerungsgruppen „schwören" geradezu auf die Familie: Das sind die Frauen (93 Prozent – Männer: 88 Prozent), die Bewohner im ländlichen Raum (93 Prozent) und natürlich die Familien mit Kindern (94 Prozent). Selbst die junge Generation der 14- bis 19-Jährigen („U20"/„Generation Z") stimmt mit 83 Prozent Zustimmung auf das *Hohelied der Familie* ein.

Lediglich die Singles äußern sich deutlich zurückhaltender (76 Prozent). Sie müssen schließlich ihr Lebenskonzept auch vor sich selbst verteidigen, wenn oder weil sie keine eigene Familie haben. Trotzdem: Für drei Viertel der 14- bis 19-Jährigen bleibt die Familie das *Leitbild des Lebens*, „der" Lebensinhalt und „die" Lebenserfüllung.

Umgeben von Umwelt-, Wirtschafts- und Gesellschaftskrisen ist die

Familie eine durch Intimität und Nähe, Kooperation und gegenseitige Hilfe verbundene Lebensgemeinschaft. Allen pessimistischen Prognosen und Szenarien vom Verfall und Niedergang der Familie zum Trotz: Die Familie ist eine *Lebensgemeinschaft mit starken Bindungen*, in der mehrere Generationen füreinander sorgen. Die Sehnsucht nach einem Leben in und mit der Familie wird stärker. Die Single-Gesellschaft hat sich überlebt. Die Sorge um Familie und eigene Kinder gewährt mehr Lebenserfüllung, als immer nur an sich zu denken. Die Familie liegt auch der Jugend wieder am Herzen.

**„In Krisenzeiten besinnen sich die Deutschen auf das,
was ihnen Grundgeborgenheit im Leben gewährt
und zum persönlichen und sozialen Wohlergehen beiträgt:
das Zusammensein mit Freunden und Familie als nachhaltige Wohlstandsqualität –
vor allem dann, wenn Arbeit und Einkommen nicht mehr sicher sind."**

(2014/3)

Insofern kann zu Recht von einer *Renaissance der Familie* in der Zukunft gesprochen werden – zumindest in der Idealvorstellung –, auch wenn die *Realität zerrütteter Familien* manchmal ganz anders aussieht.

Die Familie steht auch in Zukunft im Zentrum des Lebens. Die Bevölkerung hält die Familie für das am meisten bestimmende Merkmal ihrer Lebensqualität und Wohlstandswirklichkeit: *Wer gute Kontakte zur eigenen Familie hat und pflegt, fühlt sich nachweislich wohlhabender als der, der „nur" über Eigentum verfügt.* Soziales Wohlergehen kann materielle Wohlstandsdefizite abfedern und ausgleichen helfen. Zwar müssen die familiären Kontakte und Beziehungen kontinuierlich gepflegt, mitunter auch erarbeitet werden. Dafür aber schützt die Familie vor vielen Armutsrisiken des Lebens und ist *so wertvoll wie eine Geldanlage*. Neben dem Beziehungsreichtum trägt die Familie auch materiell zur *Gewinnmaximierung des Lebens* bei. Die Familie überlebt alle Krisen. In der Familie „fühlt" man sich sicher: Sie ist die beste Lebensversicherung und – im positiven Sinne – billig und barmherzig. Für die Zukunft gilt: *Kinder und Familie sind wieder in.*

In Zukunft verstärkt sich die *Suche nach Halt, Heim und Heimat*. Die Familie – in welcher Lebensform auch immer – garantiert Ansehen und soziale Sicherheit, was kein Prestigeberuf und auch kein Sozialstaat bieten können. Zugleich verändert sich das Familienverständnis: Es geht nicht mehr nur um eigene Kinder. Eher deuten sich skandinavische Verhältnisse an: Es wird immer öfter erst dann geheiratet, wenn die Kinder aus dem Haus sind – als Zeichen dafür, dass man *im Alter füreinander Verantwortung* übernehmen will.

Es wächst die Sehnsucht nach Stabilität und Sicherheit, Geborgenheit und Zusammengehörigkeit. Die Bürger zeigen wieder mehr Mut zu dauerhaften Bindungen. Weil mittlerweile *Verlässlichkeit mehr zählt als Freiheit* und *Liebe höher bewertet wird als Loyalität,* bleibt die Familie das Wichtigste im Leben. Auf sie ist in Notzeiten Verlass, weil nur Beständigkeit – und nicht Beliebigkeit – sozialen Zusammenhalt garantiert. *Vertraut und verlässlich in jeder Lebenssituation*: das ist die Zukunft der Familie im 21. Jahrhundert.

Ausblick in die Zukunft: Mit Ausnahme von Singles und kinderlosen Paaren wird die *Familie* für alle übrigen Bevölkerungsgruppen die wichtigste Bezugsgruppe im Leben sein. Die Familie trägt dann in mehrfacher Hinsicht zur Lebenszufriedenheit und -erfüllung bei:

- Die Familie gibt das Gefühl, gebraucht zu werden.
- Die Familie bringt Abwechslung in das Leben.
- Die Familie gibt das Gefühl, nicht allein dazustehen.

Die Familie wirkt als Therapeutikum gegen Gefühle von Einsamkeit, Langeweile und Nutzlosigkeit. Das ist ihre wichtigste soziale Funktion. Andere in der Öffentlichkeit mehr im Vordergrund stehende Gesichtspunkte wie z. B. Krankenpflege oder materielle Unterstützung erscheinen dagegen fast zweitrangig. Aber auch solche familiären Leistungen gibt es – „wenn nötig", wenn es also die Situation erfordert.

Existentiell viel bedeutsamer ist der psychosoziale Rückhalt, den die Familie auf Dauer gibt. Sie ist nicht nur eine gut funktionierende Notgemeinschaft. Die Familie stellt eine Lebensbegleiterin dar, die gleichzeitig *fordert und fördert*. Die Familie sorgt z. B. dafür,

- dass Hochaltrige nicht nur gepflegt, sondern auch gebraucht werden,

- dass sie um Rat gefragt und bei wichtigen Entscheidungen beteiligt und

- dass sie gelegentlich mit noch so kleinen Gefälligkeiten helfen und aushelfen können.

Die stabilisierende und identitätsstiftende Funktion der Familienarbeit ist unübertroffen.

2. Die „Swinging Singles" werden bald Geschichte sein:
Die Familie als Veränderer des demografischen Wandels

Die Familie entwickelt sich zum Leitbild des Lebens. Noch 2007 forderte Jutta Allmendinger, die Präsidentin des Wissenschaftszentrums Berlin für Sozialforschung, die Politik auf, sie müsse sich zunehmend am *„Normalfall Alleinerziehende"* ausrichten. Die Begründung: Für junge Frauen stünde Partnerschaft „nicht mehr hoch im Kurs". Sie empfänden Männer „nur als Klotz am Bein", wollten in erster Linie Geld verdienen und „vielleicht auch mal Kinder haben". Männer spielten in diesem Lebensplan jedenfalls „nur eine

Nebenrolle" (Allmendinger 2007). Nein – das sind *Lebenskonzepte von gestern*, die sich überlebt haben. Das Familienleben wird immer mehr zum Synonym für erfülltes Leben.

Schon 2006 hatte die 15. Shell Jugendstudie diesen Wertewandel registriert: Die Familie sei wieder „eine unverrückbare Größe" in den Lebensvorstellungen der jungen Generation – und das über alle sozialen Gruppen hinweg. Man müsse jetzt und in der nächsten Zukunft keine „Sorge vor dem Verfall" der Familie mehr haben (Shell 2006, S. 49 ff.). Die Renaissance der Familie hält weiter an.

> **„Die Familie ist der Verursacher des demografischen Wandels, also kann sie in Zukunft auch ihr Veränderer sein."**
>
> *(2010/6)*

Für das 21. Jahrhundert war von Zeitgeistanalysten und Trendforschern eigentlich ein „Neunomadentum" (Guggenberger 1997, S. 9 f.) vorausgesagt worden – eine Ortlosigkeit zwischen Überall und Nirgendwo, in der die Menschen durch ihr Leben driften und zappen wie bisher durch die Fernsehkanäle. In Wirklichkeit *praktizieren die Menschen Familiennähe, wo und wie sie nur können:* Vor dem Hintergrund stetig wachsender Lebenszeiterwartung suchen sie sich einen Lebenssinn auch jenseits von Erwerbsarbeit und Geldverdienen. Sie schaffen sich Herausforderungen, in denen sie Leistungen im Leben erbringen und Erfolgserlebnisse haben können.

Familienarbeit heißt in Zukunft die alternative Beschäftigungsmöglichkeit, die Sinn hat und Spaß macht. Viele werden aktiv – auch ohne Bezahlung. *Die Prognose für die Zukunft* kann nur lauten: Nach der Erwerbsarbeit ist die Lebensarbeit nicht zu Ende. Arbeit wird neu definiert: Erwerbsarbeit bringt Geld, Familienarbeit spart Geld. Genau genommen „bringt" die Familie auch Geld. Die wichtigste Einkommensquelle – neben dem Arbeitseinkommen – ist nicht die Rente oder die Pension, sondern die Familie. Die Familie erbringt eine *doppelte Vorsorgeleistung* – eine Kapitalvorsorge und eine Sozialvorsorge. So gesehen erweist sich die Familienförderung als die *beste Zukunftsvorsorge* der Gesellschaft. *Während sich die gesetzliche Rente mehr zu einer Art Zusatzversicherung zurückentwickelt, nimmt die Familie als verlässliche Vollversicherung ihren Platz ein.*

Für die nächste Generation wird „Konsum oder Kind" keine wirkliche Alternative mehr sein. Wenn sich die Einstellungsänderungen der jungen Generation weiter stabilisieren, wird sich diese Generation *Zug um Zug vom Singledasein und der Kinderlosigkeit verabschieden*. Dieser grundlegende Einstellungswandel wird sich natürlich nur langsam entwickeln und nicht gleich von heute auf morgen demografische Veränderungen zeigen.

3. Die Doppelverdienerfamilie wird Normalität:
Kinderbetreuung wird Frauen- und Männersache

Der Ruf nach möglichst kostenloser Kinderbetreuung wird in Zukunft immer lauter. Dies ist nur auf den ersten Blick Ausdruck einer vermessenen Anspruchsrevolution. In Wirklichkeit *„müssen" immer mehr Eltern mit der Doppelverdiener-Rolle leben*, weil sie sonst nicht über die Runden kommen und ihren erarbeiteten Lebensstandard nicht halten können. 81 Prozent der Familien mit Kindern (übrige Bevölkerung: 73 Prozent) vertreten die Auffassung: „Damit Eltern einer beruflichen Tätigkeit nachgehen und für ihr Einkommen selber sorgen können, sollte die Kinderbetreuung in Kindergärten und Kindertagesstätten grundsätzlich kostenlos sein." Wichtig ist dabei der Hinweis: Eltern wollen für ihr Einkommen selber sorgen, um dem Staat nicht zur Last zu fallen.

Es zeichnet sich ein grundlegender Paradigmenwechsel in der Einstellung zum Berufsleben ab: Aus dem Alleinverdiener-Leitbild wird das *Doppelverdiener-Ideal*. Über zwei Drittel (67 Prozent) der Bevölkerung finden es geradezu ideal, wenn in einer Familie beide Partner berufstätig sind (Ipsos/Opaschowski 2013). Fünf Jahre zuvor lag der Anteil der Befürworter lediglich bei 56 Prozent. Wenn dieser Trend so anhält, werden im Jahre *2030 über achtzig Prozent der Berufstätigen Doppelverdiener* sein. Die Doppelverdienerfamilie wird dann Normalität sein.

In wirtschaftlich unsicheren Zeiten sind beide Partner *auf das Geld angewiesen*, um eine Familiengründung wagen und eine Familie finanzieren zu können. In gleichem Maße, wie der Anteil der Befürworter einer Doppelerwerbstätigkeit von Mann und Frau wächst, sinkt die Bereitschaft der Bevölkerung, wegen der Kinder auf die eigene Berufstätigkeit zu verzichten. Noch 2008 vertrat die überwiegende Mehrheit der Bundesbürger (70 Prozent) die Auffassung, dass es besser sei, wenn nur „ein Elternteil arbeitet" und „der andere" die Erziehung der Kinder übernimmt. Fünf Jahre später war der Anteil auf 51 Prozent gesunken. Jeder zweite Bundesbürger *will nicht mehr ohne eigene Erwerbstätigkeit mit den Kindern allein zu Hause bleiben.*

Der Paradigmenwechsel in der Kinderbetreuung hat in Deutschland längst begonnen. Vier von zehn Bundesbürgern (40 Prozent) fordern bereits: „Kinder aller Altersgruppen sollten zukünftig das *ganze Jahr über* ganztags in Kindergärten betreut werden." Wird erfolgreiche Familienpolitik in Zukunft an der Zahl von Betreuungsplätzen gemessen? Oder besteht die Gefahr, dass Artikel 6/Absatz 2 des Grundgesetzes teilweise außer Kraft gesetzt wird, wenn die Erziehung der Kinder nicht mehr als die „*zuvörderst obliegende Pflicht*" der Eltern gilt?

Die Kinderbetreuung wird in Zukunft *mehr eine Qualifikations- als eine Platzfrage* sein. Wegen des Mangels an qualifizierten Erziehern besteht heute schon die Tendenz, fachfremdes Personal einzusetzen (wie z. B. Hebammen in Baden-Württemberg). In naher Zukunft wird es erhebliche Personalengpässe geben. Hier muss die Wirtschaft zu Hilfe kommen.

4. Der Fachkräftemangel wird chronisch:
Betriebs- und Familienpolitik sitzen in einem Boot

Unternehmen werden in naher Zukunft ebenso flexibel wie offensiv auf den demografischen Wandel reagieren, weil sie nicht ein Opfer chronischen Fachkräftemangels werden wollen. Drei Viertel der Berufstätigen in Deutschland (75 Prozent) erwarten mittlerweile von den Unternehmen *Firmenkindergärten*, damit die Betreuung der Kinder gewährleistet ist (berufstätige Frauen: 79 – Männer: 71 Prozent).

**„Wer den sich abzeichnenden Fachkräftemangel wirksam beheben will,
wird sich in Zukunft bei potentiellen Mitarbeitern regelrecht ‚bewerben'
und neue qualitative Anreize ‚bieten' müssen,
in denen es um Lebensqualität
und nicht nur um mehr Geld geht."**

(2014/3)

Über die *Vereinbarkeit von Betriebs- und Familienpolitik* muss neu nachgedacht werden. Arbeits- und Lebenszeiten müssen mehr aufeinander abgestimmt und in ein Gleichgewicht gebracht werden. Intensiven Arbeitsphasen stehen gleichwertig intensive Familienphasen gegenüber, die miteinander koordiniert und nicht gegeneinander ausgespielt werden. Davon profitieren schließlich beide Seiten. So bleibt genügend „Vollzeit" für Phasen außergewöhnlicher beruflicher Leistungsanforderung, aber auch Gelegenheit für Teil- und Auszeiten zur Familiengründung und Kindererziehung. In einer

Rund-um-die-Uhr-Gesellschaft des langen Lebens wird in Zukunft beides möglich und akzeptabel sein müssen.

Schon bald wird es in Wirtschaftskreisen heißen: Frauen verzweifelt gesucht! Vor allem an zentralen Schaltstellen in Unternehmen mangelt es dann an weiblichen Spitzenkräften – mit oder ohne gesetzliche Frauenquote. Frauen in Vorständen großer Unternehmen machen bisher in Deutschland gerade einmal etwa 13 Prozent aus. Der Frauenanteil in norwegischen Führungsgremien ist fast dreimal so hoch (32 Prozent). Während sich Politiker und Parteien noch über Betreuungsgeld und Kitaplätze streiten, sind die Familien in Deutschland schon einen Schritt weiter: *„Papa geht zur Arbeit – Mama auch."* Doppelverdiener heißt das neue Familienideal. Wie lässt sich dieser grundlegende Einstellungswandel erklären? Für den *Paradigmenwechsel* sind mehrere Ursachen verantwortlich zu machen:

• *Das persönliche Sicherheitsdenken*

Die Verunsicherung der Bevölkerung hat auf breiter Ebene zugenommen. Um die persönlichen Unsicherheiten und das „Wagnis Familie" in Grenzen zu halten, werden die Lebensrisiken auf die Schultern beider Partner verteilt. Der Doppelverdienerhaushalt sorgt für ein doppeltes Sicherheitsnetz.

• *Der öffentliche Meinungsdruck*

„Man" (= Frau und Mann) „muss" heute doppelt belastbar sein und Beruf und Familie, Karriere und Kind miteinander vereinbaren können. Das sagt der Zeitgeist. Diesem öffentlich propagierten Mainstream in Medien und Öffentlichkeit können sich die moderne Frau und der moderne Mann kaum mehr entziehen. Wer sich nicht der „Inquisition" von Freunden, Nachbarn und Kollegen aussetzen will, muss doppelt – beruflich und privat – erfolgreich sein.

• *Die gesellschaftliche Notwendigkeit*

Wirtschaft und Politik ziehen an einem Strang und wollen nicht länger auf die weiblichen Talente im Arbeitsleben verzichten. Sie fordern und fördern die Vereinbarkeit von Beruf und Familie – von der Flexibilisierung der Arbeits- und Familienzeiten über die flächendeckende Versorgung mit Kinderbetreuungseinrichtungen bis zu Firmenkindergärten mit garantierter Arbeitsplatznähe. Zugleich nehmen sie in der öffentlichen Diskussion Einfluss auf das „Leitbild Familie" und werten die Doppelerwerbstätigkeit als ökonomische und soziale Bereicherung auf.

Für Wirtschaft und Politik rechnet sich die Frauenerwerbstätigkeit: Die Wirtschaft kann mangels Nachwuchs nicht mehr auf die Frauen verzichten. Die Politik freut sich über zusätzliche Steuern und Sozialabgaben und braucht keine Transferleistungen mehr zu zahlen. Schon nach einem Jahr *rechnet sich jeder Kita-Platz volkswirtschaftlich.*

Vielleicht ist es nicht mehr weit bis zu dem Tag, an dem Staat und Politik die „Lufthoheit über die Kinderbetten" (Olaf Scholz/SPD) erobern, während sich die Eltern immer mehr von der Hauptverantwortung für die „Betreuung" zurückziehen und auch die Altenbetreuung wie einen Wanderpokal an den „Sozial"-Staat weiterreichen. Und vielleicht stärkt eines Tages auch das Bundesverfassungsgericht die Betreuungspflicht des Staates, wonach Kinder und Senioren *prioritär staatlich betreut werden müssen ...*

Hinzu kommt: Immer mehr Kinder in Deutschland wachsen bei nur einem Elternteil auf (meist bei der Mutter). *Der Anteil Alleinerziehender wächst stetig.* Vor allem für die etwa 1,6 Millionen Alleinerziehenden mit minderjährigen Kindern ist der weitere Kita-Ausbau zwingend erforderlich. Auch mental muss sich Grundlegendes in Deutschland verändern. Während beispielsweise die Ganztagsbetreuung in Frankreich ebenso problem- wie konfliktlos auf breite Akzeptanz stößt, müssen berufstätige Mütter in Deutschland noch immer mit Schuldgefühlen („Rabenmütter") und schlechtem Gewissen leben. Wenn Vereinbarkeit von Beruf und Familie wirklich ernst gemeint ist, dann muss es in Zukunft beiden Elternteilen möglich sein, gleichermaßen familiär verantwortlich und beruflich erfolgreich zu sein. Nicht die Alternative Kind oder Karriere, sondern das Gleichgewicht von Beruf und Familie ist die Problemlösung für die Zukunft.

In den letzten Jahren blieb fast jede dritte Frau mit Hochschulabschluss kinderlos. Jetzt deutet sich eine Trendwende an. Junge Akademikerinnen, die im Prüfungsstress steckten oder sich am Anfang ihrer Berufskarriere keine Zeit für die Familiengründung nahmen, bekommen *plötzlich wieder Kinder* oder holen ihren Kinderwunsch nach. Das Frankfurter Bundesinstitut für Bevölkerungsforschung wies 2012 erstmals einen deutlichen Anstieg an sogenannten *„nachholenden Geburten"* bei den über 34-jährigen Müttern nach. Vieles deutet darauf hin, dass der Abwärtstrend der Geburtenrate gestoppt und der historische Tiefstand überwunden wird.

Andererseits: *Sind Krippen nur Krücken?* Kritiker und Kläger gegen das Betreuungsgeld und für mehr Kinderkrippen haben die Rechnung ohne die Betroffenen gemacht. Aus der Sicht der Eltern stellt sich die Kinderbetreuung in einem ganz anderen Licht dar: Es mangelt mehr an Müttern (einschließlich *Tagesmüttern*) und Vätern, die eine Betreuung der Kinder übernehmen können und wollen, und weniger an Krippen und Tagesstätten. Und: Es fehlen *elternfreundliche Arbeitsplätze*.

Kinderbetreuung zu Hause ist Frauen- und Männersache zugleich. Die Vereinbarkeitsforderung müsste eigentlich *Gegenstand von Arbeitsverträgen* werden – wie Vereinbarungen über Einkommenshöhen und Urlaubsregelungen auch. Die Zukunft wird verstärkt *Work-Life-Agenturen* gehören müssen, also persönlichen Dienstleistern, die Besorgungen, Behördengänge und Betreuungsdienste übernehmen (Löwer 2003), damit die Beschäftigten ohne schlechtes Gewissen ihrer geregelten Arbeit nachgehen können.

5. Freundschaft zwischen den Generationen entwickelt sich:
Die Mehrgenerationenfamilie hat Zukunft

Zum ersten Mal in der Geschichte der Menschheit haben in Zukunft vier Generationen die Möglichkeit, am Leben der jeweils anderen teilzunehmen. Im gesellschaftlichen Verständnis von Familie ist es weitgehend ohne Belang, ob es sich dabei um Ehepaare oder nichteheliche Lebensgemeinschaften mit Kindern handelt. Familienforschung und Familienpolitik verstehen unter Familie das Zusammenleben und/oder das getrennte Leben von Eltern mit kleinen, heranwachsenden und erwachsenen Kindern *und* von Erwachsenen mit ihren älteren und hochbetagten Eltern bzw. Enkelkindern mit ihren Großeltern. Hierbei handelt es sich um ein *weitgefasstes Familienverständnis*, bei dem die Familie *über Kindheit und Jugend hinaus* als soziale Gemeinschaft gilt.

In den letzten Jahren bewegte sich die aktuelle gesellschaftliche und politische Diskussion zwischen „Funktionsverlust", „Niedergang" und „Verfall" der Familie. Andererseits sprechen die Zahlen im Spiegel der amtlichen Statistik eine ganz andere Sprache: Die meisten Bundesbürger bilden nach wie vor *Eltern-Kind-Gemeinschaften* mit gemeinsamer Haushaltsführung. Die Familienforschung wird umdenken müssen. Denn beim Blick in die Zukunft der Familie und ihrer sozialen Netzwerke schwankten bisher die Expertenmeinungen zwischen Katastrophenszenarien und leuchtenden Farben einer neuen Lebensform von Geschlechtern und Generationen, deren Gestalt sich im Lebensverlauf immer wieder verändert und dennoch sozial miteinander verbunden bleibt.

Die Familie von morgen ist nicht mehr nur ein Ort, „wo Kinder sind". *Die Familie ist eine Gemeinschaft mit starken Bindungen, in der Menschen füreinander sorgen* und wo Sicherheit und Verlässlichkeit, Zusammenhalt und Geborgenheit gelebt werden können. Eine *neue Lebensqualität* kommt auf die Deutschen zu, die in den Wohlstandszeiten der vergangenen Jahrzehnte nicht im Zentrum stand: *der Generationenzusammenhalt, die Solidarität der Generationen.*

Der demografische Wandel in Verbindung mit unsicheren Krisenzeiten hat zu einer grundlegenden Bedeutungsaufwertung der Generationenbeziehungen zwischen Enkeln, Kindern, Eltern und Großeltern geführt.

In der Tendenz zeichnet sich ein *Wandel zur Mehrgenerationenfamilie* ab. 2019 sind 84 Prozent der Deutschen davon überzeugt: Der Generationenzusammenhalt „wird immer wichtiger und hilft bei vielen Krisen" (O.I.Z 2019). Die Generationen stützen und unterstützen sich – mental, sozial und auch materiell. Vor allem die 50plus-Generation (91 Prozent) leistet erhebliche Transfers (Geld und Sachmittel) an die jüngere Generation, die sich wiederum durch nichtmonetäre Hilfeleistungen (Haushaltsarbeiten, Besorgungen, Betreuung) erkenntlich zeigt. So entwickelt sich die *Generationenbeziehung* zu einem *familiären Generationenpakt.*

Dieser private Generationenvertrag umschreibt das Zusammenspiel zwischen drei (und nicht nur zwischen zwei) Generationen: Die Großelterngeneration hat zeitlebens für die Elterngeneration gesorgt und möchte nun ihrerseits versorgt werden. In diesem *Generationenpakt* spielt die dritte, die *Kindergeneration, eine zentrale Rolle.* Sie bringt nicht nur eine moralische Dimension ins Spiel. Sie macht die Eltern auch darauf aufmerksam, was sie erwartet, wenn sie sich weiterhin so verhalten. *Das Vorleben der Elterngeneration wird normprägend für die Nachkommen.*

**„Als Tendenz zeichnet sich für die Zukunft
die Mehrgenerationenfamilie an verschiedenen Orten
(und nicht die Großfamilie unter einem Dach) ab.
Dieser neue Familientypus bildet keinen gemeinsamen
Haushalt
und pflegt doch enge familiäre Beziehungen."**

(2006/11)

Was bisher eine Seltenheit war, kann in Zukunft zur Normalität werden: die *Drei- bis Vier-Generationen-Familie*. „Beinahe in jeder Grundschulklasse gibt es Kinder, die noch eine Ur-Großmutter besitzen. Bei der Einschulungsfeier sitzen *mehr Großeltern als Geschwister* auf den Bänken" (Lepenies 1997, S. 85). In Zukunft überschneiden sich die Lebenszeiten der Generationen, während sie früher aufeinanderfolgten. Auch die heutigen Generationenbeziehungen beweisen Stabilität und verlassen sich nicht nur auf die staatliche Fürsorge.

Wie leicht und leichtsinnig klingt es aus dem Mund des Internetexperten und Medienphilosophen Norbert Bolz: Im Digitalzeitalter hat man *„die Eltern, Kinder und Verwandten nicht mehr so nötig wie früher*, ja, oft fallen sie zur Last. In einer neuen ‚Welt der schwachen Bindungen' wird man durch einen Klick im Netz zum ‚Freund'" (Bolz 2013, S. 59). Das genaue Gegenteil trifft nach Ansicht der jungen Generation zu. Drei Viertel (74 Prozent) der Digital Natives im Alter von 14 bis 29 Jahren sind davon überzeugt: *„Der Generationenzusammenhalt wird immer wichtiger und hilft bei vielen Krisen"* (O.I.Z 2019). In Zeitvergleichsstudien kann ich nachweisen: In großem Umfang fließen *Ströme an Geld, Sachmitteln und persönlichen Hilfen* von den Älteren zu den Jüngeren. Die Alten sparen – für die Jungen. Über 65-jährige Eltern leisten beispielsweise siebenmal so viele Geldzahlungen (28 Prozent) an ihre erwachsenen Kinder, als sie von diesen zurückerhalten (4 Prozent).

Neben dem gesetzlichen Generationenvertrag entwickelt sich ein *privater Generationenpakt*: die gelebte Solidarität zwischen den Generationen. Es handelt sich um eine auf familialen Werten basierende Übereinkunft, um einen Austausch von Lebensressourcen und Unterstützungsleistungen. Dieser Generationenpakt lebt von *gewachsenen sozialen Beziehungen und Bindungen* – und nicht von auferlegten gesetzlichen Verpflichtungen.

Ein solcher familienbasierter Generationenpakt gleicht einer *Austauschbörse des Gebens und Nehmens auf Gegenseitigkeit*. Finanzielle und soziale Transfers fließen in erheblichem Umfang zwischen den Generationen. Die Generationenbilanz kann sich sehen lassen: *Jung und Alt kooperieren mehr, als dass sie sich bekämpfen.* Beide brauchen einander. Beide profitieren voneinander.

6. Freunde werden zur „Zweiten Familie":
Aus Wahlverwandtschaften werden soziale Konvois

Mitten in der aufgeregten öffentlichen Debatte über die *schulische Vermittlung traditioneller Werte* meldete sich einmal eine 13-jährige Schülerin aus dem Norden Londons in der Zeitung INDEPENDENT zu Wort und machte klar, wie sehr sich inzwischen familiäre Traditionen verändert haben: „Wenn die Regierung glaubt, man müsse zu der traditionellen Familie zurückkehren, dann glaubt sie etwas anderes als die Leute. Ich habe zwei Mamas und zwei Papas, eine Menge Brüder und Schwestern, aber keiner von ihnen ist es eigentlich wirklich. Sie sind alle *Halb-Irgendwas und Stief-Irgendwas* und ein bisschen dies und ein bisschen das. Doch ich liebe sie alle. Jeder, den man zur Familie zählt, ist Familie. *Auch Freunde können für mich Familie sein"* (Handy 1998, S. 77 f.). Diesem flexiblen Familienbegriff gehört die Zukunft.

Soziale Konvois können sich spontan bilden, aber genauso gut eine Folge rationaler Überlegungen sein – als Helfer in der Not und dies ein Leben lang: Verwandte sozial unterstützen und betreuen, Freunden beim Umzug helfen oder in Notsituationen helfen und jederzeit zur Nachbarschaftshilfe bereit sein. Das rechnet sich – und zahlt sich aus. Drei von vier Bundesbürgern (75 Prozent) stehen heute schon regelmäßig „Verwandten, Freunden und Nachbarn öfter für Hilfeleistungen zur Verfügung". Insbesondere Familien mit Kindern wissen die gegenseitige Hilfsbereitschaft zu schätzen (80 Prozent) – vom Fahrdienst über die Aufsicht der Kinder bis zu Homesitter-Diensten.

> „Bei den vielfältigen Anforderungen des Lebens zeichnen sich soziale Konvois vor allem durch Verlässlichkeit aus.
> Sie sind als Problemlöser des Alltags hilfreich – vor allem im Nachbarschaftsbereich mit einem besonderen Nebeneffekt:
> Je mehr Nachbarn sich mit Vornamen kennen, desto sicherer ist die Wohngegend."
>
> *(2014/3)*

Dabei ist es auf dem Land offensichtlich leichter (81 Prozent), Partner für das soziale Hilfenetz zu finden, als in der Großstadt (69 Prozent). Nachbarn, Freunde und Bekannte werden als *soziale Netzwerkpartner* immer wichtiger. Obwohl diese Kontakte freiwillig eingegangen werden, also jederzeit aufkündbar sind, zählen sie zu den stabilsten Beziehungen im Lebenslauf. Sie haben langjährige Bedeutung – vor allem, wenn ihnen gemeinsame Aktivitäten und Interessen zugrunde liegen. Soziale Konvois übernehmen in der Regel keine Pflegeleistungen. Aber sie tragen durch ihre *Besuchs- und Betreuungsleistungen* wesentlich zur Verbesserung der Lebensqualität bis ins hohe Alter bei.

Soziale Konvois sind generationenübergreifend angelegt. Aus den regelmäßigen Kontakten wird ein beziehungsreiches Aufeinander-angewiesen-und-füreinander-da-Sein. Diese neue Beziehungsqualität schließt spontane Telefonate ebenso ein wie regelmäßige Besuchskontakte sowie materielle und immaterielle Unterstützungsleistungen. Freundschaft zwischen den Generationen wird zu einer neuen Beziehungsqualität – auch über größere räumliche Entfernungen hinweg. Befreit von der Erziehungs-, Betreuungs- und Pflegelast werden soziale Konvois zu Verlässlichkeitspartnern.

Lebensgemeinschaft wird neu definiert. Wahlfamilien und Wahlverwandtschaften werden als soziale Konvois immer wichtiger. Vertrauensverluste auf breiter Ebene in Politik, Wirtschaft und Gesellschaft lassen den Ruf nach einer neuen Kultur der Verlässlichkeit immer lauter werden. Nicht zufällig stehen beim Gedanken an die eigene Zukunft bei den Deutschen zwei Werte obenan: Freundschaft und Verlässlichkeit führen die persönliche Werteskala an – dicht gefolgt von Hilfsbereitschaft. Der traditionell hohe Wert der persönlichen Freiheit wird im Vergleich dazu fast nachrangig eingeschätzt. *Soziale Tugenden befinden sich im Aufwind;* dabei steht Freundschaft einsam an der Spitze. Auf Freunde kann man bauen, auf Freunde ist Verlass.

In satten Wohlstandszeiten mag die Vielzahl der Freunde ein Prestigefaktor gewesen sein. In schwierigen wirtschaftlichen Zeiten dagegen, in denen die Wohlstandssteigerung infrage gestellt und die Erhaltung des Lebensstandards nicht mehr sicher ist, kommt es wieder auf die Stabilität und Intensität echter Freundschaften an. Drei Viertel der Bevölkerung (74 Prozent – Singles: 80 Prozent) geben unumwunden zu: „Meine Freunde sind für mich eine Art zweite Familie; sie sind immer da, wenn man sie braucht." Freunde werden wieder gebraucht. Sie können und müssen im Einzelfall die Familie ersetzen. So ist auch die konkrete Empfehlung von jedem zweiten Bundesbürger zu verstehen, sich „frühzeitig um nichtverwandte Wahlfamilien zu kümmern" (55 Prozent). Wer Sicherheit und soziale Geborgenheit sucht, kann dies nicht mehr dem Zufall überlassen. Und wer familien-, kinder- und enkellos lebt, ist mit zunehmendem Alter darauf angewiesen, Freunde als Wahlfamilie zu gewinnen.

Das erweiterte Familienverständnis verändert auch unsere Wohnwünsche. Gefragt sind in Zukunft vor allem *generationsübergreifende Wohnkonzepte, Baugemeinschaften und Wohngenossenschaften.* Bei den neuen Wohnkonzepten geht es auch um *Alternativen zu den traditionellen Altersheimen.* Nehmen wir ein aktuelles Beispiel, das mir unlängst ein Makler in Hamburg erzählt hat: Acht Rentner zwischen 62 und 92 Jahren zogen genervt aus einem Hamburger Altenheim aus und mieteten – über diesen Makler vermittelt – gemeinsam eine alte Villa am Ratzeburger See. Jetzt sparen sie dabei auch noch Geld, haben endlich wieder etwas zu tun und schmieden gemeinsam Reisepläne. Sie haben sich im Altersheim kennen- und respektieren gelernt: Das Altersheim ist für sie fast zum Sprungbrett für ein neues Leben geworden.

In der künftigen Gesellschaft des langen Lebens wird wie in früheren Jahrhunderten der *Gedanke des „ganzen Hauses"* wieder aufleben, weil die Menschen mehr aufeinander angewiesen sind und sich auch mehr selber helfen müssen. Deshalb sage ich: Die *Genossenschaftsidee* lebt wieder auf. Gleichzeitig wird der Familienbegriff um den Gedanken des ganzen Hauses erweitert. Im ganzen Haus haben in Zukunft nicht nur natürliche Familienmitglieder Platz. Auch Enkellose, Kinderlose und Familienlose werden *wie durch Adoption* in die Hausgemeinschaft aufgenommen. Der Gedanke der Wahlfamilie und Wahlverwandtschaft erlebt eine Renaissance. Mehr als drei Viertel aller 90-Jährigen werden auch 2030 noch *in eigenen Wohnungen leben*.

7. Generationenbeziehungen werden wichtiger als Partnerbeziehungen:
Neue Lebensgemeinschaften entstehen

Lebensgemeinschaft muss persönlich neu definiert werden: *Generationsübergreifende soziale Konvois* werden als lebenslange Begleiter immer wichtiger. „Gute Freunde" allein reichen nicht mehr aus, weil sie meist gleichaltrig sind und ihre Zahl im Alter zurückgeht. Erforderlich wird auch ein *Comeback der „guten Nachbarn"* – mit einem besonderen Nebeneffekt: Je mehr Nachbarn sich mit Vornamen kennen, desto sicherer ist die Wohngegend.

Solche Perspektiven kommen einer *Kehrtwende im Wohnungsbau* gleich. Die positiven Erfahrungen in den skandinavischen Ländern

(Schweden, Norwegen, Finnland, Dänemark) beweisen, dass ein Land fast ohne Heime auskommt: *So wenig Heime wie möglich* – das ist keine utopische Zukunftsforderung. *Der medizinische Fortschritt, veränderte Lebenseinstellungen* sowie *gesündere Ernährungsgewohnheiten* werden die Zahl der Pflegebedürftigen nicht exponentiell ansteigen lassen. Wer sich nur auf solche linearen Hochrechnungen verlässt, investiert mit Sicherheit an der Zukunft vorbei.

Die *Immobilienbranche* sollte sich daher von überhöhten Renditeerwartungen im Bereich von Seniorenimmobilien verabschieden. Statt nur von gigantischen „Pflegebatterien" und Tausenden neuer Pflegeheime zu träumen, sollte realistisch zur Kenntnis genommen werden, dass der Zukunftstrend in eine ganz andere Richtung geht: *Dem Service-Wohnen bzw. generationsübergreifenden Wohnkonzepten mit Dienstleistungsangeboten gehört die Zukunft.*

Das Millenniumsfieber um 2000 war der Höhepunkt einer Spaß- und Singlegesellschaft in der gesamten westlichen Welt. Die internationale Sozialforschung sprach seinerzeit vom *„bowling alone"-Phänomen* (vgl. Putnam 2000): *Jeder schob seine Kugel allein.* Jetzt deutet sich eine Trendwende an: *Aus dem „bowling alone" wird ein „bowling together".* Und aus der Gesellschaft der Ichlinge wird notwendigerweise eine *Zusammenhaltsgesellschaft.*

Die Tierwelt macht es uns Menschen doch schon lange vor: *Wer sich um andere sorgt, lebt länger* („Caretakers live longer"). Es gibt Tierarten, bei denen die Männchen nach der Geburt die Aufzucht der Jungen übernehmen. Die Folge: Die Männchen überleben ihre Weibchen um mehr als 20 Prozent (Allman 1998). Daraus folgt im Umkehrschluss: *Wer sich nicht sozial verhält, setzt sein Leben aufs Spiel.* Ein starkes soziales Netz steigert nachweislich die Lebenserwartung von Menschen (Klein 2010) – auch eine Erklärung dafür, warum Frauen in allen Kulturen länger leben als Männer. Sie fühlen sich für die Kinderbetreuung und jetzt in zunehmendem Maße auch für die Altenbetreuung hauptverantwortlich.

In die Zukunft übertragen bedeutet dies: Ältere Menschen, die sich um Kinder und Enkelkinder kümmern, *verlängern ihre Lebenszeit*. Noch nie in der Geschichte der Menschheit hatte die Pflege der Generationenbeziehungen über zwei oder drei Generationen hinweg eine solche existentielle Bedeutung. *Generationenbeziehungen werden wichtiger als Partnerbeziehungen.* Generationenbeziehungen weisen ein höheres Maß an Stabilität auf und halten meist ein Leben lang.

VI. KAPITEL

LEBEN. ZIELE. KONZEPTE.
Leben ist die Lust zu schaffen

1. Aus Schnelligkeit wird Schnelllebigkeit:
Die Zeit „läuft" schneller

„Da will ich mal ganz schnell in Ruhe eine Tasse Kaffee trinken."
Mit diesen Worten stürmte ich zwischen zwei Vorlesungen in das
Institutsbüro der Universität Hamburg. „Wissen Sie eigentlich, was
Sie da gerade gesagt haben?" Die Sekretärin machte mich gleich
auf den Widerspruch meiner Aussage aufmerksam: Ich suchte
Ruhe, aber zeigte Ruhelosigkeit. Subjektiv war ich wohl Lichtjahre
von Entspannung und Gelassenheit im Arbeitsleben entfernt.

> **„Mehr tun in gleicher Zeit.**
> **Mit dieser Formel lässt sich ein Wandel**
> **in den letzten Jahren beschreiben,**
> **der allen Aktivitäten den Stempel der Hektik aufdrückt:**
> **Immer mehr Beschäftigungen werden im Fast-food-Stil**
> **bzw. zeitgleich erledigt.**
> **Die Schnelllebigkeit nimmt überall zu.**
> **Für zeitaufwendige Beschäftigungen bleibt uns immer**
> **weniger Zeit, oder richtiger: nehmen wir uns weniger Zeit."**
>
> *(1994/32)*

Früher bestimmte das Sonnenzeitmaß die Geschwindigkeit des täglichen Lebens. Es begann mit dem Aufgang und es endete mit dem Untergang der Sonne. Man stand mit dem ersten Hahnenschrei auf und ging mit den Hühnern schlafen. Im Winter wurde mehr, im Sommer weniger geschlafen. Es war ein Leben mit den Naturzyklen zwischen Tag-, Nacht- und Jahreszeiten. Zeit war kein Thema, sondern ein Gottesgeschenk.

Etwa seit dem 17. Jahrhundert *„läuft"* *die Zeit* im wahrsten Sinn des Wortes schneller. Das Gefühl kommt auf, dass uns *die Zeit davonläuft*. Insbesondere seit der Reformation wird uns bewusst, dass wir mit der subjektiv als kostbar empfundenen Zeit „sparsam" umgehen sollten. Zeit wird zur knappen Ware und mit Geld verrechnet: „Time is money". Zeit wird durch die Pausenlosigkeit des *Immer* und Raum durch das Prinzip des Überall ersetzt. Von der Sesshaftigkeit befreit, können wir seither alles überall und jederzeit tun: *Wir fangen nicht mehr an. Wir hören nicht mehr auf*. Wir tun immer mehr zur gleichen Zeit.

Bevor das englische Wort *speed* die heutige Bedeutung Schnelligkeit bekam, bezeichnete es im Altenglischen Erfolg und Wohlstand. Man wünschte sich seinerzeit *good speed* und meinte „viel Erfolg". Heute heißen Drogen, die den Herzrhythmus beschleunigen und ein rastloses Gefühl von Aufregung und Energie auslösen, im Slang „Speed". Gemeint sind Amphetamine, die auch Hochleistungssportler konsumieren, um *noch schneller* zu werden. Der Science-fiction-Autor H. G. Wells hatte schon in seiner Kurzgeschichte von 1901 „Der neue Akzelerator" diesen *Beschleunigungswahn* vorweg empfunden: Stellen Sie sich vor, Sie besäßen so eine kleine Phiole. Und in dieser Phiole läge die Macht, doppelt so schnell zu denken, sich doppelt so rasch zu bewegen, in einer bestimmten Zeit doppelt so viel zu arbeiten wie sonst (Wells 1901). Dieser Beschleuniger des Lebens, der neue Akzelerator, würde Effizienz, Macht und Überlegenheit zur Folge haben.

Der Akzelerator von heute sind wir selbst. Das 21. Jahrhundert machen wir zum *„Speed Age"* (Gleick 2000), zum Hochgeschwindigkeits-Zeitalter, in dem wir rasant am Gestern oder Vorgestern vorbeirauschen. In Zeiten der Digitalisierung spielt sich das Leben immer mehr auf der Überholspur ab. Aus Aktivität wird Hyperaktivität, aus Schnelligkeit Schnelllebigkeit: ein Leben in der Non-Stop-Gesellschaft. PC, Handy und Internet führen das fort, was vor Jahrzehnten mit der TV-Fernbedienung begonnen hatte. Seither können wir permanent von hier nach dort springen, das Ende mit der Mitte und dem Anfang vertauschen. Gleicht unsere heutige Zeit wirklich, wie dies der Philosoph Peter Sloterdijk vermutet (Sloterdijk 1987), einem gigantischen *Mobilmachungsunternehmen*, einem Produkt aus Unbewusstheit plus Höchstgeschwindigkeit?

Sozialforschungen weisen nach, dass die intensive Multi-Media-Nutzung in der privaten Lebensgestaltung *keine Zeitspareffekte* hat, vielmehr entgegengesetzt im Sinne einer *Zeitfalle* wirkt. Die Interaktion mit Multi-Media „vereinnahmt" unsere Zeitressourcen. Die Folgen sind Stress und chronische Zeitnot. Die Zeitforschung hat für dieses veränderte Zeiterleben vielfältige Bezeichnungen: *Tempowahn. Beschleunigungsfieber. Geschwindigkeitsrausch* – fast pathologisch anmutende Begriffe, die auch in das Wirtschafts- und Arbeitsleben Einzug halten. Der Kurzlebigkeit von Konsumprodukten entsprechen die immer kürzeren Lebenszyklen der Produktherstellung. In den letzten dreißig Jahren hat sich die Entwicklungszeit für ein neues Automodell von 60 Monaten um mehr als die Hälfte verkürzt. Unbeantwortet bleibt hingegen die Frage, *wohin wir uns eigentlich beschleunigen*. Sind Beschleunigungsprozesse endlich oder gehen sie unendlich weiter?

2. Neue Technologien werden immer mehr Zeit „stehlen":
Zeitspareffekte werden zur Illusion

Trotz des Einzugs moderner Technologien in die meisten Privathaushalte gibt es darin heute genauso viel zu tun wie vor fünfzig Jahren. *Die Zeitrevolution im Haushalt findet nicht statt* (auch durch Smartphones, Haushaltsroboter und interaktive intelligente Kühlschränke nicht). In den fünfziger Jahren hatte das Allensbacher Institut für Demoskopie erstmals das Zeitbudget der Bevölkerung am Beispiel der Samstagstätigkeiten ermittelt. Eine gute Generation später habe ich die Befragung repräsentativ wiederholt. Was hat sich verändert?

„Die moderne Haushaltstechnik hat dazu verholfen,
Zeit zu sparen – und mehr zu machen.
Im Vergleich zu früher tun die Frauen heute mehr –
in gleicher Zeit.
Alles ist hektischer geworden.
In genauso viel Zeit müssen mehr Aktivitäten
‚hineingepackt' und untergebracht,
ausgeübt und erledigt werden."

(1997/29)

- In den fünfziger Jahren haben z. B. die meisten Frauen den Samstag zur Erledigung von Haushaltsarbeiten (z. B. Waschen, Bügeln) genutzt. Im Verlauf von dreißig Jahren ist dieser Anteil nicht zurückgegangen, sondern sogar angestiegen.

- Nur ein Drittel der Frauen machte 1957 samstags Einkäufe. Heute geht bereits die Hälfte aller Frauen samstags zum Einkaufen.

Wenn heute mehr als früher gewaschen, gebügelt oder eingekauft wird, dann hat dies Gründe, die mehr im gesellschaftlichen Bereich zu suchen sind.

Die Familie erwartet mittlerweile ganz selbstverständlich *emotionale Qualität*. Daran wird sich wohl auch in naher Zukunft wenig ändern. Die Wirtschaft sagt zwar eine *Revolutionierung der Haus-haltstechnik* voraus, weil diese sich angeblich noch in der Steinzeit befinde. In Zukunft solle alles anders werden und die aufgewendete Arbeit im Haushalt würde angeblich drastisch sinken. Hier wird die technologische Rechnung ohne die Menschen gemacht. Das Ge-genteil ist der Fall: *Die Arbeitszeit im Haushalt sinkt nicht, sondern nimmt durch erhöhte Qualitätsanforderungen zu.*

**„Durch die moderne Technik hat die Hausarbeit
zu weniger physischer Anstrengung geführt.
Dafür hat die Werbung die Hausarbeit zu einer
emotionalen Qualität hochstilisiert:
Putzen bedeutet: Atmosphäre schaffen.
Kochen heißt:
der Familie etwas Besonderes bieten."**

(1997/29)

Während früher beispielsweise der Handwerker mit einem einzelnen Gegenstand beschäftigt war – der Schuhmacher mit dem Schuh, der Tischler mit dem Tisch oder der Bäcker mit dem Brot –, *muss sich der moderne Mensch „vielteilen"*, und zwar so, als müsste der Schuhmacher neben dem Stiefelmachen zugleich noch einen Tisch zimmern und obendrein Brot backen. Wasch-„Vergnügen" und Back-„Spaß" sollen dabei auch noch demonstriert werden.

Die Haushaltswissenschaften haben schon in den achtziger Jahren nachgewiesen: Die Arbeitsersparnis, die durch den Einsatz einer Waschmaschine möglich ist, wird durch einen *exzessiven Wäsche-verbrauch* wieder ausgeglichen (Tornieporth 1988): Es wird mehr und öfter als früher gewaschen. Unsere *Ansprüche* an die Sauber-keit von Kleidung haben sich verändert. Auch bei der Ernährung und beim Wohnen ist eine *Erhöhung des Standards* feststellbar. Die

Technisierung der Hausarbeit hat zu einer Erhöhung des Anspruchs-niveaus geführt, was letztlich Mehrarbeit bedeutet. Die technischen Geräte haben zudem Aufforderungscharakter: Die Anschaffung von Saftpressen, Grill- und Mixgeräten *muss sich auch lohnen*. Also werden sie vermehrt eingesetzt.

Früher wurde eine Reihe von Haushaltsarbeiten zusammenhängend erledigt. Es gab den Waschtag, den Bügeltag und den Putztag. Die festen Haushaltsrituale sind heute über die ganze Woche verteilt. „So kann heute ‚schnell-mal-eben-zwischendurch' gewaschen, staubgesaugt, gekocht werden" (Methfessel 1988, S. 63). Auf diese Weise kommt es zu dem Paradoxon, dass wir objektiv immer mehr Arbeit haben, aber subjektiv das Gefühl wächst, „nichts Richtiges geschafft zu haben". Mit der *Zunahme von Doppelverdiener-Haus-halten* wissen sich die Berufstätigen zu helfen. Zur Rettung ihrer eigenen Freizeit schränken sie die notwendigen Alltagsarbeiten im Haus immer mehr ein, kochen seltener, nicht mehr so aufwendig und begnügen sich mit Schnellgerichten. Die private Zeitökonomie wird immer wichtiger.

Um Zeit für sich zu haben, *sparen Berufstätige Zeit auch bei der Kinderbetreuung ein.* Was Berufstätige bei der Kinderbetreuung an Zeit einsparen, geben sie beim Ausgehen für Restaurant-, Kino- und Theaterbesuche, für Sport, Fitness und Chillen sowie für Einladun-gen und Besuche bei Freunden wieder aus. Die doppelte Berufs-tätigkeit hat auch zur Folge, dass Männer zunehmend von tradi-tionellen Rollenklischees abrücken, sich mehr an der Hausarbeit beteiligen und stärker in der Kinderbetreuung engagieren.

3. Das Leben im Zeitwohlstand wird wertvoller:
Die Menschen nehmen Abschied vom Tempowahn

Die vergangenen Jahrzehnte sind wesentlich eine *Phase der Geld-kultur* gewesen, die von Geldverdienen und Geldausgeben be-stimmt war. Diese Epoche der bezahlten Arbeit und Geldentlohnung wird in Zukunft durch eine *Phase der Zeitkultur* ergänzt, in der die Menschen nicht mehr nur wissen wollen, „wovon" sie leben, sondern auch Antworten darauf haben wollen, „wofür" sie leben. Gerade für Führungskräfte gilt: Mehr Geld erscheint wertlos, wenn nicht gleichzeitig auch mehr „Zeit ausgezahlt" wird. Mitarbeiter von morgen wollen *mit Zeitoptionen leben* – mit der Flexibilisierung der Arbeitszeiten ebenso wie mit der Flexibilisierung der Öffnungszeiten von Läden, Behörden und Praxen, vor Freizeit-, Kultur- und Bildungseinrichtungen. In der Zukunftsgesellschaft eines langen Lebens wird *Lebensqualität als Lebenszeitqualität* neu definiert.

Der amerikanische Psychologe Robert Levine ging erstmals in den neunziger Jahren in 31 verschiedenen Ländern auf der ganzen Welt der Frage nach, wie gesellschaftliche Kulturen mit Zeit umgehen. Dabei untersuchte er das *Lebenstempo in den einzelnen Regionen*. Als Maßstab für das Lebenstempo dienten ihm drei Indikatoren: erstens die *Genauigkeit öffentlicher Uhren*, zweitens die *Gehgeschwindigkeit* (also die Geschwindigkeit, mit der Fußgänger im Bereich der Innenstadt eine Strecke von 20 Metern zurücklegen) und drittens die *Arbeitsgeschwindigkeit* (wie lange z. B. Postangestellte brauchen, um jemandem eine Standardbriefmarke zu verkaufen). Das Ergebnis: Acht der neun *schnellsten Länder* sind in Westeuropa zu finden. An vierter Stelle liegt lediglich Japan – unmittelbar nach Deutschland. Die letzten acht Ränge wurden ausschließlich von nichtindustrialisierten Ländern in Afrika, Asien, dem Nahen Osten und Lateinamerika belegt. Am langsamsten waren die Länder, in denen die beiden Qualitätsbegriffe *amanhâ* und *a mañana* zu Hause sind: Brasilien, Indonesien und Mexiko.

Die Schnelligkeit, die Geschwindigkeit und das Lebenstempo durchdringen vor allem das städtische Leben bis ins Mark. Hier leben deutlich mehr Menschen nach der Uhr (und tragen auch eine Uhr). Das Tempo wird sich in Zukunft zum auffälligsten Merkmal urbanen Lebens entwickeln. Und *Zeitverkaufen wird ein neuer Dienstleistungsmarkt*: „At Your Service", „Zu Ihren Diensten" übernimmt dann fast jede Aufgabe, die Vielbeschäftigten Zeit sparen hilft: vom

Schlangestehen über die Haushaltsführung bis zum Einkauf und zu Kurierdiensten. Denn: Die Zeit eines Vielbeschäftigten zu verschwenden ist ebenso schlimm, wie ihm die Brieftasche zu rauben. Steht uns bald eine Ära der Zeitkriege („Time Wars") bevor?

Das rasche *Lebenstempo in den Städten* führt beispielsweise dazu, dass die Menschen mit mehr Sinneseindrücken überhäuft werden, als sie persönlich verarbeiten können. Die Folge ist eine Art *psychische Überlastung*, weshalb die Überlasteten bzw. Überforderten dazu neigen, alles auszublenden, was für ihre persönlichen Ziele nicht von Bedeutung ist. Konkret: Sie nehmen sich weniger Zeit und haben auch nicht die Geduld dazu, sich um Menschen zu kümmern, die in ihrem Leben nur eine marginale Rolle spielen. So sollen z. B. New Yorker überwiegend nur dann zu Hilfeleistungen bereit sein, wenn von vornherein geklärt ist, dass daraus keine weitere Verpflichtung entsteht: „Ich erfülle meine soziale Pflicht – aber damit wir uns nicht falsch verstehen: Weiter geht es auf keinen Fall."

Für die Zukunft gilt:

- Je urbaner ein Lebensumfeld ist, desto schneller bewegen sich die Menschen vor Ort.

- Je produktiver die Wirtschaft ist, desto höher ist das Lebenstempo.

- Je mehr zeitsparende Maschinen oder Technologien es gibt, desto mehr stehen die Menschen unter Zeitdruck.

In Gesellschaften mit stark ausgeprägtem Individualismus dominieren *Zeit-ist-Geld-Einstellungen.* Hier ist der Zwang überdurchschnittlich groß, jeden Augenblick irgendwie zu nutzen. Individualisierte Kulturen legen mehr Wert auf Leistung als auf Zusammengehörigkeit.

Das *Phänomen des Zeitnotstands* breitet sich weltweit weiter aus. Wenn dies so bleibt, dann wird die Zeit in Zukunft das werden, was das Geld im 20. Jahrhundert gewesen ist. Wie wird dann das zunehmende Lebenstempo die Lebensqualität der Menschen beeinflussen? Der von Zeitnot und Eile geprägte Lebensrhythmus wirkt sich insbesondere auf das soziale Wohlbefinden der Menschen aus. Nachweislich gibt es einen *Zusammenhang zwischen Zeit und Sozialverhalten*. Aus dem „Zeit ist Geld"-Denken kann in absehbarer Zeit eine „Geld ist Zeit"-Devise in Form einer Rückbesinnung und Rückgewinnung von Zeit als *Zeit zum Leben* werden.

Für die Zukunft deutet sich in der Einstellung zu Arbeit und Leben eine Akzentverschiebung an – eine Art Güterabwägung zwischen Geld und Zeit. Das gilt vor allem im Hinblick auf die immer mehr an die Kunden „ausgelagerten" Dienstleistungen. „Online" buchen, kaufen, suchen etc. kostet meist mehr Zeit, als uns bewusst ist und an Bequemlichkeit bringt. Viele Berufstätige werden in Zukunft lieber einen höheren Mietpreis zahlen, als immer nur zwischen Arbeitsstätte und Wohnort zu pendeln. Das ist mit einem *Mehr an Zeit und persönlicher Lebensqualität* verbunden, hat aber eben auch seinen Preis. Einen solchen Zeit- und Lebensqualitätsluxus werden sich nicht alle leisten können. In dieser Beziehung werden in Zukunft Wunsch und Wirklichkeit weit auseinanderklaffen.

In der *Entwicklung einer neuen Zeitkultur*, die Rücksicht nimmt auf individuelle Eigenzeiten und natürliche Lebensrhythmen, stehen wir erst am Anfang. Keine Gesellschaft kommt ohne Rituale, religiöse Feiertage und gesetzlich geregelte Ruhepausen aus. Für die Zukunft gilt: *Auch die Non-Stopp-und-Immer-Shop-*Gesellschaft braucht *Zeitinseln mit Ruhe und Ritualen*, „teatime" und „mañana".

In Deutschland gibt es mittlerweile *mehr Handys (110 Mio) als Menschen (82 Mio)*. Die fortschreitende Digitalisierung des Alltags hilft den Menschen, Zeit zu sparen, aber auch *Zeit zu vernichten*: bestenfalls ein Nullsummenspiel, bei dem sich Gewinne und Verluste die Waage halten, wir aber immer mehr je Zeiteinheit erledigen. Unbestritten ist, dass das Handy mehr Kontakte unter Freunden ermöglicht, aber dazu verführt, sich persönlich seltener zu treffen.

Schon aus Zeitgründen müssen viele Kontakte oberflächlich bleiben.

„Die Menschen bekommen ein anderes Verhältnis zur Zeit.
Das Zeitbudget wird genauso kostbar wie das Geldbudget.
Zeit ist Leben und nicht mehr nur Geld.
Genauso wichtig wie das Gelddenken wird das Zeitdenken.
Doch: Auch Konsum konsumiert Zeit."

(1994/32)

Wer in Zukunft höhere Konsumansprüche stellt, leidet schnell unter dem Gefühl von Zeitknappheit. Was haben Erlebniskonsumenten schon von einem Einkaufsbummel, wenn sie ihn nicht in Ruhe genießen können? Im gleichen Maße, wie die Produktivität der Arbeitszeit steigt, versuchen wir auch die Konsumzeit zu steigern und immer mehr in gleicher Zeit zu erleben. Konsumwünsche werden miteinander kombiniert – der Einkaufsbummel mit dem Treffen von Freunden, das Essengehen mit dem Knüpfen geschäftlicher Verbindungen oder die Urlaubsreise mit dem Erlernen neuer Sportarten. Auf diese Weise *nimmt die Konsum-Produktivität zu, aber die freie Verfügbarkeit von Zeit ab*.

In Zukunft muss alles schneller gehen: das Essen, das Fernsehen, das Internet-Surfen und das Bücherlesen auch. *Bigger, better, faster, more*: Eine multioptionale Konsumgesellschaft verspricht grenzenlose Steigerungen. Immer mehr läuft rund um die Uhr. Eine solche Konsumkultur, die nur auf Steigerung, Vermehrung und Intensivierung setzt, gleicht einer *„Mobilmachungskultur"* (Peter Sloterdijk), die nicht unendlich steigerbar ist und Grenzen hat – psychische Grenzen (Ermüdung), finanzielle Grenzen (Geld) und ökologische Grenzen (Müll, Klima- und Wassernotstände). Als Perspektive zeichnet sich für die nächsten zwanzig Jahre ab: Die chronische Zeitnot der Verbraucher kann zu einem grundlegenden Wettbewerbswandel führen: Zeitkriege („time wars"), in denen auch um die Zeit (und nicht nur um das Geld) der Verbraucher gekämpft wird, werden Wirtschaft und Handel prägen.

Es ist offensichtlich: Noch nie zuvor waren wir einem solchen Angebotsstress ausgesetzt wie heute. Ständig müssen wir uns entscheiden, ob wir etwas machen oder haben, selektiv nutzen oder ganz darauf verzichten wollen. Doch:

- Was ist eigentlich wichtig für mich und was nicht?
- Woher nehme ich den Mut, auch Nein zu sagen?
- Und wie schaffe ich es, mich zu bescheiden, auch auf die Gefahr hin, vielleicht etwas zu verpassen?

Wir umgeben uns mit einem dichten Dschungel von Konsumgütern – mit Zweitauto und Drittfernseher, PC und Smartphone, Sport- und Gartengeräten – und vergessen dabei oft, dass es Zeit erfordert, davon Gebrauch zu machen. Wir entwickeln uns zu ruhelosen Konsumenten, die für sich selbst, zur Entspannung, zur Selbstbesinnung oder auch zum nachdenklichen Lesen kaum noch Zeit finden.

Nur noch neidisch können wir auf frühere Kulturen zurückblicken, die im Zeitwohlstand lebten und sich eine *„mañana"-Mentalität* leisten konnten. Wir aber haben ständig das Gefühl, morgen könnte es bereits zu spät sein: Konsumiere im Augenblick und genieße das Leben jetzt.

**„Konsumwohlstand und Zeitwohlstand zugleich
sind nicht zu haben.
Wer viel konsumiert, leidet schnell unter Zeitnot.
Wer viel Zeit hat, hat meist auch kein Geld."**

(1994/32)

Gehen wir einer Zukunft entgegen, in der mehr Konsumgüter vorhanden sind als Zeit zum Genießen des Konsums? Das Überangebot macht die *Freiheit der Wahl* zur *Qual der Wahl*. Wenn wir beispielsweise täglich zwischen Hunderten von TV-Programmen und Internet-Anbietern, von Zeitschriften und Zeitungen an den Kiosken und Tausenden von Konsumartikeln in den Supermärkten wählen „müssen", dann kosten diese gigantischen Wahlmöglichkeiten ganz einfach Zeit und Nerven – und nicht nur Geld.

Der technologische Fortschritt hat dafür gesorgt, Zeit zu sparen. Das Kunststück, Zeit „automatisch" gut einzuteilen und zu nutzen, ist ihm aber nicht gelungen. Das müssen wir schon selber tun. Hier zeigen sich die individuellen Grenzen der Konsumzeit: Was nutzt einem Tennisspieler jedes Jahr ein neuer Schläger, wenn er keine Zeit zum Spielen hat? Wir haben Mühsal und Hunger überwunden – aber *große Mühe mit dem eigenen Zeithunger*. Der Verbraucher von morgen mag manchen Wohlstandszeiten entgegensehen, er wird dennoch – wenn er sich nicht ändert – ruhelos bleiben und unter Zeitdruck leben. Der Konsument gleicht noch einem perpetuum mobile: Ökonomisch schwingt er sich in Spiralen nach oben, psychologisch gesehen aber dreht er sich auf der Stelle. Ein alter Menschheitstraum bleibt vielleicht auch in Zukunft unerfüllt: *mehr Zeit zum Leben*.

4. Sicherheit wird die neue Freiheit der Deutschen:
Die Lebensprioritäten verändern sich grundlegend

Eine Ära der Unsicherheit hat weltweit begonnen. Die Menschen müssen umdenken und lernen, in und mit dauerhaft unsicheren Zeiten zu leben. Die Finanzmärkte kennen diese Volatilität schon lange: *Kein Vermögenswert ist mehr wirklich sicher.* Nach dem amerikanischen Risikoforscher Nicholas Taleb brauchen wir ein neues Denken für eine Welt, die bei allem Fortschritt immer unberechenbarer wird. Seine Antwort und Empfehlung auf die Herausforderungen in unsicheren Zeiten lautet: *„Antifragilität"* (Taleb

2013). Damit ist eine Lebenshaltung gemeint, die mehr als stark, solide, robust und unzerbrechlich ist. Wer sich antifragil verhält, steht Unsicherheiten und Ungewisshe ten geradezu *positiv und offensiv gegenüber – und rechnet mit Unberechenbarem.* Das können auch unwahrscheinliche Ereignisse mit massiven Folgen sein.

Weil aber Gesellschaft und Politik vielen Bürgern *keinen schützenden Sicherheitsrahmen mehr ‚verbürgen'* können, wird der Hunger nach Sicherheit größer als der Durst nach Freiheit. Fast müsste die deutsche Nationalhymne umgedichtet werden: „Einigkeit und Recht und ... Sicherheit". Dabei geht es nicht um maßlose Sicherheitsansprüche der Bürger, sondern um existentielle Sicherheiten: Arbeitsplatzsicherheit. Geldwertsicherheit. Zukunftssicherheit.

Wir erleben derzeit die dritte Phase der Wohlstandsentwicklung in Deutschland:

- In Phase 1 – den *Kriegs- und Nachkriegszeiten* der vierziger und fünfziger Jahre – waren die meisten Menschen in Deutschland froh, ein Dach über dem Kopf zu haben und keine Not zu leiden. Es dominierte der Versorgungskonsum.

- In Phase 2 – *nach dem deutschen Wirtschaftswunder* – wurde in den sechziger bis neunziger Jahren „Wohlstand für alle" möglich und veränderte sich die Anspruchshaltung der Deutschen: „Ich will Spaß, ich will mehr ..." Der Erlebniskonsument wurde geboren.

- In Phase 3 – *nach der Jahrtausendwende, dem 11. September 2001 und der weltweiten Finanzkrise seit 2009* – nehmen die finanziellen Sorgen auf breiter Ebene wieder zu und wächst die Sehnsucht nach Stabilität und Sicherheit: *„Sicher leben statt viel haben"* lautet die neue Leitlinie des Lebens.

Dies geht aus dem Nationalen Wohlstandsindex für Deutschland (NAWI-D) hervor, den ich seit 2012 regelmäßig mit dem Ipsos-Institut durchführe. Das Ergebnis: Den meisten Deutschen geht es heute gut – aber die *Zukunft scheint vielen nicht mehr sicher*. Das Wohlstand-für-alle-Versprechen droht zur Enttäuschung für große Teile der Bevölkerung zu werden.

> **„In Zeiten, in denen sich weltweit Krisenherde ausbreiten, wächst die Sehnsucht der Bevölkerung nach Sicherheit und verändert sich ihre Vorstellung von Wohlstand und Lebensqualität."**
>
> *(2014/3)*

Drei Viertel der Deutschen antworten auf die Frage, was sie unter Wohlstand verstehen: *„Keine finanziellen Sorgen haben".* Es dominiert der Wunsch nach einem sicheren Einkommen und einem sicheren Arbeitsplatz. Aber auch Werte wie „sich eine gute medizinische Versorgung leisten können" spielen für jeden zweiten Befragten eine Rolle.

Es ist schon bemerkenswert, dass das *Wohlergehen der Deutschen hauptsächlich negativ definiert* wird. Die Bundesbürger wollen

- „keine" finanziellen Sorgen und
- „keine" Angst vor der Zukunft

haben. Das steht ganz obenan auf ihrer Wunschliste: Von satten Wohlstandsbürgern kann keine Rede sein. *Es geht um Leib und Leben – und nicht um Glücksgefühle.* Die Deutschen haben ganz andere Sorgen. Da mag es der Wirtschaft noch so gut gehen: Vor dem Hintergrund stetig steigender Lebenserwartung in unsicheren Zeiten wird die persönliche Zukunftsvorsorge immer fragwürdiger.

Im Zeitalter von Globalisierung und Digitalisierung ist alles in Bewegung – das Geld, die Güter, die Märkte und die Menschen auch.

Zudem erschüttern Krisen, Kriege und Katastrophen die Welt. Es gibt keine Insel der Seligen und keine dauerhaften Stabilitätsoasen mehr. Und auch Europa muss zur Kenntnis nehmen, dass die Nullzins-Politik ökonomische und soziale Folgen haben wird: Die Einkommen wachsen kaum noch. Und die Verbraucher stellen sich auf *Nullrenditen oder gar Wohlstandsverluste in naher Zukunft* ein.

Diese Situation weist auf eine widersprüchliche Entwicklung hin:

- Einerseits regiert *Wirtschaftsoptimismus*. Die Mehrheit der Bevölkerung schätzt die Wirtschaftslage in Deutschland stabil ein.

- Andererseits wird die ganz *persönliche Sorgenpalette* der Bevölkerung immer breiter: Neben gefühlter Wohnungsnot und der Angst vor der offenen Zuwanderungs- und Integrationsfrage ist die Sicherung der Altersvorsorge eine große Zukunftssorge geworden. Zudem ist ein allgemeiner Vertrauensschwund gegenüber gesellschaftlichen Institutionen (Parteien, Gewerkschaften, Kirchen u. a.) feststellbar.

In dieser bewegten Zeit *setzen die Deutschen mehr auf Sicherheit als auf Rendite*. Sie denken neu über den Erhalt ihres Lebensstandards und ihrer Lebensqualität nach. Zunehmend gibt es Verlierer, die sich ihres Wohlstands nicht mehr sicher sein können.

Zugleich ist bei großen Teilen der Bevölkerung eine politische Vertrauenskrise zu beobachten. Die Bürger verlieren ihr Vertrauen in die Fähigkeit und die Bereitschaft der Politik, mit den Herausforderungen der Zeit fertig zu werden. Die Kritik an Politik und Politikern wächst. Auf breiter Ebene herrscht die Meinung vor: *Parteien und Politiker sind mehr am Machterhalt als am Wohl der Bürger interessiert*. Der soziale Kitt zwischen Politik und Bevölkerung droht verlorenzugehen. Die Folge: Die Wirtschaft wächst, die Unzufriedenheit der Bürger auch. Das Wachstum des Bruttoinlandsprodukts (BIP), die Summe aller Waren und Dienstleistungen, wird nicht mehr als Gradmesser für das persönliche Wohlergehen gesehen.

> „Die Wohlstandsgesellschaft entlässt ihre Kinder
> in eine relativ unsichere Zukunft.
> Die Wohlstandswende kommt im Lebensalltag
> der Deutschen an.
> Die Menschen spüren dies:
> Die fetten Jahre sind vorbei –
> Schlaraffenland ist abgebrannt.
> Die Erkenntnis macht sich breit:
> Für die nächste Generation wird es in Zukunft
> viel schwieriger sein,
> ebenso abgesichert und im Wohlstand zu leben
> wie die heutige Elterngeneration.“
>
> *(2014/3)*

Unsichere Zeiten sind nicht neu, wohl aber das Ausmaß, die Intensität und die Dauer von Krisen, die in immer kürzeren Abständen auftreten und in ihren Auswirkungen extremer und globaler werden – Finanz- und Wirtschaftskrisen genauso wie Umwelt- und Gesellschaftskrisen. Die junge Generation kennt fast nichts anderes: Für diese *„Generation Krise“* ist Unsicherheit Normalität geworden.

Prägt in Zukunft eine *neue Security-World* von Sicherheits-Behörden und Sicherheits-Gesetzen, Sicherheits-Chefs und Sicherheits-Checks unseren Lebensalltag? Wird das hohe Sicherheitsdenken der Bevölkerung die Behörden geradezu in Daueralarm versetzen? Die Begründung der Politiker: Die Bürger sollen sich *sicher fühlen und ruhig und gelassen bleiben können*. Auf der Strecke bleibt dabei aber nicht selten die Freiheit – von der Versammlungs- über die Presse- bis zur Meinungsfreiheit. Die Gefahr ist groß, dass wir die grundgesetzlich verankerte *Freiheit* bald nicht mehr schützen können, weil wir sie vorher *im Interesse der Sicherheit abschaffen*. Andererseits ist die Hoffnung genauso groß, Sicherheit als „die" neue Freiheit zu erleben, um in Krisenzeiten ohne Zukunftsangst leben zu können.

Die Wirtschaft mag noch so viel wachsen: Die Zufriedenheit der Bürger stellt sich erst ein, wenn die Frage *„Wie sicher können wir in Zukunft leben?"* von der Politik glaubwürdig und zufriedenstellend beantwortet werden kann. Bis dahin kommt es zu grundlegenden Veränderungen der Lebensprioritäten:

- Festanstellungen werden wichtiger als Einkommenserhöhungen.

- Lebensstandardsichernde Renten mit 67 zählen mehr als ein Vorruhestandsleben mit 58 an der Armutsgrenze.

- Und der soziale Frieden im Land trägt auf Dauer mehr zur Zufriedenheit bei als die bloße Steigerung materieller Wünsche.

Im Englischen heißt Wohlstand „prosperity" – und bedeutet Wohlergehen. Nichts anderes meint die Bevölkerung. *„Mehr Wohlergehen"* lautet ihre Forderung an die Politik. Und so müsste aus der Sicht der Bevölkerung eine *zukunftsorientierte Sicherheitsagenda* aussehen:

- Für die Arbeitsmarktpolitik: Mehr Arbeitsplatzsicherheit
- Für die Tarifpolitik: Mehr Einkommenssicherheit
- Für die Sozialpolitik: Mehr Rentenniveausicherheit
- Für die Finanzpolitik: Mehr Geldwertsicherheit
- Für die Gesundheitspolitik: Mehr medizinische Versorgungssicherheit
- Für die Gesellschaftspolitik: Mehr Zukunftsvorsorgesicherheit.

Ausblick: In der Verfassung der USA ist das *Recht auf Happiness* verbrieft. Im Königreich Bhutan ist das *Bruttoglücksprodukt* Staatsraison. Bei den Deutschen fängt derzeit das Glücksgefühl mit der *Garantie von Sicherheit* an, bevor im Sinne der Nationalhymne „Einigkeit und Recht und Freiheit" zum Zuge kommen ...

5. Eigentumsbildung wird so wichtig wie Bildungsförderung:
Abschied vom „Mieterland Deutschland"

Ludwig Erhard, der Vordenker des Rechts auf „Wohlstand für alle", hatte in seiner Neujahrsbotschaft vom 29. Dezember 1956 dem *Eigentumserwerb* geradezu *eine Schlüsselrolle* in der Sozialpolitik eingeräumt: „Wohlstand und Eigentum machen den Weg frei zu Bildung und Wissen." Sie sorgen für eine breitere Basis und stellen eine starke Motivationskraft für wirtschaftliche Leistung dar. Erhards bedeutendes politisches Ziel war es daher, „möglichst vielen Menschen die Eigentumsbildung in eigener freier Verfügung zu ermöglichen. *Nur Eigentum gewährleistet persönliche Sicherheit. Mit dem Eigentum wachsen Freiheit und Unabhängigkeit"* – nicht nur finanziell, sondern auch mental und sozial, geistig und kulturell. Zukunftspolitik durch Eigentumsbildung.

Doch Deutschland ist nach wie vor nur ein Mieterland. Der Anteil der Haushalte mit eigener Wohnung oder eigenem Haus liegt in Deutschland gerade einmal bei etwa 47 Prozent. In Italien sind es 69, in Griechenland 72 und in Spanien 82 Prozent. Hinzu kommt der Erfahrungswert: *Eine Eigentumswohnung in Deutschland ist so „teuer" wie zwei Kinder.* Beide machen knapp ein Drittel des Nettoeinkommens aus. Der Ansturm auf zentrumsnahe Wohnungen in bevorzugten Wohnlagen und beliebten Vierteln wird größer, die gefühlte Wohnungsnot auch.

Ursache für die gespaltene Stimmungslage der Deutschen („persönlich optimistisch – gesellschaftlich pessimistisch") ist das veränderte Sicherheitsdenken. *Seit 2012 sinkt auf der persönlichen Ebene die Zukunftszuversicht* – von 41 Prozent im Jahr 2012 auf 17 Prozent Ende 2018. Die Angst vor der Zukunft ist existenziell geworden. Die Folge ist eine deutliche *Werte-Verschiebung in Deutschland:* Der Besitz von Eigentum wird mittlerweile als Lebenswert höher eingeschätzt (2012: 57 Prozent – 2018: 71 Prozent) als die Sicherheit des Arbeitsplatzes (2012: 61 Prozent – 2018: 65 Prozent).

Grundbesitz und Wohnungseigentum wirken in unsicheren Zeiten wie ein Stabilitätsanker und sind *weniger krisenanfällig* als ein Arbeitsplatz, der bei Konjunktureinbrüchen verlorengehen kann. *Eigentum schafft Zukunftssicherheit.* Nur etwa jeder zweite Bundesbürger (2018: 53 Prozent) besitzt nach eigenen Angaben (IPSOS/ NAWI-D 2019) Eigentum: Wohnung, Haus, Auto – im Unterschied zu den meisten Europäern, insbesondere Italienern, Spaniern und Griechen, die durch hohen Eigentumsbesitz besser für Krisenzeiten gerüstet sind. Wohnungseigentum wird von der Bevölkerung zunehmend als *Rücklage und Reserve für Notzeiten* empfunden. „Betongold" ist werthaltig und nachhaltig und gilt als sichere Wertanlage für die Zukunft. Eigentumsbildung wird so wichtig wie Bildungsförderung.

„**Das Wohneigentum erfährt eine bedeutsame Aufwertung.**
Vor dem Hintergrund der aktuellen Finanzkrise stellt
das Wohneigentum
das verlässlichste Fundament einer persönlichen
Zukunftsvorsorge dar.
Ein Leben lang wird im eigenen Interesse die Wohnsubstanz
erhalten und verbessert.
Die eigene Wohnung und das eigene Haus stellen die einzige
Form der Zukunftsvorsorge dar,
von der man schon in jungen Jahren profitiert –
von der eigenen Nutzung bis zur Wertsteigerung.
Wohneigentum entlastet im Alter,
entlastet den Staatshaushalt
und entlastet langfristig auch kommende Generationen.
Die Förderung von Wohneigentum ist
– ökonomisch und psychologisch –
eine der wirksamsten Formen der Zukunftsvorsorgepolitik."

(2011/5)

Die derzeit feststellbaren *Sorgen um die Unbezahlbarkeit von Wohnraum* erklären auch die wachsende Angst vieler Bundesbürger vor der Zukunft – der eigenen Zukunft und der Zukunft der Kinder und Enkelkinder. Eigentum ist etwas Bleibendes (auch für die Nachwelt), ein Job nicht.

6. Der Wunsch nach mehr Zusammenhalt wird weiter wachsen:
Für Egoismus ist weniger Platz

Der Sozialstaat in Deutschland steht vor einer großen Belastungsprobe. Die soziale Absicherung ist nicht mehr sicher. Die Deutschen müssen vom „Vater Staat" als Versorger und Verteiler Abschied nehmen – und ihre *Anspruchshaltung überdenken oder gar ändern*. Das gesellschaftliche Leitbild der Zukunft lautet: *Gemeinschaft auf Gegenseitigkeit*. Geben und Nehmen sollen wieder im Gleichgewicht sein.

Die Bevölkerung stellt selbst hohe moralische Ansprüche: „Wer staatliche Sozialleistungen in Anspruch nimmt, sollte auch" – so die Forderung von 83 Prozent der Bundesbürger – „ein *Mindestmaß an Gegenleistung für die Gesellschaft* erbringen und gemeinnützige Aufgaben übernehmen." Für fast alle Bewohner auf dem Land ist dies eine Selbstverständlichkeit, zumal hier auch die soziale Kontrolle durch Nachbarn und Mitbewohner besonders groß ist. Am wenigsten können sich Arbeitslose für Gegenleistungen durch gemeinnützige Aufgaben begeistern.

Der Sozialstaat soll sozial gerecht und solidarisch sein. Solidarität aber darf keine Einbahnstraße sein. Jeder Hilfsbedürftige in Deutschland hat das Recht auf staatliche Hilfe und solidarische Unterstützung, aber nach Ansicht der Mehrheit der Bevölkerung auch die Pflicht, nach eigenen Möglichkeiten und Kräften wieder etwas zurückzugeben. „Für Egoismus ist in unserer Gesellschaft weniger Platz. *Wir müssen mehr zusammenhalten*", sagen 86 Prozent der Bevölkerung in Deutschland. Vor allem die ältere Generation über

50 Jahre macht sich für einen notwendigen *Wandel vom Ich zum Wir* besonders stark (90 Prozent). Es kann nicht mehr so weitergehen wie bisher. Die Erfahrungen vom 11. September 2001 bis zu den Finanz-, Gesellschafts- und Umweltkrisen der letzten Jahre brachten eine Zäsur im Denken und in der Lebenseinstellungen der Menschen: Die Spaßkultur weicht einer neuen Ernsthaftigkeit. Und eine Ära der Nachhaltigkeit beginnt – auch und gerade im zwischenmenschlichen Bereich. *Beständigkeit ersetzt zunehmend Beliebigkeit.*

Eine grundlegende Änderung in den Lebenseinstellungen der Deutschen zeichnet sich ab. Quer durch alle Berufs-, Alters- und Sozialschichten nimmt die Überzeugung zu, dass man sich *in schwierigen Zeiten aufeinander verlassen können* muss. In Zeiten des Wohllebens kann jeder für sich selbst leben und sein Ego ausleben. Wenn aber der Wohlstand auf breiter Ebene stagniert und für die nahe Zukunft nicht gesichert erscheint, dann ist *für Ichlinge kein Platz mehr.* Die Bundesbürger wollen vom Ego-Kult immer weniger wissen. Im Umgang miteinander suchen sie wieder mehr menschliche Wärme und Zusammenhalt.

Stehen wir am Beginn eines neuen Zeitalters? Haben Strukturwandel, Wertewandel und demografischer Wandel eine grundlegende Veränderung unserer Lebensziele und Lebensstile zur Folge? Oder handelt es sich nur um ein Strohfeuer, das vorübergehend soziale Geborgenheit höher einschätzt als individuelle Freiheit? Nein. Alle Anzeichen deuten darauf hin: Der Familiensinn wächst. Gemeinsinn bürgert sich wieder ein. Soziale Verantwortung kehrt zurück. Und eine neue Gemeinschaft auf Gegenseitigkeit entwickelt sich. Die Ichlinge werden zur Randerscheinung. Doch das Ich stirbt deshalb nicht; es lebt weiter im Wir: Wer ICH werden will, muss WIR wollen.

7. Die Schaffensfreude wird zum Lebenselixier:
Leistung und Lebenslust im Gleichgewicht

Italienische Psychologen interviewten italienische Bauern in den hochgelegenen Bergtälern der Alpen, die von der industriellen Revolution weitgehend verschont geblieben sind. In ihren Interviews kam zum Ausdruck, dass die Bauern *ihre Arbeit nicht von ihrer Freizeit unterscheiden* konnten. Bei den Interviewern entstand ein doppelter Eindruck: Die Bauern arbeiten sechzehn Stunden am Tag oder sie arbeiten überhaupt nicht. Sie melken Kühe, mähen Wiesen, erzählen ihren Enkeln Geschichten, spielen Akkordeon für Freunde. Und auf die Frage, was sie denn gern tun würden, wenn sie mehr Zeit zur Verfügung hätten, kam die Antwort: Kühe melken, Wiesen mähen, Geschichten erzählen, Akkordeon spielen (Massimini u. a. 1991). Für ihr ganzes Leben galt und gilt eigentlich nur ein Grundsatz: *„Ich tue, was ich will."* Das Leben, auch das Arbeitsleben, bot und bietet ständig und gleichermaßen Herausforderungen dafür.

Die Bevölkerung vertritt die Auffassung, dass die Leistungsgesellschaft unsere Wirklichkeit am treffendsten beschreibt: *Die Leistungsgesellschaft lebt.* Sie schafft erst die Voraussetzungen für eine lebenswerte Zukunft. Deshalb nimmt auch die Leistungsorientierung des Lebens bei der jungen Generation wieder zu. Im Umkehrschluss ist auch feststellbar: Beinahe erdrutschartig ist inzwischen der Anteil der sogenannten Hedonisten aus der Nach-68er-Zeit, die „nur" ihr Leben genießen wollen, zurückgegangen. Die junge Generation von heute lebt – als Pionier des Wertewandels von morgen – im *Gleichgewicht von Leistung und Lebenslust*, bei dem kein Lebensbereich einem anderen geopfert wird. Wertesynthese, nicht Werteverlust heißt das neue Lebenskonzept.

Dies bleibt nicht ohne Folgen. Der abhängig und unselbstständig Beschäftigte kann in Zukunft nicht mehr Leitbild sein. Und auch die klischeehafte Rollenverteilung „Der Arbeiter arbeitet – und der Chef scheffelt" ist fragwürdig geworden. *Der Neue Selbstständige ist gefragt*, bei dem Persönlichkeitsentwicklung genauso wichtig wie berufliche Fort- und Weiterbildung ist. Jeder muss in seinem Leben eine unternehmerische Grundhaltung entwickeln – am Arbeitsplatz genauso wie im privaten Bereich: jeder sein eigener Unternehmer! Unternehmertum ist das Leitbild der Zukunft. Jeder ist in Zukunft als Lebensunternehmer gefordert, d. h. der Lebenssinn muss im 21. Jahrhundert neu definiert werden: Leben ist dann die Lust zu schaffen! Schaffensfreude (und nicht nur bezahlte Arbeitsfreude) umschreibt das künftige Leistungsoptimum von Menschen, die in ihrem Leben weder überfordert noch unterfordert werden wollen.

8. Statt „Ehrenamt" wird Ehrensache gefragt sein:
Von der Anspruchs- zur Mitmachgesellschaft

Der *Abschied von der Ellenbogengesellschaft* steht unmittelbar bevor, das Ende der Ichlinge auch. Der Anspruchsstaat ist nicht länger bezahlbar und der Sozialstaat vielfach überfordert. Zudem endete auch der verpflichtende Zivildienst. Jetzt müssen Städte und Wohlfahrtsverbände aktiv und initiativ werden und *um Freiwillige werben*. Das kommt einem Paradigmenwechsel gleich: Markt und Staat verlieren ihre Dominanz, während gleichzeitig Leistungs- und Zukunftsfähigkeit traditioneller Sozialsysteme immer ungesicherter erscheinen. Langsam aber stetig entwickelt sich ein *Bürgerbewusstsein* auf dem Weg zu einer Mitmachgesellschaft außerhalb von Organisationen – in Initiativen, Nachbarschaften und informellen Gruppierungen. Immer stärker setzt sich ein Verständnis von Engagement durch, das nachbarschaftliche und soziale Netzwerke mit einbezieht. In der neuen Mitmachgesellschaft dominiert *das informelle Engagement auf freiwilliger Basis*.

Entdeckt das 21. Jahrhundert die Nächstenliebe wieder? So ist es nicht. Ganz im Gegenteil: Viele Bürger machen nicht mit. Jeder fünfte Bürger fühlt sich nach wie vor ohne finanzielle Gegenleistung wie z. B. Steuervergünstigung oder Aufwandsentschädigung *„benachteiligt und fast ausgebeutet"*. Andere verweisen auf das ungelöste Dilemma von Zeit (*„Kostet zu viel Zeit"*) und Geld (*„Bringt* *kein Geld"*). Als Hauptgrund gegen ein soziales Engagement aber führt jeder dritte Bundesbürger an, dass eine unbezahlte freiwillige Mitarbeit *„zu wenig öffentliche Anerkennung"* bringt. Der Mangel an Anerkennung wiegt schwerer als der Verlust an Zeit oder Geld.

Am meisten klagen zurzeit Familien mit Jugendlichen über die fehlende gesellschaftliche Anerkennung sozialen Engagements. Wie sollen Eltern *durch Vorleben zum Vorbild für Jugendliche werden*, wenn sie selbst das Gefühl haben, „ausgenutzt zu werden", oder sich „wie Lückenbüßer vorkommen"? Bei allen guten Vorsätzen zur Verbesserung der Anerkennungskultur muss auch respektiert werden, dass es einen bestimmten Anteil in der Bevölkerung gibt, der beim besten Willen für Freiwilligenarbeit nicht zu begeistern ist. Jeder siebte Jugendliche gibt beispielsweise unumwunden zu: „Mit Ehrenamtlichkeit kann ich nichts anfangen – ist nicht mein Fall." Einige denken bei Ehren-„Amt" erst einmal an *„lästige Pflicht"*, andere erinnert die Tätigkeit eher an *„karitativen Mief"*.

> **„Die selbstlosen stillen Helfer**
> **gibt es bald nicht mehr.**
> **Zur neuen Generation der Ehrenamtlichen zählen**
> **berechnende Helfer**
> **(‚Auch das Ehrenamt muss sich lohnen')**
> **genauso wie hilfsbereite Egoisten**
> **(‚Nur, was mir Spaß macht, mache ich auch gut').**
> **Warum gibt es bisher nur Goldene Sportabzeichen**
> **und keine Goldenen Sozialabzeichen?**
> **Unsere Gesellschaft braucht nicht nur**
> **‚Jugend trainiert für Olympia' und ‚Jugend forscht',**
> **sondern auch eine neue Kampagne:**
> **‚Jugend hilft'."**
>
> *(1999/256)*

Freiwillige Mitarbeit in sozialen Organisationen muss in Zukunft neu bestimmt werden. Andernfalls droht die junge, im Zeitalter des Individualismus aufgewachsene Generation aus dem sozialen Engagement auszusteigen. Es sollte schon zu denken geben, dass ein Drittel aller jungen Leute die hierarchischen Strukturen in den sozialen Organisationen und Institutionen kritisiert: „Als Ehrenamtlicher muss man sich den Hauptamtlichen unterordnen." So können die Hauptamtlichen zu Spaßverderbern für die Freiwilligen werden.

Die Gemeinschaftsidee lebt notgedrungen wieder auf: *Gemeinsam sind wir stärker!* Geben und Nehmen gehören zusammen. Im Jahr 2030 wird die Mehrheit der über 60-Jährigen nicht verheiratet, sondern ledig, verwitwet oder geschieden sein. Die meisten leben dann in Ein-Personen-Haushalten und sind, wenn sie *kinder- und enkellos* bleiben, auf eine Infrastruktur von Hilfeleistungen angewiesen. Wer keinen Partner, keine Kinder und keine Geschwister hat, muss im Alter auf bezahlte Helfer ausweichen: eine nicht finanzierbare Illusion. Wegen der Zunahme der Kinderlosigkeit in den letzten fünfzig Jahren werden immer mehr Menschen *im Alter allein wohnen und leben* sowie keine familiären Unterstützungsleistungen erwarten können. Ihre Hoffnungen, sich allein auf ihre guten Freunde verlassen zu können, erfüllen sich nachweislich nicht (Vascovics 2000, S. 12) bzw. erweisen sich als unrealistische Vorstellungen.

Dem nichtfamilialen privaten Netz kommt in Zukunft im Hinblick auf Hilfs- und Unterstützungsfunktionen eine wachsende Bedeutung zu. Auch wenn sich der Anteil der Nachbarn und Freunde als Hauptpflegepersonen seit Anfang der neunziger Jahre von vier auf acht Prozent verdoppelt hat, werden noch zwei bis drei Jahrzehnte vergehen, bis diese sozialen Konvois wirklich spürbar entlastende Betreuungsleistungen erbringen können (BMFSFJ 2005, S. 314). Die *Förderung privater Hilfenetzwerke* – von den Helferbörsen bis zu den Freiwilligenagenturen – *wird zu einer wichtigen sozialpolitischen Aufgabe.* Dazu gehören auch die Entwicklung neuer Wohnformen und die Unterstützung von Modellprojekten für gemeinschaftliches Wohnen.

Die traditionelle Familie – Eltern, zwei Kinder, berufstätiger Mann, Frau zu Hause und ein Hund – gibt es so nicht mehr. Deshalb ergeben sich neue Aufgaben für eine *aktivierende Kommunalpolitik*, die die dafür notwendigen Rahmenbedingungen schaffen muss, damit aus der bekundeten Hilfsbereitschaft eine tatsächliche Helfertätigkeit wird. Wohnungswirtschaft und Wohnungspolitik müssen umdenken: Viel notwendiger als die Förderung von Neubauwohnungen wird die *Förderung immaterieller Infrastrukturen im Wohnbereich* sein – vom informellen Nachbarschaftstreff bis zur Betreuung von Kindern und alten Menschen: *Quartiermanager halten die Nachbarschaft zusammen*. Diese Dienstleister, für die es bis heute noch keine qualifizierte Ausbildung gibt, werden bald eine neue Berufsgruppe mit großen Zukunftschancen sein.

„Für die Zukunft gilt:
Je höher die zeitliche Flexibilität im beruflichen Leben,
desto geringer die Planbarkeit des privaten Lebens.
Die Zeiten von Eltern, Kindern und Freunden
sind dann kaum noch deckungsgleich.
Sogenannte Pinbrett-Familien breiten sich aus,
die zunehmend über schriftliche Mitteilungen
Kontakt miteinander halten.
Gemeinsamkeiten und familiäre Unternehmungen
sind immer weniger planbar."

(2004/14)

Immobilienbranche und Wohnungsunternehmen bieten dann ein Management an, das vor allem *soziale Dienste* für die wachsende Zahl alter, hochaltriger und langlebiger Menschen leistet. Das Wohnungsmanagement wirkt wie ein sozialer Kitt, wozu Altenbetreuung, Mietschuldenberatung und Beschäftigungsprojekte, Nachbarschaftshilfevereine sowie Helferbörsen gehören. Ein soziales

Wohnungsmanagement kann auch in ökonom scher Hinsicht erfolgreich sein. Denn die Alternative heißt nicht: Wirtschaftlichkeit oder Sozialverträglichkeit? Die Erfolgsformel lautet eher: *Wirtschaftlichkeit durch Sozialverträglichkeit!*

VII. KAPITEL

JUGEND. ALTER.
DEMOGRAFISCHER WANDEL.
Deutschland wird alterslos

„Trau keinem über dreißig": Mit diesem Spruch meldete ich mich 1971 erstmals mit einem Buch über den betörend verhängnisvollen „Jugendkult in der Bundesrepublik" zu Wort (1971/48). Von der FAZ bis zum ZDF gab es seinerzeit kritische Berichte über den Jugendlichkeitswahn in Deutschland. „Jugend" war in der Nach-68er-Zeit geradezu zum Maß und Ziel aller Dinge geworden: verehrt, vergöttert und glorifiziert – zu Lasten einer Erwachsenengeneration, die ihre *Jugend zwischen Stalingrad und Nachkriegszeit verloren* hatte. Ihre Kinder hingegen wurden der Werbung liebste Kinder, während sie selbst als Ältere Gefahr liefen, zu Nachtwächtern der Leistungsgesellschaft und zum Leitartikelthema der Adventszeit zu werden.

Inzwischen kehrt sich das Verhältnis um. Ein halbes Jahrhundert später wird die Jugend zur Minderheit, das Alter zum Machtfaktor. Die Deutschen leben länger und altern gesünder. *Jeder zweite Bundesbürger braucht im Alter keine Pflege.* Der Sachverständigenrat bringt in seinem Jahresgutachten 2018/19 den demografischen Wandel auf den Punkt: Ein 80-Jähriger braucht künftig nicht mehr medizinische Versorgung als ein 75-Jähriger heute.

1. Die Babyboomer werden bald in Rente gehen:
Was folgt nach der letzten Karrieregeneration?

Mein Sohn Alexander ist ein Babyboomer. Aktivität ist sein Lebenselixier, Nichtstun ein Fremdwort. Er wuchs in dem Gefühl auf, „viele zu sein": Als geburtenstarker Jahrgang musste er sich gegen viele Wettbewerber durchsetzen. Nur mit Leistung, Fleiß und Ehrgeiz konnte er sich profilieren – als BWLer im Massenstudiengang, als Steuerberater und Wirtschaftsprüfer und jetzt als Unternehmensberater bei einem Global Player in New York. Die in den 50er- und 60er-Jahren Geborenen bilden *die letzte klassische Karrieregeneration.* Was folgt danach?

Auf den ersten Blick ist die Unsicherheit groß: Wer kann schon präzise voraussagen, wie die nächste Generation arbeiten, leben und konsumieren will und wird? 2007 musste der Schweizer Verleger Michael Ringier resigniert eingestehen: „Weder Hubert Burda noch ich, noch Mathias Döpfner wissen, was *der 18-Jährige von heute in zehn Jahren* macht. Wir können alle nur spekulieren" (Interview in: DER SPIEGEL Nr. 29/2007, S. 74). Das Profil der sogenannten „werberelevanten Zielgruppe" schien offener denn je zu sein. Denn: Die Sprünge von einer Generation zur anderen werden immer kürzer und kurzlebiger. Die Gefahr ist groß, dass schnell Merkmale einer „neuen Generation" konstruiert werden, die auf den zweiten Blick weder neu noch außergewöhnlich sind, sondern schon immer jugendspezifisch waren. Nach der Logik des Alphabets folgte auf die „Generation X" die „Generation Y". Kommt danach die „Generation Z"(ukunft)?

Zunächst sind bei einem kritischen *Vergleich von „Generation X" und „Generation Y"* mehr Gemeinsamkeiten als Unterschiede feststellbar:

- Beide suchten Spaß im Leben und in der Arbeit, wollten möglichst alles sofort haben, mixten sich ihre Wertecocktails selbst und meldeten ihr Recht auf Glück an.

- Beide lebten in einer Welt der rastlosen Beschleunigung. Nur – was ist daran neu? Schon Goethe beschrieb „seinen" Zeitgeist so: *„Alles ist jetzt ultra: Reichtum und Schnelligkeit* ist das, was die Welt bewundert und wonach jeder strebt" (Brief an Karl Friedrich Zelter am 6. Juni 1825).

So gesehen beschrieben die Merkmale „X" und „Y" *Lebensweisen junger Menschen in einer schnelllebigen Zeit*: Sie erfanden und inszenierten sich immer wieder neu, rast- und ruhelos – und zugleich auf der Suche nach Halt und Sinn.

„Was bringt der Schub ins nächste Jahrtausend?
Die große Entwurzelung und die verzweifelte Suche
nach dem kleinen Glück?
Aus den Kindern von Karl Marx und Coca Cola sind heute
die Kinder von Walt Disney und Bill Gates geworden.
Sie wachsen in einer 2-M-Kultur
zwischen Microsoft und Mickey Mouse auf.
Sie surfen in 90 Sekunden um die Welt,
telefonieren in allen Lebenslagen
und stehen ständig unter Strom."

(1999/26)

Es bleiben als *qualitative Unterscheidungsmerkmale* festzuhalten:

- Für die Generation X war das Lebensgefühl *„Beliebigkeit ist wichtiger als Beständigkeit"* charakteristisch.

- Und für die Generation Y galt das Lebensprinzip *„Glück ist wichtiger als Geld"*.

Doch beide Lebenskonzepte wirken aus heutiger Sicht mehr evolutionär als revolutionär. Und kaum etwas spricht dafür, dass die zwei Generationen ihr Leben auf ganz andere Art als sämtliche Vorgängergenerationen in die Hand genommen oder gar für einen Wandel gesorgt haben, der „unsere Welt radikal verändert" (Hurrelmann/Albrecht 2014, S. 7), wie dies Jugendforscher verkünden.

Aus der Sicht des kanadischen Kultautors Douglas Coupland, der dem Zeitgeist immer sehr nah auf der Spur ist, gleicht die nächste Generation einer Mischung aus *Generation X* und *Microsklaven*. Wie in einem Science-Fiction-Film soll ihr Leben eine Arena der Betriebsamkeit sein, in der sich alles immer schneller dreht und keine Zeit mehr bleibt, über die Zukunft nachzudenken: „Die Kinder werden in Schulen und zu Videospielen abgeschoben. Es scheint auch *niemand mehr ertragen zu können, einfach allein zu sein* – aber gleichzeitig sind alle isoliert. Die Leute arbeiten viel mehr als früher, nur um danach nach Hause zu gehen, im Internet zu surfen und lieber E-Mails zu verschicken, als einander anzurufen, zu besuchen oder Briefe zu schreiben. Sie arbeiten, sehen fern und schlafen. So sieht es aus. Die ganze Welt dreht sich nur um Arbeit: arbeiten arbeiten arbeiten ..., abzocken abzocken abzocken ..., Karriere machen ..., gefeuert werden ..., online gehen ..., Computersprachen können ..., Aufträge ergattern ... Die Menschen sind ausgelaugt und wütend, geldgierig und der Zukunft gegenüber bestenfalls gleichgültig" (Coupland 1999, S. 194). In dieser Sichtweise wirken die jungen Leute überaktiv, aber weitgehend sozial isoliert. Arbeitet die nächste Generation, wie sie lebt und konsumiert – gehetzt und immer auf dem Sprung zum nächsten Job?

Andererseits deutet sich für die nächste Generation Z(ukunft) an: Leistung hat für sie eine andere Qualität. Aus Leistungslast wird Leistungslust. Neben dem Arbeitseinkommen wird der *Sinnfaktor für sie zum wichtigsten Motivationsfaktor.* Die Arbeit „muss" Herausforderungen und Erfolgserlebnisse bieten, die *Spaß ma-*

chen und *Sinn haben*. Wo Mitarbeiter gerne arbeiten, gibt es auch weniger Nachwuchsprobleme und Fachkräftemangel. Vor dreißig Jahren stellte ich erstmals die Frage: „Setzt der Freizeit-Funke die Arbeitswelt in Brand? Vielen liegt in Zukunft die Freizeit näher am Herzen" (Opaschowski 1989). Neuere Repräsentativumfragen (Ernst&Young 2018) bestätigen diese Entwicklung: Bei Hochschulabsolventen rangiert mittlerweile Freizeit (50 Prozent) *vor* dem beruflichen Aufstieg (41 Prozent). Alles läuft in Zukunft auf eine *neue Balance von Privat- und Berufsleben* hinaus, bei der kein Lebensbereich einem anderen geopfert werden darf.

Schon vor Jahren war eines der überraschendsten Ergebnisse der 16. Shell Studie „Jugend 2010" die erkennbare Tendenz, dass viele Jugendliche auf die schwieriger werdenden Rahmenbedingungen *nicht mit Resignation reagierten*, sondern weiterhin versuchten, *Kurs zu halten* (Shell 2010, S. 360). Schon damals zeigten sich Ansätze einer selbstbewussten Generation, die in der Lage ist, *mit dem gesellschaftlichen Druck umzugehen*.

**„Die Wohlstandsgesellschaft entlässt ihre Kinder –
in eine unsichere Zukunft.
Die nächste Generation bis und um die dreißig tritt
ein schweres Erbe an.
Für sie wird es viel schwieriger, ebenso abgesichert
und im Wohlstand zu leben
wie die heutige Elterngeneration."**

(2009/7)

Diese positive Grundstimmung verstärkt sich bei der nachfolgenden Generation Z(ukunft): *Aus Krisenbewussten werden Krisenprofis.* Für diese Generation ist die Krise der Normalzustand. Sie vertraut auf einen effizienten Idealismus: Lieber der Nachbarin helfen als lebenslänglich bei den Parteien Plakate kleben. Was früher die *Wiederaufbauleistungen* der Nachkriegsgeneration waren, werden die *Krisenmanagementleistungen* der nächsten Generation sein, die wieder mehr sich selbst und den Mitmenschen als den Versprechungen der Politik vertraut. Diese Generation hat mehr als einen Funken Hoffnung in sich. Sie hat *Pläne fürs Leben*. Sie ist keine Generation X mehr, die sich „eXcludet" und ausgegrenzt fühlt. Sie reagiert gelassen und geradezu optimistisch auf die Ära globaler Krisen.

Das Votum der U20-Generation ist eindeutig: „Bei mir überwiegt die *positive* Einstellung zum Leben. Ich blicke optimistisch in die Zukunft" (2013: 88 Prozent – 2019: 92 Prozent). Der Zukunftsoptimismus der jungen Generation ist kaum mehr zu steigern – auch in unsicheren Krisenzeiten nicht. Die Generation Z(ukunft) trägt ihren Namen zu Recht. Ihre Lebenswelt gleicht einem *Leben mit vielen Freiheiten und wenigen Sicherheiten*. Die Zeiten im warmen Bad des Wohlstands sind für diese Generation weitgehend vorbei. Den Traum ihrer Eltern, *„Mein Haus. Mein Auto. Mein Boot",* kann sie vergessen.

2. Die nächste Generation wird zum Lebensoptimierer:
Generation Z fühlt sich „semi-glücklich"

„Jugend" ist bis heute ein Lebensideal geblieben – mal skeptisch, mal pragmatisch, mal nüchtern und mal revolutionär. Jugend hat viele Gesichter: Die Generationen X und Y sind längst in die Jahre gekommen: *Die Generation Z ist jetzt die Vision der nächsten Generation.* Dazu zählen auch die Digital Natives, die um 2000 geboren („Millennials") und im Zeitalter der Digitalisierung aufgewachsen sind.

Im Rahmen des Nationalen WohlstandsIndex für Deutschland (NAWI-D) habe ich gemeinsam mit dem IPSOS-Institut zwischen 2015 und 2017 *1.107 Jugendliche im Alter von 14 bis 19 Jah-*

ren nach ihrer Lebenszufriedenheit repräsentativ gefragt. Mehr als zwei Drittel der Jugendlichen (67 Prozent – übrige Bevölkerung: 58 Prozent) sagen: *„Ich bin glücklich."*

2014 gründete ich mit meiner Tochter Irina Opaschowski-Pilawa, Erziehungswissenschaftlerin und Gründerin der ersten privaten Montessori-Schule in Hamburg, das Opaschowski Institut für Zukunftsforschung (O.I.Z) in Hamburg. Gemeinsam veröffentlichten wir 2014 das Buch „So wollen wir leben!" und 2016 „Das Abraham Prinzip". Im Zentrum unserer Forschungsarbeit der nachfolgenden Jahre stand die Frage *„Wie tickt die nächste Generation?"* Neben Repräsentativumfragen führte meine Tochter u. a. qualitative Einzel- und Gruppenbefragungen bei Schülern durch. Die Äußerungen gaben Aufschluss und Antworten auf die Frage: *Was macht die U20-Generation so glücklich?*

Auf den ersten Blick hat diese nächste Generation, die in Dauer-Krisenzeiten aufwächst, wenig Grund zum Optimismus. Sie strahlt dennoch *Zuversicht* aus und nimmt die Herausforderungen des Lebens *positiv und offensiv* an. Von naiv-blauäugigem Optimismus will sie wenig wissen, von chronischen Zweifeln und resignativem Pessimismus aber auch nicht. Selbstsicher startet sie ins Erwachsenenleben. *Ihr Wahlspruch: „Losleben!"* Sie ist von sich und ihrer Lebenshaltung überzeugt und reagiert ganz persönlich gelassen auf die Ära globaler Krisen. Die Jugendlichen *verstehen sich als Lebensoptimierer*, wie ihre persönlichen Aussagen bestätigen:

- „Ich bin temporär optimistisch, aber auch ein bisschen skeptisch."

- „Ich denke, ich werde was. Also bin ich optimistisch."

- „Ich will einfach das Beste aus jeder Situation machen."

Groß ist der *Respekt vor einer ungewissen Zukunft* „mit noch vielen offenen Fragen". Die Jugendlichen wollen und müssen mit der

Spannung dieses *ambivalenten Lebensgefühls* leben: „Ich bin gespannt und freue mich auf das, was kommt, aber habe auch ein bisschen Angst vor dem, was kommt." Am Ende hilft *realistische Gelassenheit*: „Ich lasse es auf mich zukommen." Die Ungewissheit bleibt, aber sie lähmt nicht. Offensiv-positiv gestaltet eine neue Generation von Lebensoptimierern ihre Zukunft. Diese Generation hat *„öfter einen Plan B in der Tasche"*.

Das Leben zwischen „Plan A" und „Plan B" erklärt die Zuversicht, die diese Jugendlichen ausstrahlen. Hin- und hergerissen fasst ein 15-jähriger Schüler das vorherrschend gespaltene Lebensgefühl in die Worte: *„Ich bin semi-glücklich! Zurzeit habe ich alles.* Dennoch befürchte ich, dass meine *Zukunft gefährdet* ist." Entsprechend labil erscheint auch das vorherrschende Glücksgefühl: Es gilt als nicht beständig. Die Aussage „Ich bin glücklich" ist wie eine *Momentaufnahme*: „Ich bin glücklich, weil morgen Wochenende ist." Und: „Ja, weil ich momentan keine Probleme habe." Glück wird vorwiegend negativ definiert: „Wenn nichts da ist, was mich unglücklich stimmt." Die Glücksmomente (nicht das Glück) festhalten können: das ist Semi-Glück.

Bei dieser Generation Z sind die Grenzen zwischen Sicherheit und Verunsicherung, Zuversicht und Sorge fließend. In der jugendlichen Sicht auf Politik und Weltgeschehen dominiert ein *diffuses Bedrohungsgefühl* – „vor dem IS", „vor Donald Trump", „vor Erdogan und Putin", vor „Krieg" und „Erderwärmung". Persönlich versucht sie, die Gefährdungen und Bedrohungen nicht zu nahe kommen zu lassen: „Ich bin verunsichert, aber zeige es nicht." Die Rolle der Lebensoptimierer wird mitunter mehr gespielt als gelebt.

Die Maxime der Lebensoptimierer-Generation lautet einfach: *Besser leben!* Eigentlich hat sie gar keinen Grund zum Optimismus, vermittelt aber den Eindruck: „Im tiefsten Bayern, wo die Sonne schallend lacht und doch nirgendwo niemandem ein Licht aufgeht, da ging ich zur Schule" (Fischer 2015, S. 65). Die „Generation der Gekniffenen" (Peer Steinbrück), die durch einen Dschungel von Praktika, Leiharbeiten und befristeten Jobs gejagt wird, verliert sich selbstbewusst im Sinne der neugegründeten Partei „Podemos" in Spanien: *„Wir können!"* – auch wenn sie ein halbes Leben lang von ihren Eltern abhängig bleibt.

Resümee: Meine Enkelin Emmy, im Jahr 2000 geboren, gehört zur Generation Z. Auf sie warten in Zukunft keine rosigen Aussichten. Eher droht sie zur *Verliererin des Sozialsystems 2060* in Deutschland zu werden. Denn eine *Dreifach-Belastung* kommt auf sie zu:

- Erstens muss sie im Zuge des Generationenvertrags die Altersbezüge ihrer Eltern finanzieren.

- Da aber nur halb so viele Kinder geboren wurden wie vor fünfzig Jahren, muss sie zweitens auch die Renten der Kinderlosen bezahlen.

- Und drittens muss sie wegen der unumkehrbaren Alterung der Gesellschaft die Rentner doppelt so lange finanzieren wie früher (20 Jahre statt 10 Jahre Rentenbezugsdauer).

Als Erwerbstätige von morgen wird Emmy hohe Abgaben und Steuern zahlen müssen. Wenn sie sich aber weigert oder außerstande sieht, die Dreifach-Belastung allein zu schultern, wird zwangsläufig ihre Rente gekürzt. Weil dann viele Ältere ärmer werden, kann *Altersarmut* zur *neuen Normalität* werden. Aus heutiger Sicht kann man nur sagen: *Arme 2060er!* Zu Recht merkt meine Tochter Irina Pilawa, Mitautorin des Buches „Wie wir gut und lange leben" (2016/2), bei dieser düsteren Zukunftsperspektive sarkastisch an: „Das sind ja tolle Aussichten. Emmy würde dir jetzt folgende Frage stellen: Welche Welt hinterlasst ihr Alten uns?"

3. Deutschland wird grau:
Die langlebigste Gesellschaft aller Zeiten kommt auf Deutschland zu

Ein Blick zurück: Wir schreiben das Jahr 1464. In Venedig wird zu Zeiten der Renaissance der Adlige Luigi Coronaro geboren. 37 Jahre lang führt er ein ausschweifendes Leben, bis seine Gesundheit so angegriffen ist, dass er beschließt, fortan sein Leben grundlegend zu ändern, also *maßvoller, genügsamer und bescheidener* weiterzuleben und auch die Nahrungsmenge einzuschränken. Auf diese Weise wird sein Kopf wieder frei für geistige Genüsse. Am Ende wird er *hundert Jahre alt*. Er schreibt eine der berühmtesten Autobiografien seiner Zeit („Diskurs über das maßvolle Leben"). Darin lobt er das Glück seines Alters: Er könne jetzt wieder laufen und reiten, jagen und singen, habe Kontakt zu anregenden Freunden und reise viel. Seither haben Alternsforscher daraus hergeleitet: *Man kann lange leben*, wenn man sich – wie beim Fasten – nur etwas bescheidet. Die Vielzahl kalorienarmer Diäten in der heutigen Zeit haben übrigens hier ihre Wurzeln.

> **„Wie nie zuvor in der Geschichte der Menschheit
> können wir heute und morgen
> mit einem langen Leben ‚rechnen'.
> Also lohnt es sich auch, in dieses lange Leben
> in jeder nur möglichen Weise
> (geistig, psychisch, physisch, sozial)
> zu investieren."**
>
> *(1998/27)*

Unter allen westlichen Industriegesellschaften weist *Deutschland die stärkste Alterung* auf. Drastischer Geburtenrückgang und steigende Lebenserwartung lassen uns von einer alternden Gesellschaft sprechen, die in naher Zukunft allenfalls durch Zu- und Einwanderung gemildert, aber nicht mehr gestoppt werden kann.

Die demografische Entwicklung in Deutschland hat zwei widersprüchliche Gesichter: *Deutschland wächst und Deutschland schrumpft.*

- Noch nie haben in der Bundesrepublik Deutschland so viele Menschen gelebt wie heute (1950: 69,3 Mio – 2010: 80,3 Mio – 2019: 83,0 Mio). Deutschland gehört mittlerweile zu den zwanzig *bevölkerungsreichsten Staaten der Erde.*

- Andererseits sterben in Deutschland deutlich mehr Personen, als Kinder geboren werden. Das *Geburtendefizit steigt* weiter an. Deutschland wird immer älter. Im Jahr 2041 soll nach Prognosen des Statistischen Bundesamts das Durchschnittsalter der deutschen Bevölkerung bei 50 Jahren liegen.

Diese demografische Entwicklung kann auch durch die deutlich jüngeren Zuwanderer nicht gestoppt werden. Kurz: *Deutschland wird grau.* Solange noch zu wenige Kinder geboren werden und gleichzeitig die Lebenserwartung stetig zunimmt, altert die Gesellschaft als Ganzes. Hochaltrigkeit und Langlebigkeit werden für viele immer wahrscheinlicher.

Die Lebenserwartung der Deutschen nimmt jedes Jahr um zwei bis drei Monate zu (2,8 Monate p. a.): Alle zwei Wochen *verlängert sich unser Leben um ein langes Wochenende* (3 Tage im Monat). Mehr als 80 Tage im Jahr. Von den 2019 Neugeborenen wird jedes *Zweite in hundert Jahren noch am Leben* sein (Institut für Gerontologie/Universität Heidelberg 2019). Vor dreihundert Jahren hat jedes zweite Neugeborene nicht einmal das Erwachsenenalter erreicht. Wenn die *„demografische Atempause"* nach Aussagen des Sachverständigenrats um 2030 zu Ende geht, ist und wird Deutschland alt und grau.

4. 2050 wird es eine ganze Großstadt aus Hundertjährigen geben:
Eine Revolution auf leisen Sohlen

Die „Grauen Giganten" kommen („Centenarians"), die über hundert Jahre alt werden. 1965 bekamen 225 Hundertjährige in Deutschland ein persönliches Glückwunschschreiben des Bundespräsidenten und einen Scheck überreicht. Diese goldenen Jubiläumszeiten sind längst vorbei. Seither nimmt die Zahl der Hundertjährigen in Deutschland fast explosionsartig zu. Langlebigkeit wird ein Teil der Normalität.

Nach der Hundertjährigen-Studie des Heidelberger Instituts für Gerontologie werden wir 2050 mindestens neunmal so viele Hundertjährige in Deutschland haben wie 2010. Konkret: 9-mal 13.445 sind 121.005 – so viele Einwohner wie Göttingen heute hat. Eine ganze Großstadt mit Hundertjährigen. Sie werden körperlich und geistig vitaler sein als jede Generation im gleichen Alter zuvor. Jeder Zweite lebt autonom im eigenen Haushalt – und regelt auch seine Finanzangelegenheiten selbst. Die Angst vor dem Lebensqualitätsverlust im höheren Alter verliert an Bedeutung. Die zunehmende Langlebigkeit erklärt sich wesentlich aus einschneidenden Veränderungen des Lebensstils vieler Menschen, insbesondere ihrer Ernährungsgewohnheiten in Verbindung mit gesünderen Umweltbedingungen und Fortschritten der Medizin.

> „Vor dreihundert Jahren hat nicht einmal
> die Hälfte der Geborenen das Erwachsenenalter erreicht.
> Früher galt eine Frau mit vierzig Jahren
> unweigerlich als Matrone,
> nannte sich Calvin mit fünfzig Jahren
> einen alten, verbrauchten Mann
> und dankte Karl V. mit 55 Jahren restlos erschöpft
> als Greis ab.

> **Das Faktum der immer älter werdenden Gesellschaft
> ist historisch neu."**
>
> *(1998/27)*

Heute werden wir immer älter, wollen auch gut und lange leben – aber möglichst nicht alt sein. *Von Siebzig auf Hundert?*
Durchstarten in ein langes Leben? Und gleichzeitig mit mehreren
Generationen leben? Das ist die demografische Herausforderung
Deutschlands in der Zukunft. Ein ganzer Forschungszweig droht
seinen Gegenstand zu verlieren. Weil sich die Alternsforschung
zur Langlebigkeitsforschung wandelt, wird auch eine präzise Definition von „Jungbleiben" und „Älterwerden", von „Jung" oder
„Alt" immer schwieriger. Deutschland wird alterslos. Gibt es bald
„den alten Menschen" nicht mehr, weil der *Altersbegriff einfach
weg-definiert* wird, wir zwar objektiv immer älter werden, aber
uns subjektiv immer jünger, fitter und gesünder fühlen?

Die Senioren von morgen werden im Vergleich zu früheren Generationen deutlich mehr zu Glorifizierungstendenzen neigen. Das
zurückliegende Arbeitsleben wird von ihnen offenbar als so belas-
tend und problematisch empfunden, dass der Ruhestand geradezu
als *Eintritt in die Welt einer neuen Freiheit* gefeiert wird. Diese
Senioren sind kaum noch „mit dem Herzen" bei ihrer ehemaligen
Arbeit. Die Ruhestandszeit wird von ihnen als Befreiungszeit erlebt, so als ob ein schwerer Druck von ihrer Seele genommen
wird: Sie müssen nicht mehr nach der Uhr leben.

Die Generation 50plus gleicht beinahe einer *„Generation Su-
perior".* Diese Generation kann und will mehr aus ihrem Leben
machen. Ansprüche auf ein eigenes Leben werden angemeldet.
Früher waren Ruheständler schon froh, wenn sie nicht mehr arbeiten brauchten. In Zukunft stellen sie geradezu Forderungen an
ihre neue Lebensphase. Früher betonten die Ruheständler mehr

die Befreiung vom Arbeitszwang; heute und in Zukunft begreifen sie ihre neue Lebensphase *positiv als Chance und Aufgabe*. Die neue Seniorengeneration hat für das bloße Nichtstun keinen langen Atem mehr. Stattdessen heißt es immer öfter: *„Carpe diem" – nutze den Tag!* Die Anforderungen des modernen Lebens machen auch vor dem „Ruhe"-Stand nicht Halt.

Nach den aktuellen Forschungsergebnissen (Ipsos/Opaschowski 2019) haben die Senioren heute

- mehr *Zeit* für sich als die übrige Bevölkerung,
- leben mehr in *Frieden* mit ihren Mitmenschen,
- besitzen mehr *Eigentum,*
- können finanziell *sorgenfreier leben,*
- können mehr *machen, was sie wollen,* und
- leben auch *umweltbewusster.*

Dafür aber haben die Älteren nach eigenen Aussagen *weniger soziale Kontakte* und fühlen sich deutlich *weniger gesund*. Letzteres ist ein Tribut, den sie für ihre hohe Lebenserwartung zahlen müssen. Die Bilanz ihres Lebens aber kann sich sehen lassen. Ihre „Risikofaktoren" konzentrieren sich „nur" auf Gesundheitsrisiken und Kontaktdefizite.

Die größte Armut im Alter ist die Kontaktarmut. Die Ausbreitung von Einsamkeit ist ein Armutszeugnis für eine Gesellschaft, die Wohlstand verspricht und dabei das Wohlergehen der Menschen aus den Augen verliert – auch ein Grund, warum in England das erste *Einsamkeitsministerium* gegründet wurde. Die Erklärung: *Einsame sind anfällig für Depression und Demenz.*

Positiv kann aber festgehalten werden: Das Ruhestands-Modell früherer Jahrzehnte überlebt sich im 21. Jahrhundert. Höhere Bildung, bessere Gesundheit sowie ein vielfältigeres Interessen- und Aktivitätsniveau schaffen eine ganz neue Qualität des Älterwerdens. Trendforscher kreierten schon vor Jahren für dieses ganz andere Altern einen eigenen Begriff: *„Best Ager"* – eine Generation, die mitten im Leben steht und sich in der überwiegenden Mehrheit wohlfühlt.

Müssen wir bald unsere Kinder darauf vorbereiten, dass sie hundert Jahre alt werden können und nicht aufhören dürfen, sich weiterzuentwickeln und weiterzulernen? Und gleichen dann nicht viele langlebige Menschen einer alten Bibel, die so zerlesen ist, dass beim Umblättern einige Seiten wegbrechen, aber der Inhalt nicht veraltet ist, weil die Aussagen „taufrisch" bleiben? Sind alte Menschen alten Büchern vergleichbar, die im Laufe der Jahre *zerlesen und zerbrechlich* werden, aber weiter *lesens- und lebenswert* sind?

5. Die Menschen werden ein Vierteljahrhundert im Ruhestand leben:
Eine existentielle Herausforderung

Immer öfter stellt sich in einer Gesellschaft des langen Lebens die Frage: Wie können wir den zusätzlichen Lebensjahren mehr Sinn im Leben (und nicht nur dem Leben immer mehr Jahre) geben? Es geht zentral um die Frage *„Lange leben – wofür?"* Repräsentativ habe ich in einer Umfrage die Bürger selbst die Antworten auf die Sinnfrage geben lassen. Sie sollten sich prioritär entscheiden, was ihnen im Alter wirklich wichtig erscheint. Konkret: Was macht ein *gutes Leben im Alter* aus? *„4G"*: Geist? Geld? Gesundheit? Geborgenheit? Oder *„4F"*: Freunde? Familie? Freiheit? Frieden? Oder am liebsten: Alles? „Welche Lebensbedingungen", so lautete die Repräsentativumfrage, „müssen erfüllt sein, damit es sich persönlich auch lohnt, so lange zu leben?"

> „Der Ruhestand ist eine Erfindung der Neuzeit.
> Früher arbeiteten die meisten Menschen
> ganz selbstverständlich bis ans Ende ihres Lebens.
> Konsequenterweise gilt für die Zukunft die Forderung:
> Schafft den ‚Ruhestand' ab!
> Lasst euch nicht einfach stilllegen!"
>
> *(1998/26)*

Und dies sind *die wichtigsten Wünsche* bei weiter steigender Lebenserwartung: Die Menschen wissen die immer höhere Lebenserwartung sehr zu schätzen, knüpfen ihre Erwartungen allerdings an bestimmte Qualitätsbedingungen des Lebens. *„Geistig fit sein"* wird als wichtigste Voraussetzung für ein langes Leben genannt (81 Prozent). Die geistige Fitness im hoher Alter wird bedeutsamer eingeschätzt als etwa die *körperliche Beweglichkeit* (76 Prozent) oder die *finanzielle Absicherung* (75 Prozent). Dabei sorgen sich die Männer deutlich mehr um die Erhaltung ihrer geistigen Fitness (84 Prozent) als die Frauen (77 Prozent). Bei beiden dominiert die *Angst, im Alter nicht mehr selbstbestimmt leben* zu können oder zum *„Pflegefall"* zu werden (Frauen: 80 Prozent – Männer: 82 Prozent). Auf dem Weg in eine langlebige Gesellschaft ändern sich die Prioritäten des Lebens: an Jahren älter werden, im Kopf jung bleiben. Dies entspricht am ehesten den Wunschvorstellungen der Bevölkerung.

Klar: Drei Viertel der Bevölkerung wollen nicht nur gesund (79 Prozent), sondern auch finanziell abgesichert sein (75 Prozent). Über die finanzielle Absicherung machen sich vor allem die Selbstständigen und Freien Berufe, die keiner Sozialversicherungspflicht unterliegen, große Sorgen (81 Prozent). Aber von ihnen wie auch von der übrigen Bevölkerung wird Zukunftsvorsorge nicht mehr nur als Geldthema verstanden. Beim Gedanken an ein langes Leben rückt das persönliche und soziale Wohlergehen in den Vordergrund. Es geht um ein ganzheitliches Leben von *Geist, Geld, Gesundheit und Geborgenheit*.

Jeder Zweite setzt vor dem Hintergrund ständig steigender Lebenserwartung auf den *Zusammenhalt der eigenen Familie*. Die Ansprüche an die Lebensqualität bis ins hohe Alter lassen sich mit Arbeit, Einkommen und Vermögen allein nicht mehr erfüllen. Dies bekommen insbesondere Singles zu spüren. Weil sie im hohen Alter nicht auf die Fürsorge eigener Kinder bauen können, setzen sie mehr auf einen *„verlässlichen Freundeskreis"* als auf die Familie. Und im Notfall erhofft sich jeder vierte Single, *„hilfsbereite Nachbarn"* in der Nähe zu haben. Für alle aber gilt: Vielfältige Investitionen in die persönliche und soziale Zukunftsvorsorge lohnen sich, zumal eine deutliche Mehrheit der Bevölkerung Wert darauf legt, im Alter *„nicht einsam"* (59 Prozent) zu sein.

Es ist schon überraschend, dass für die Deutschen beim Gedanken an ein langes Leben mittlerweile *mehr das soziale Wohl-Ergehen als das finanzielle Gut-Haben zählt*, obwohl in der öffentlichen Diskussion fast nur das geringe Rentenniveau und das Risiko der Altersarmut thematisiert werden.

Die meisten Deutschen sind und werden im Alter nicht arm, aber sie sorgen sich ein halbes Leben lang um die soziale und finanzielle Absicherung. Sie machen sich Sorgen

- um den *sozialen Rückhalt* durch Familie und Freunde zur Verhinderung von Einsamkeit und

- um die *finanziellen Rücklagen* zur Sicherung des Lebensstandards durch Rente, Spareinlagen, Immobilien und Vermögen.

Mehr als reale Arbeitsplatzverluste und Einkommensrückgänge schrecken die Deutschen die Angst und die Sorge, im Alter allein dazustehen und für Notfälle finanziell nicht hinreichend vorgesorgt zu haben. Wenn es dann so weit ist, sind die meisten Senioren mit sich und ihrer Lage zufrieden. Fast hypochondrisch wird den 40- und 50plus-Generationen ein schlechtes Gewissen eingeredet. In Wirklichkeit haben sie es weitgehend selbst in der Hand, die größte Armut im Alter, die Kontaktarmut, durch systematische Kontaktpflege zu verhindern. Und auch finanzielle Nöte können sie beispielsweise durch frühzeitiges Sparen und später im Ruhestand durch gelegentliche *Minijobs* ausgleichen.

Resümee: Der *Ruhestand muss neu definiert werden*: „Ruhe" findet immer später statt. Nicht Geldmangel und Altersarmut sind dabei die treibende Kraft. Es ist die *Flucht vor der Kontaktarmut*, aber auch die *Lebenslust* am Aktiv- und Beschäftigtsein sowie der Wunsch, gebraucht und gefordert zu werden und gesellschaftlich wichtig zu bleiben. Wirtschaft und Politik müssen sich schon heute darauf einstellen, dass die künftige Gesellschaft des langen Lebens auch eine *Gesellschaft des längeren Arbeitens* sein wird.

VIII. KAPITEL

ARBEIT. WOHLSTAND. WOHLERGEHEN.
Created in Germany

1. Arbeiten ohne Ende:
Die „Schöne Neue Arbeitswelt" findet noch nicht statt

Es gab einmal eine fleißige Ameise. Inmitten eines emsigen Amei-senstaates wurde eines Tages ein neues Arbeitsgesetz beschlos-sen: Die Ameise, die in acht Tagen am fleißigsten war, sollte am neunten Tag feierlich gebraten und von den übrigen Ameisen ihres Stammes gemeinschaftlich verzehrt werden. Die Ameisen glaubten, dass durch das gemeinsame Verspeisen die *Arbeitsfreude und Leis-tungsfähigkeit* der fleißigsten Ameise auf alle anderen überginge. Jede fleißige Ameise hat das als ganz besondere Ehre empfunden. Trotzdem ist es einmal vorgekommen, dass eine Ameise kurz vor dem Gebratenwerden noch eine kleine Rede hielt: „Meine lieben Brüder und Schwestern, es ist mir ja ungemein angenehm, dass Ihr mich so ehren wollt! Ich muss euch aber gestehen, dass es mir noch angenehmer sein würde, wenn ich nicht die Fleißigste wäre. *Man lebt doch nicht bloß, um sich tot zu schuften."* „Wozu denn? Wozu denn?", riefen alle anderen Ameisen im Chor – und sie warfen sie schnell in die Pfanne. Sonst hätte dieses dumme Tier womöglich noch mehr geredet und die Arbeitsmoral des ganzen Volkes unter-graben.

Diese Tierfabel aus dem Jahr 1904 (Scheerbart 1904) beschreibt

146

das *Leben und Arbeiten zwischen Fleiß und Leistung* und erinnert an den Berufsalltag im Silicon Valley des 21. Jahrhunderts, wie ihn Bill Joy, der Mitbegründer von Sun Microsystems, beschreibt: „Im Valley ist kein normales Leben möglich, die Leute sind besessen. Sie verbringen den ganzen Tag im Internet, sie reden übers Internet, sie träumen vom Internet und vergessen, dass es noch eine riesige Welt da draußen gibt ... Es gibt nur noch einen Maßstab für Erfolg: Geld" (Joy 2000, S. 102). George Orwell lässt grüßen. In seinem Zukunftsroman „1984" beschrieb er die Arbeitswelt so: „Winstons *Arbeitswoche hatte sechzig Stunden*, Julias sogar noch mehr. Und ihre freien Tage hingen vom jeweiligen Arbeitsdruck ab und deckten sich selten. Der Teleschirm schlug vierzehn. In zehn Minuten musste er aufbrechen. Um vierzehn Uhr dreißig hatte er wieder an der Arbeit zu sein." Willkommen in der Arbeitswelt des 21. Jahrhunderts!

Auch Arbeitnehmer in Deutschland müssen heute und in Zukunft zu Lasten des Familienlebens *permanente berufliche Mobilität* beweisen. Immer mehr Jobs werden zeitlich befristet und berufliche Laufbahnen von der Ausbildung bis zum Ruhestand für künftige Generationen kaum mehr möglich sein. Neue Beschäftigungsformen (Job-, Berufswechsel, Nebenjobs) machen den „Beruf fürs Leben" zur Ausnahme und den Zweitjob neben dem Teilzeitarbeitsplatz bald zur Regel („Job neben dem Job").

Die meisten Berufstätigen befürchten für die Zukunft neben wachsender Arbeitsplatzunsicherheit *mehr Druck und Stress im Arbeitsleben*. Eine problematische Perspektive für die nächste Generation, die mit Gefordert-, Überfordert- und Ausgebranntsein leben muss. Die berufliche Überlastung kann psychosomatische Erkrankungen zur Folge haben. Mit dem Rund-um-die-Uhr-gefordert-Sein wachsen die Stressbelastungen im Arbeitsleben. *Dauerstress ohne Entschleunigung* ist die Folge. *Arbeiten ohne Ende* lautet die Zukunftsperspektive.

> „Die Arbeit wird immer intensiver und konzentrierter,
> zeitlich länger und psychisch belastender,
> dafür aber auch – aus der Sicht der Unternehmen –
> immer produktiver und effektiver.
> Die neue Arbeitsformel für die Zukunft lautet:
> **0,5 x 2 x 3,**
> d. h. die Hälfte der Mitarbeiter verdient doppelt so viel
> und muss dafür dreimal so viel leisten wie früher.
> Die ständige Produktivitätssteigerung bewirkt,
> dass immer weniger Mitarbeiter immer mehr arbeiten
> und leisten müssen.“
>
> *(2013/4)*

Zugleich zeichnen sich als Tendenzen ab:

- **Mehr Fachkräftemangel**

Uns geht nicht die Arbeit aus. Die Arbeitskräfte gehen uns aus. Es fehlen Fachkräfte, insbesondere Akademiker. Hochmotivierte Frauen, erfahrene Ältere und qualifizierte Zuwanderer (= „beste Köpfe") werden die Lücke schließen müssen. Nur flexible Arbeitszeitmodelle, gezielte Aus- und Fortbildungsangebote sowie systematische Gesundheitsprävention werden den Fachkräftemangel beheben helfen.

- **Mehr Zweitjobs**

Immer mehr Beschäftigte haben mehrere Jobs. Und wer keinen Hauptberuf mehr hat, wählt aus der Not heraus eine *Kombination mehrerer Mini-Jobs*. Tendenz steigend. Meldet ein Arbeitgeber Insolvenz an, bleibt zur Sicherheit immer noch der Zweit- oder Drittjob. Zynismus pur? Oder doch Arbeitsmarktwirklichkeit?

Kommen amerikanische Verhältnisse auf uns zu? Ein Job allein reicht vielen nicht mehr aus, um sorgenfrei leben zu können.

- **Mehr Armutsarbeitsplätze**

Ein Jugendlicher, der heute mit Mindestlohn ins Arbeitsleben einsteigt, bekommt im Alter eine *Rente unter Hartz IV-Niveau*. So verfestigt sich der Eindruck: Arbeiten zum Mindestlohn in einem Hochlohnland lohnt sich nicht. Das kann sich in den nächsten Jahren noch verstärken. Früher war man ohne Arbeit arm. In Zukunft kann man auch *mit Arbeit arm sein* oder werden. Gemeint ist eine doppelte Armut: Geldarmut und Lebensarmut, also Armut durch verpasste Lebenschancen. Aus dieser doppelten Armut ist dann ein Entrinnen kaum mehr möglich.

Deutschland hat einen besonders stark ausgeprägten Niedriglohnsektor, der sich durch die massenhafte Zuwanderung in den nächsten Jahren eher noch ausweitet. Fast jeder vierte Beschäftigte (23 Prozent – in Schweden: 3 Prozent) zählt zum *Heer der Minijobber mit Minilöhnen* – vom Paketzusteller über die Reinigungskraft bis zum Altenpflegehelfer. Eine problematische Zukunftsperspektive für die nächste Generation. Die Niedriglöhner von heute müssen befürchten, in Zukunft *vom Wohlstand „abgehängt"* zu werden oder gar zu verarmen. Wenn sich Armutslöhne ausbreiten und ein Rentenniveau zur Erhaltung des Lebensstandards nicht mehr sicher ist, dann entstehen *prekäre Lebensverhältnisse*. Und das heißt für die Betroffenen: *Zukunftsangst*.

> „Wer die ständig zunehmende Leistungsdichte
> am Arbeitsplatz registriert,
> weiß sehr wohl, dass sie nur über eine neue Leistungslust
> erreichbar ist –
> über neue Gratifikationen, mehr Frei- und Spielräume,
> mehr Wahlmöglichkeiten und mehr Freude an der Arbeit.

> **Das aber ist weitgehend tarifpolitisches Neuland für die Zukunft."**
>
> *(1997/30)*

In den nächsten zwanzig, dreißig Jahren zeichnet sich eine *Gesellschaft ohne Zukunftssicherung* als Perspektive ab. Die Grundgeborgenheit großer Teile der Bevölkerung ist dann gefährdet. Und die Angst vor dem gesellschaftlichen Absturz schleicht sich zusehends in den Lebensalltag breiter Mittelschichten ein.

Im Jahr 2007 bot ich eine mögliche Problemlösung an: „Minimex" als *Minimales Existenzgeld für alle*. Gemeint war eine *Zukunftssicherung für alle!* Oder: *Existenzgeld statt Existenzangst!* Für das Modell eines minimalen Existenzgeldes schlug ich *„bis zu 580 Euro im Monat"* vor. Ein Jahrzehnt später hat Finnland 2017 sein Experiment „Perustulo" zum Grundeinkommen in Höhe von *560 Euro* gestartet – und wieder abgebrochen, weil sich keine besondere arbeitsmotivierende Leistungsbereitschaft eingestellt hatte.

Wohl zeigten sich die Nutznießer *weniger gestresst*, fühlten sich *gesünder* und *vertrauten etwas mehr* der Politik und der Gesellschaft. Auf den Punkt gebracht: *Weniger Frust im Leben, aber nicht mehr Lust an der Arbeit*. Und wer arbeitslos war, blieb auch arbeitslos. Mein Buch „Minimex" endete 2007 mit den Worten: „Wenn wir nur wollen, muss Minimex kein *Märchen* bleiben" (10/S. 244). Das finnische Experiment „Perustulo" endete als *„Utopie"* (Kaiser 2019, S. 10). Immerhin. Bei der Beantwortung der Frage „Was wird mit dem bedingungslosen Einkommen?" sind wir schon einen Schritt weiter: Utopien sind ja oft nichts anderes als *vorzeitige Wahrheiten*.

2. Kein Jobsterben in Deutschland:
Roboter rauben keine Arbeitsplätze

Hilfe, Roboter sind unter uns! Sie bescheren uns eine *Diktatur der Automaten*, der wir „hilflos ausgeliefert" sind. Diese Horrorvision stammt aus den fünfziger Jahren und wird seit über sechs Jahrzehnten als kulturpessimistische Aussage ständig wiederholt: Mal sind es Computer, Internet und Chips, mal Automatisierung, Computerisierung und Digitalisierung. Und was für die Zukunft *„Industrie 4.0"* heißt, hatte in den 50er-Jahren den Namen *„Menschenleere Fabrik"*. Seit der Industrialisierung im 19. Jahrhundert löst eine industrielle Revolution die andere ab und löst immer die gleichen Maschinenstürmer-Ängste aus. *Jede Zeit hat ihre Maschinenstürmer.*

Erinnert sei noch einmal an die vier Revolutionen der Arbeit:

1. *Arbeit 1.0:* Die Industrialisierung um 1800 zwischen mechanischem Webstuhl und Dampfmaschine

2. *Arbeit 2.0:* Die Automatisierung Ende des 19. Jahrhunderts zwischen Fließband- und Akkordarbeit

3. *Arbeit 3.0:* Die Computerisierung um 1970 zwischen PC und Internet

4. *Arbeit 4.0:* Die Digitalisierung im 21. Jahrhundert zwischen Robotern und Künstlicher Intelligenz.

Auch die *Arbeit 5.0* (in ferner Zeit) wird die Menschen nicht arbeitslos machen.

Wenn *Roboter Einzug in die Arbeitswelt halten*, soll fast jeder zweite Arbeitsplatz gefährdet sein. Diesen Eindruck vermitteln alarmistische Meldungen in der öffentlichen Diskussion – ohne nachweisbare Zahlenbelege. Die OECD rechnet derzeit allenfalls mit *zwölf Prozent der Arbeitsplätze*, die durch Digitalisierung und Automatisierung *gefährdet* sind. Die *Stellenverluste* gehen *zu Lasten mittelmäßig gebildeter Männer*, also der Beschäftigten, die immer unzufriedener werden und entscheidend dafür waren, dass Donald Trump als Präsident in den USA gewählt wurde. Nach wie vor gilt der Erfahrungswert: *Für jede Stelle*, die wegen Robotern verlorengeht, *entsteht eine neue Stelle* in einer anderen Branche. Nachweislich haben unter den klassischen Industrieländern Japan, Deutschland und die USA mit einer sehr hohen Dichte von Industrierobotern *die niedrigsten Arbeitslosenquoten*.

Digitalisierung und Roboter werden den Menschen *nicht ersetzen*, sondern ihn wie schon bei der Automatisierung von schwerer und monotoner Arbeit *entlasten*. Die Zukunft wird eher einer „Hand-in-Hand“-Kooperation gehören, bei der *Roboter mit dem Menschen zusammenarbeiten*. Ein Riesenmarkt von Roboterherstellern und Programmierern tut sich hier auf. Personal wird eher aufgebaut als abgebaut. Auch mit dem autonomen Fahren verlieren die Lkw-Fahrer ihren Arbeitsplatz nicht. Ganz im Gegenteil – in Zukunft werden in der Logistik händeringend *so viele Lkw-Fahrer gesucht wie noch nie*.

Die Bundesagentur für Arbeit muss sich in naher Zukunft mit einem zweiten Aufgabenbereich beschäftigen: Zur Arbeitslosenstatistik kommt die *Engpassanalyse* hinzu – zugespitzt in der Aussage: Kraftfahrer und Lebensmittelverkäufer, Fliesenleger und Fleischverarbeiter werden knapp. Die Mängelliste schließt auch Helfer- und Anlernberufe in Pflege- und Sicherheitsdiensten mit ein. Die massenhafte Vernichtung der Arbeitsplätze durch die Digitalisierung bleibt eine Mär.

Die meisten Voraussagen über die massenhafte Vernichtung von Arbeitsplätzen sind bisher *nicht* Wirklichkeit geworden:

- Flexible Arbeitsnomaden sollten eigentlich heute massenhaft in *home offices* arbeiten. Das Gegenteil ist eher der Fall. Die meisten Beschäftigten müssen und wollen am liebsten so arbeiten wie ihre Eltern – mit Arbeitskollegen und geregelten Arbeitszeiten in Büro und Betrieb.

- *Ich-AGs* und nichtversicherungspflichtige *Solo-Selbstständige* sollten Leitbilder einer NewWork sein. Stattdessen fühlen sich die Arbeitnehmer nach wie vor besonders wohl, wenn sie fest angestellt sind und zu einer Arbeit unter Leitung eingesetzt werden.

- Und glaubt man den Prognosen der letzten Jahrzehnte, dann müsste die Hälfte der Arbeitsplätze verschwunden sein. Propheten wie Dahrendorf und Rifkin verkündeten: *„Der Gesellschaft geht die Arbeit aus."* Von wegen! *Die Arbeitslosigkeit wurde halbiert.* Deutschland gehört weltweit zu den Ländern mit der größten Roboterdichte – und trotzdem gibt es *so viele Beschäftigte wie seit Jahrzehnten nicht mehr.*

Roboter rauben den Menschen keine Arbeitsplätze. Eine vom Nürnberger Institut für Arbeitsmarkt- und Berufsforschung durchgeführte Befragung in 12.000 Betrieben weist nach, dass die Digitalisierung entgegen den weit verbreiteten Befürchtungen nicht zu einem Personalabbau führt. *Arbeitsplatzverluste und Neueinstellungen halten sich die Waage* (IAB 2017). Über eine Million Arbeitsplätze sind allein in den letzten zehn Jahren in Deutschland neu geschaffen worden – im Sozialwesen, im Gesundheitswesen sowie in Erziehung und Unterricht. Es läuft auch weiterhin alles auf ein *Null-Summen-Spiel* hinaus. Bill Gates Vorschlag, Roboter zu besteuern, damit menschliche Arbeit konkurrenzfähig bleibe, erinnert an die alte *Maschinenstürmerei,* dem Vorschlag, Maschinen zu zertrümmern, damit Landarbeiter ihre Arbeit behalten. Wer das will, kann gleich alle Computer besteuern, um mit den Erlösen neue Arbeitsplätze zu schaffen.

Und wie sehen die *Arbeitsplätze der Zukunft* aus? Auf den ersten Blick gleicht die von Norman Foster entworfene neue Apple-Konzernzentrale im kalifornischen Cupertino einem Arbeitsplatz-Ufo von fast einem halben Kilometer Durchmesser. Darin arbeiten die

Beschäftigten nebeneinander an langen Tischen *in riesigen Groß-raumbüros*. Die Architektur ist futuristisch angehaucht, die Arbeitsgestaltung eher enttäuschend. Von Vorreiter-Funktion kann keine Rede sein, von konzentriertem individuellen Arbeiten auch nicht. Zu groß ist die *Unruhe und Unrast im Großraumbüro*. Wie die *Homeoffice*-Vision ist auch die Großraumbüro-Idee für die Beschäftigten keine Innovation, die die Arbeitsqualität verbessern hilft.

Google-, Apple- und Amazonwelten werden sicher das Gesicht der Arbeitswelt von morgen prägen, aber nicht auf den Kopf stellen. Dafür spricht auch *„EWA"*, das *Elektronikwerk Amberg* in der Oberpfalz: Hier steuern die Produkte ihre Herstellung selbst. Drei Viertel der Produktion werden von Robotern, Computern und Maschinen erbracht. Und dennoch: Die *Mitarbeiterzahl ist unverändert*. Die denkende Fabrik lässt die Produktivität explodieren, macht aber die Mitarbeiter nicht arbeitslos, macht sie eher frei für neue Aufgaben. Nicht die Quantität der Arbeit ist also die große Herausforderung der Zukunft, sondern die *veränderte Arbeitsqualität*. Ein vielfältiger Arbeitsmarkt entwickelt sich – von einfachen Tagelöhnern und Handlangern bis zu hochqualifizierten Wissensarbeitern und IT-Spezialisten. *Supermärkte ohne Verkäufer* können Normalität werden, mehr Mitarbeiter in den Vertriebs-, Kontroll- und Marketingabteilungen aber auch.

3. Die Arbeitswelt wird weiblicher:
Die Frauen kommen mit Macht

Die männlichen „Helden der Arbeit" verlieren bald ihre Privilegien. *Frauen* bekommen zunehmend größere Berufschancen, weil sie *immer besser qualifiziert* sind und die Männer teilweise übertreffen. Bundesweit erzielen Mädchen schon heute bessere Schulabschlüsse als Jungen. Vielleicht wird bald über die Benachteiligung der Jungen im allgemein bildenden Schulsystem diskutiert werden, denen die positiven männlichen Vorbilder verloren gehen, weil dann fast das gesamte Lehrpersonal an Schulen weiblich ist.

Das höhere Qualifikationsniveau der Frauen führt langfristig zum *Wegbrechen männlich dominierter Berufszweige und Führungspositionen*. Schon heute sind die meisten Gymnasial- und Hochschulabsolventen weiblich. Und nur mehr in jeder dritten Partnerschaft hat der Mann eine höhere Bildung als die Frau. Bis 2030 kehrt sich das Verhältnis insgesamt um. Mehr Männer als Frauen müssen dann nach oben schauen.

In Zukunft werden aufgrund höherer Qualifikation die Frauen in den Führungspositionen ebenso erfolgreich und anerkannt sein. Weil immer mehr hochqualifizierte Frauen nach oben wollen und 2030 dort auch ankommen, wird die Luft für männliche Karrieren dünner. Dies wird nicht ganz konfliktfrei verlaufen. Denn beide Geschlechter sehen sich mit einer *doppelten Vereinbarkeitskrise* konfrontiert: Zur Frage der Vereinbarkeit von Beruf und Familie gesellt sich die Frage der *Vereinbarkeit von Frauen- und Männerrollen*. Rollenwechsel sind angesagt: Wer ‚spielt' in Zukunft die Hauptrolle des Versorgers und wer die Nebenrolle des Zuverdieners? *Statuskämpfe nach oben und nach unten* werden zum Alltag in der Partnerschaft gehören.

Die Wirtschaft wird jedenfalls Zug um Zug vom patriarchalischen System Abschied nehmen müssen. *Shanghaier Verhältnisse* kommen immer näher. In der Wirtschaftsmetropole im Südosten Chinas führen heute schon mehr Frauen als Männer ein Unternehmen. Mehr als jedes zweite Unternehmen der Stadt gehört einer Frau. *Shanghai ist weiblich*: Es gilt als moderner, kreativer und offener als andere chinesische Städte wie z. B. Peking, wo noch immer männliche Seilschaften dominieren.

Von Shanghaier Verhältnissen sind wir in Deutschland nicht mehr weit entfernt. Der Stuttgarter Daimler Konzern steuert die Formel „20/20" an: Bis zum Jahr 2020 sollen 20 Prozent der Chefs Frauen sein. Oder Adidas und Beiersdorf, die in den nächsten Jahren jeden dritten Spitzenjob mit einer Frau besetzen wollen – mit oder ohne staatliche Frauenquote. Um nicht missverstanden zu werden: Die Zukunft wird sicher nicht den Alphafrauen gehören, sondern mehr einer *gemischten Konkurrenz*, von der beide Geschlechter profitieren.

4. Die Wirtschaft braucht wieder ältere Arbeitnehmer:
Das Ende des Jugendwahns in den Betrieben

Zum demografischen Wandel in der Gesellschaft gesellt sich in den nächsten zwanzig Jahren ein grundlegender Beschäftigungswandel in der Arbeitswelt. Dann heißt es nicht mehr: „Mit 50 zum alten Eisen", sondern: *„Re-Start mit 50!" Die 50plus-Generation bekommt ihre zweite Chance.* Die sogenannten Best Ager werden als unverzichtbare Mitarbeiter wiederentdeckt. Sie werden „Silver Worker" und nicht nur „Master Consumer" sein. Die aktuelle Entwicklung spricht für die prognostizierte Trendwende: Nach den vorliegenden Daten der Bundesagentur für Arbeit hat sich allein der Anteil der 60- bis 65-jährigen Beschäftigten in den letzten fünf Jahren um über achtzig Prozent erhöht. Der Trend stabilisiert sich: *Die Deutschen gehen immer später in Rente.*

Die Wirtschafts- und Arbeitswelt wird von der doppelten Erfahrung – der Lebens- und der Berufserfahrung der Älteren – profitieren. *Gelassenheit und Beständigkeit* halten Einzug in das Arbeitsleben, was nicht folgenlos bleibt: Die Nachhaltigkeit ist dann wieder mehr gefragt als die Kurzfristigkeit: also mehr langfristige strategische Planung, weniger kurzfristiges Renditedenken in Quartalsberichten, mehr abwägende Sicherheitsüberlegungen als riskante Schnellschüsse. Und Persönlichkeitsmerkmale werden wieder mindestens so hoch bewertet wie fachliche Spezialisierungen.

Im Jahre 1900 wurde das „Jahrhundert des Kindes" (Ellen Key 1900) ausgerufen – kommt nun das *Jahrhundert der Senioren?* Der demografische Wandel hat die Altersgrenze verschoben. Die offizielle Altersgrenze von 65 Jahren steht nur noch auf dem Papier. Wenn die Lebenserwartung weiter so kontinuierlich ansteigt, gilt man im Jahr 2030 vielleicht erst mit 81 Jahren als alt.

Wir kennen es allerdings aus dem Wetterbericht: „Gefühlte Temperaturen" sind schon etwas anderes als objektiv ablesbare Temperaturen auf dem Thermometer. Ähnlich verhält es sich mit dem *gefühlten Alter*, das sich immer mehr vom biologischen Alter abkoppelt. Die „Man-ist-so-alt-wie-man-sich-fühlt"-Devise soll die Mitte des Lebens festhalten helfen. Meine Zeitreihen-Untersuchungen der letzten Jahre weisen nach: Ein Ende des Jugendwahns zeichnet sich in Deutschland ab. *Die Mitte des Lebens um 40 ist das neue Lebensideal der Deutschen.* Bisher hieß es: „Forever young". In Zukunft heißt es: „Forever fourty". Vierzig ist fabelhaft! Gefühltes Alter: 40 – das aber ist ein Leben lang festzuhalten.

Dies bleibt nicht ohne Folgen. In ein Bild gebracht: Der 50-Jährige spielt dann Tennis wie ein 40-Jähriger. Die 60-Jährige wirkt wie eine Powerfrau mit 48 und die über 70-Jährigen entdecken Abenteuerreisen in die Antarktis, die eigentlich die Kondition mittlerer oder gar jüngerer Generationen voraussetzen. Die neuen Senioren sind kein Phantom; es gibt sie bereits wirklich. Die Aktion *„Senioren ans Netz"* hat bald mehr Erfolg als die Kampagne „Schulen ans Netz": Steigen die ersten jungen Leute aus dem World Wide Web schon wieder aus, weil sie beim Chatten immer öfter auf ältere Surfer stoßen?

Die demografische Revolution bleibt nicht allein auf Deutschland beschränkt. Nach Berechnungen des UN-Bevölkerungsfonds (UNFPA) wird die allgemeine Lebenserwartung in den westlichen Industrieländern bis Ende des Jahrhunderts im Durchschnitt auf *87,5 Jahre (bei Männern) und 92,5 (bei Frauen)* steigen. Selbst ein Leben über 100 könnte mit Hilfe der Genforschung Wirklichkeit werden. Bedrückende Aussichten für die arme Erbengeneration, die so lange warten muss.

> „Nicht eine vom Arbeit- oder Gesetzgeber verordnete
> Zwangspensionierung wäre das Gebot der Stunde,
> sondern eine verstärkte Individualisierung der Arbeitszeit
> in den letzten zehn Jahren des Berufslebens,
> wozu eine Flexibilisierung der Altersgrenze
> nach unten und nach oben gehört."
>
> *(2004/14)*

Die gesetzliche Altersgrenze wird von immer mehr Menschen als *Zwangsrente mit Fallbeilcharakter* empfunden. Die Bundesbürger wollen in Zukunft ihre Altersgrenze selbst bestimmen und den Übergang in den Ruhestand flexibel gestalten; sie fordern die *Flexi-Rente mit einem Zeitfenster zwischen 60 bis 70 Jahren*. Die Beschäftigten wollen einerseits mehr Geld zum Leben haben, aber auch im Alter *weiter gebraucht und gefordert werden,* also gesellschaftlich *wichtig bleiben.*

5. Beruf und Familie werden gleichwertig:
Die „sanfte Karriere" wird zum Leitbild

Mit der aktuellen familienpolitischen Diskussion um eine bessere Vereinbarkeit von Beruf und Familie hat die Erwerbsarbeit Konkurrenz bekommen. Damit bestätigt sich das Grundsatzurteil des Bundesverfassungsgerichts vom 28. Februar 2002: *Kindererziehung und Erwerbstätigkeit* sind gleichwertig, d. h. „Kindererziehung und Haushaltsführung stehen gleichwertig neben der Beschaffung des Einkommens." Beide haben infolgedessen „Anspruch auf gleiche Teilhabe am gemeinsam Erwirtschafteten".

> „Karrieren sind bisher weitgehend Männerkarrieren gewesen.
> Mit der wachsenden Erwerbstätigkeit der Frauen
> muss der Karrierebegriff neu definiert werden.
> Karrieren können in Zukunft nicht mehr nur eindeutig
> als ‚Laufbahn' verstanden werden,
> die man möglichst schnell durchläuft –
> vergleichbar dem Fachbegriff ‚Karriere' im Pferdesport,
> der ‚die schnellste Gangart' beschreibt.
> Das männlich geprägte Bild vom schnellen Erklimmen
> der Karriereleiter wird fragwürdig."
>
> *(2014/3)*

Ich will mehr Zeit für mich – diese Forderung gab es bisher eigentlich nur bei Frauen. In Zukunft werden auch Männer sensibler und übernehmen weibliche Lebensziele, sodass Privates wieder genauso wichtig wie Berufliches wird. Das Privatleben verliert seinen Inselcharakter. *Die neue Karrieregeneration wählt die Form der sanften Karriere*, will ebenso leistungsmotiviert, zielstrebig und erfolgsorientiert sein, lässt sich aber nicht nur von „harten Prinzipien" wie Geld, Macht und Aufstiegsstreben leiten. Sie hat Freude am Erfolg und an der Verwirklichung eigener beruflicher Vorstellungen, will dabei aber *nicht das Gleichgewicht von Berufs- und Privatleben verlieren: Balancing heißt das Lebensziel.*

Die Un-Vereinbarkeit von Beruf und Familie kann für die nächste Generation zum *Karriere-Killer* werden, wenn die Unternehmen nicht rechtzeitig reagieren. 93 Prozent der 18- bis 24-jährigen Berufseinsteiger und Jungkarrieristen vertreten heute die Auffassung: „Die von der Politik geforderte Vereinbarkeit von Beruf und Familie *muss* für Frauen und Männer gleichermaßen gelten, damit *auch die Männer Kinderbetreuung zu Hause leisten.*" Die übrige Bevölkerung schließt sich mehrheitlich dieser Forderung an – wenn auch etwas gemäßigter (84 Prozent). Von dieser Frage in besonderer Weise betroffen fühlen sich die berufstätigen Frauen (91 Prozent). Berufstätige Männer setzen sich etwas weniger dafür ein (83 Prozent). Bemerkenswert ist trotzdem, dass mehr als acht von zehn berufstätigen Männern die *Vereinbarkeit auch für sich selbst fordern*, um mehr Zeit für die Kinderbetreuung zu haben. Mit der Vereinbarkeit von Beruf und Familie soll endlich Ernst gemacht werden. Werden Unternehmen und Unternehmer eine solche Forderung ernsthaft einlösen wollen? Oder herrscht weiterhin der Eindruck vor, dass dann nur mit halber Kraft gearbeitet wird? In Zeiten des Fachkräftemangels wird man sich dieses Vorurteil nicht länger leisten können.

6. Selbstständigkeit wird die wichtigste Arbeitstugend:
Arbeitnehmer werden zu Unternehmern am Arbeitsplatz

Die *Lebenskunst der Selbstständigkeit* hat eine lange Tradition. Wer sich nicht selbst helfen und seine Angelegenheiten ordnen kann, ist nach einer alten Fabel den Fröschen vergleichbar, die immer nur nach einem Herrscher schreien. Eher lebt eine alte Lebensweisheit wieder auf: „Wer sich an andere hält, dem wankt die Welt! Wer auf sich selber ruht, steht gut." Das gilt für das private Leben genauso wie für den Beruf, weshalb die Engländer noch heute sagen: „If a man will have his business well done he must do it himself."

Nach und nach von Fremdhilfen unabhängig werden, ist seit jeher ein wichtiges Ziel von Persönlichkeitsentwicklung und Persönlichkeitsbildung. Das *Bildungsziel Selbstständigkeit* bewegt sich dabei in einem Spannungsfeld von Binden und Befreien, Führen und Wachsenlassen, Fördern und Fordern. Die internationale Wertewandelforschung weist seit den fünfziger Jahren auf eine grundlegende Verschiebung der Wertorientierungen der Bevölkerung hin: Gemeint ist der Wandel von den Pflicht- und *Akzeptanzwerten* zu den *Selbstentfaltungswerten*:

- Anfang der fünfziger Jahre bevorzugte die Bevölkerung soge- nannte *„Sekundärtugenden" im Umfeld von Fleiß und Ord- nung.* Und nur ein Viertel der Befragten konnte sich mit dem Erziehungsziel Selbstständigkeit anfreunden.

- Seit Anfang der neunziger Jahre kehrt sich das Verhältnis um. Gut zwei Drittel identifizieren sich jetzt als Folge des Trends zur Individualisierung mit der *Selbstständigkeit als Erziehungsziel,* während sich nur mehr eine Minderheit für Pflicht- und Akzep- tanzwerte entscheidet.

Der abhängig und unselbstständig Beschäftigte wird in Zukunft nicht mehr Leitbild sein. *Der „Neue Selbstständige" mit großem Selbstvertrauen* ist dann gefragt und in der Arbeitswelt gefordert. Für die überwiegende Mehrheit der Bevölkerung in Deutschland „gehören Selbstständigkeit und Selbstvertrauen zu den wichtigsten Erziehungszielen der Zukunft" – mit wachsender Bedeutung (2014: 84 Prozent – 2019: 87 Prozent). Frauen wie Männer sind sich darin einig (je 87 Prozent). Lediglich die Ost- und Westdeutschen bewerten die Bedeutung der *Autonomie im Leben* unterschiedlich. Wer sich in schnelllebigen Zeiten behaupten will, muss nach An- sicht der Westdeutschen einen hohen Grad an Selbstständigkeit be- sitzen (88 Prozent). Die Ostdeutschen stufen die Selbstständigkeit als Erziehungsziel geringer ein (82 Prozent).

Mit Selbstständigkeit wird man nicht geboren. Sie muss von früher Kindheit an gelebt werden können. Darauf zielt die *Hauptforde- rung der jungen Generation Z,* die unter zwanzig Jahre alt ist: 92 Prozent der U20-Generation erwarten ganz selbstverständlich, dass Selbstständigkeit und Selbstvertrauen *„in schulischen Projekten gefördert und eingeübt werden müssen".* Brauchen wir nach der grundlegenden Bildungsreform der 1960er- und 1970er-Jahre eine zweite Erneuerung, die den Anforderungen des Digitalzeitalters ge- wachsen ist?

Wer heute den Nachholbedarf Deutschlands in der E-Mobilität und den KI-Innovationen beklagt, muss wissen, dass die Förderung von Selbstständigkeit und Gründergeist bisher nicht zu den Prioritäten der deutschen Bildungslandschaft gehörte. Erst wenn das „Start-up ins Leben" (Opaschowski 2002/18) ein selbstverständlicher Bestandteil der schulischen Agenda ist, kann es mehr junge Unternehmer und *globale Champions von morgen* geben.

Zukunftsfähigkeit muss neu definiert werden, was nur über eine Allianz von Lehrern, Eltern und Schülern erreichbar ist. Verantwortung tragen, Entscheidungen treffen und als ganze Person und selbstständige Persönlichkeit gefordert sein, das zählt bisher nicht zu den Top-Lernzielen der Schule. Eher hat man den Eindruck: Nach Verlassen der Schule stolpern viele Schüler durch die Angebotsflut des Lebens zwischen beruflicher Unsicherheit, ständiger Geldnot und persönlichen Beziehungs- und Bindungsproblemen. Ein individuelles Schülercoaching mit Antworten auf die Frage *„Was kann ich und was will ich werden?"* gibt es bisher noch nicht.

Kindheit, Jugendzeit, Ausbildung, Familiengründung, Berufsphase, Ruhestand – in allen Lebensphasen spielt Selbstständigkeit eine zentrale Rolle. Die größte Bedeutung kommt dem *frühen Erwachsenenalter* zu: Junge Erwachsene müssen dann die Weichen für ihr Leben stellen, beruflich und auch ganz privat. Eine falsche Entscheidung in dieser Lebensphase kann folgenreich für das ganze Leben sein. Dies gilt insbesondere für die Ausbildung und den Einstieg in den Beruf.

> **„Für die Zukunft zunehmend wichtiger**
> **wird ein anderer Aspekt:**
> **Selbstständigkeit im Alter.**
> **Vor dem aktuellen Hintergrund ständig steigender**
> **Lebenserwartung,**
> **was auch Hochaltrigkeit**
> **und Langlebigkeit zur Folge hat,**

> **kann es ebenso lebenswichtig wie**
> **lebensqualitätserhaltend sein,**
> **nicht auf die Hilfe anderer angewiesen zu sein."**
>
> *(2013/4)*

Jeder muss in seinem Leben eine unternehmerische Grundhaltung entwickeln – am Arbeitsplatz genauso wie im privaten Bereich: *Jeder sein eigener Unternehmer!* Die Arbeitspersönlichkeit der Zukunft, die erfolgreich sein will, muss fleißig, selbstständig und kontaktfähig sein – also eine starke Persönlichkeit haben. Eine *Renaissance der Persönlichkeit* steht bevor. Persönlichkeiten mit Charakter (und nicht nur mit Fachwissen) sind gefordert. Persönlichkeitsmerkmale spielen im Berufsleben des 21. Jahrhunderts eine immer größere Rolle.

Als dem Begründer der katholischen Soziallehre, dem Jesuiten Oswald von Nell-Breuning, im hohen Alter ein Preis für seine Verdienste verliehen wurde, bekannte der Jubilar freimütig: Wenigstens im Negativen bestehe eine große Übereinstimmung zwischen Karl Marx und der Soziallehre der Kirche. Bei beiden fehle die Hauptfigur des Unternehmens: der *Unternehmer*. Und das sei schon bemerkenswert. Denn wirklich motivierend sei doch nur die Inspiration, die vom Unternehmer ausgehe (Then 1994). Der Unternehmer gilt als eine Person, die *Eigentümer oder Leiter eines Unternehmens* ist, wobei mit wachsender Bedeutung von Kapitalgesellschaften immer mehr Leitungsfunktionen an Leitende Angestellte, Topmanager und Führungskräfte übergehen. Die Grenzen zwischen Fach- und Führungskräften, Arbeit- und Unternehmern sind fließender geworden.

Die Idee einer gesellschaftlichen Innovation wartet auf ihre Verwirklichung. Gemeint ist der *Ausbruch aus dem Untertanenstatus*, dem Arbeitnehmertum und der Patientenrolle und der Übergang in den Status eines neuen Selbstständigen mit gelebten gesellschaftlichen Werten vom selbstbestimmten Handeln bis zum sozialen Handeln für andere. *Das Leitbild Lebensunternehmer bekommt eine immer größere Bedeutung.* In Kindheit, Jugend, Familiengründung und Ruhestand wird das *Unternehmen Selbstständigkeit* zur lebenslangen Herausforderung.

> **„Im Berufsleben träumen insbesondere**
> **junge Existenzgründer davon,**
> **endlich ihr eigener Herr**
> **und nicht mehr jedermanns Sklave zu sein.**
> **Die berufliche Wirklichkeit gleicht einer Gratwanderung:**
> **Mal Bootsführer im eigenen Boot und mal Mädchen für alles,**
> **mal Jäger und mal Jagdbeute,**
> **mal Boss und mal Marionette."**
>
> *(2010/6)*

Der Strukturwandel in der Arbeitswelt beschleunigt den Paradigmenwechsel vom Arbeiter über den Angestellten zum neuen Selbstständigen. Eine Arbeit, die noch unter dem Diktat von Fremdbestimmung steht, wird selbst von Gewerkschaftsseite als „vormodern" kritisiert, weil weitgehende Selbstbestimmung am Arbeitsplatz erforderlich geworden ist (Zwickel 1996). Überkommene Hierarchien stehen auf dem Prüfstand.

Die Begründung für die Notwendigkeit eines neuen Leitbilds *Unternehmer am Arbeitsplatz* liegt auf der Hand: Immer mehr wissensbasierte Unternehmen sind auf kreative, innovationsfreudige Mitarbeiter angewiesen – auf „Intrapreneurs", welche die Unternehmensziele (zumindest partiell) auch zu ihren eigenen Zielen machen (Wilke 1999*)*. Diese Intrapreneurs arbeiten sozusagen unternehmerisch, sind *Unternehmer innerhalb eines Unternehmens*, weil sie weitgehend selbstständig agieren können und sollen.

Aus dem traditionellen Arbeitnehmer wird ein Bürger im Betrieb mit Bürgerrechten und Bürgerverantwortung. Was im militärischen Bereich einmal für Soldaten als „Staatsbürger in Uniform" definiert wurde, das wird in Zukunft der Bürgerstatus des neuen Selbstständigen werden. Dieser Status schließt erhöhte individuelle Entfaltungsbedürfnisse ein und persönliche Abhängigkeitsverhältnisse weitgehend aus (Mückenberger 1996). Der Bürger im Betrieb wird zum Unternehmer am Arbeitsplatz mit mehr Entscheidungskompetenz.

Das Leitbild *Bürger im Betrieb* kann langfristig auch das Unternehmensimage verändern: Das Unternehmen muss sich dann wieder mehr als Gemeinwesen verstehen und zum *Bürgerunternehmen* entwickeln. Aus der Arbeitnehmerschaft wird – idealiter – eine Bürgerschaft und der neue Selbstständige zum *Unternehmensbürger* (einschließlich Aktienbesitz): Bürgerschaft bedeutet Autonomie, also die Freiheit, sein eigenes Leben zu führen (Handy 1998). Die Folgen sind gelebtes Vertrauen und Loyalität auf beiden Seiten, beim Unternehmensbürger genauso wie beim Bürgerunternehmen.

Ein Unternehmer am Arbeitsplatz zeichnet sich dadurch aus, dass er neben sozialen Qualifikationen wie Kommunikations- und Teamfähigkeit selbstständige Entscheidungen treffen kann. Er ist zugleich Innovationsmanager und Promoter des Wandels, Problemlöser und Katalysator in einem Suchprozess. Auch im Angestelltenstatus will er *unternehmerisches Handeln* praktizieren. Aus dem Prototypen des traditionellen Arbeitnehmers wird zunehmend der Unternehmer am Arbeitsplatz mit hohem Engagement. Dieser Wandel vom Arbeitnehmer zum Unternehmer ist folgenreich. Der Unternehmer am Arbeitsplatz agiert wie ein Selbstständiger, der sich nicht in jedem Fall selbstständig machen muss, um selbstständig zu sein. Doch sein persönlicher und unternehmerischer Freiraum am Arbeitsplatz wird immer größer: Er schafft sich sein Tätigkeitsfeld weitgehend selbst und gestaltet es nach eigenen Vorstellungen.

> „Für die nahe Zukunft stellt sich durchaus die Frage,
> ob nicht der Arbeitnehmer-Begriff im Arbeitsrecht
> neu definiert werden muss.
> Ein Arbeitnehmer gilt ja immer noch als Erwerbstätiger,
> der aufgrund eines privatrechtlichen Arbeitsvertrags
> gegenüber einem Arbeitgeber
> zu fremdbestimmter Arbeitsleistung
> gegen Entgelt verpflichtet ist.
> Dieses vorindustrielle Verständnis lässt
> in der nachindustriellen Gesellschaft
> Aspekte wie Freiheit, Autonomie, Verantwortung
> und unternehmerische Funktion weitgehend außer Acht."
>
> *(2006/11)*

Auch die betriebliche Unterscheidung zwischen Führungskräften (= Vorgesetzten) und Geführten (= Untergebenen) ist infrage gestellt und damit die gesamte hierarchische Struktur in einem Unternehmen. Begriffe wie „Entscheidungsbefugnisse" oder „verbindliche Weisungen" sind neu auszulegen. So gesehen kann es nicht mehr nur zwei Fronten (Kapitaleigner/Unternehmer – Mitarbeiter/Arbeitnehmer) geben. *Hierarchieorientierte Führungsmodelle werden sich im 21. Jahrhundert überleben*. Der neue selbstständige Unternehmer am Arbeitsplatz will doch beides: *Selbstbehauptung* („auf eigenen Beinen stehen") und *Selbstverwirklichung* („Arbeit, die einem etwas bedeutet"). Anpassung wird durch Anspruch ersetzt.

Als Konsequenz daraus ergibt sich auch die Notwendigkeit einer *werteorientierten Personalpolitik*, welche die gewandelten Ansprüche der Mitarbeiter einbezieht. Dazu gehört z. B. die Respektierung eines Lebensstils, in dem *Berufs- und Privatleben gleichgewichtig nebeneinander* stehen. Die Bereitschaft, die eigene Lebensplanung und das Familienleben grundsätzlich den betrieblichen Interessen unterzuordnen, kann in Zukunft nicht mehr einfach vorausgesetzt werden. Der wachsende Wunsch nach einem Gleichgewicht zwischen beruflicher und privater Erfüllung bedeutet aber keineswegs, dass insbesondere junge Mitarbeiter weniger leisten wollen. Sie deuten vielmehr auf einen *Anspruchswandel* und nicht auf einen Wertewandel hin. Ist die Arbeitswelt auf diesen Wandel vorbereitet? Und wie lässt sich unternehmerisches Handeln im Leben lernen?

7. An die Mär vom Immer-Mehr glaubt niemand mehr:
Ein Umdenken vom Warenwohlstand zum wahren Wohlstand findet statt

In der ganzen Welt soll es – sieht man einmal von Ameisen, Bienen und Termiten ab – kaum ein anderes Lebewesen geben, das sich wie der Mensch die Hortung und den Besitz von Gütern zur Lebensaufgabe gemacht hat und sich verzweifelt an erworbene Güter klammert. Doch: *Der Automatismus – mehr Wachstum gleich mehr Wohlstandsgüter gleich mehr Lebensglück – funktioniert nicht mehr.* Der naive Glaube, alles könne permanent gesteigert und eine Niveauebene höher gefahren werden, ist infrage gestellt. In Wirtschaft und Politik setzt sich eher die Erkenntnis durch: Der Fahrstuhl-Effekt, wonach wir stetig nach oben fahren in eine Welt, in der es uns immer besser geht, wird vom Paternoster-Prinzip abgelöst: Einige fahren nach oben, andere nach unten – und müssen auf halber Strecke oder gar unten aussteigen.

Noch in George Orwells 1948 geschriebenem Zukunftsroman „1984" verkündete ein sogenanntes *Ministerium für Überfülle* den Menschen „herrliche Neuigkeiten" und ein „neues glückliches Leben". Und das hieß konkret: mehr Textilien, mehr Häuser, mehr Möbel, mehr Kochtöpfe, mehr Brennstoff, mehr Schiffe, mehr Helikopter ... Das energieintensive Konsumgebaren war kaum noch zu steigern. Die George Orwell'sche Vision von Überfülle und Immer-Mehr fand in der westlichen Welt im Traum vom Überfluss ihre vermeintliche Erfüllung. Die westlichen Konsumgesellschaften lebten jahrzehntelang in der Vorstellung, das *Zeitalter des Wohlstands* sei angebrochen und es ginge lediglich noch um die Frage, was wir in Zukunft alles noch haben wollten.

Der amerikanische Soziologe David Riesman stellte erstmals in den fünfziger Jahren die selbstkritische Frage: „Wohlstand – wofür?" (Riesman 1957/1973). Die Vorstellungen von Wohlstand und Wohlfahrt müssten geändert werden. Riesman prognostizierte seinerzeit, dass die Menschen über *neue Werte und neue Sinninhalte nachdenken* müssten, wie sie das schon immer in Krisenzeiten getan hätten. Dann würden sie Werte wiederentdecken und sich an *grundlegende kulturelle Imperative* erinnern, die sie zuvor leichtfertig verdrängt hätten. Jetzt ist es offensichtlich so weit. Nicht nur wegen erfahrener Finanz- und Wirtschaftskrisen hat sich unser Wohlstandsdenken verändert. Der Traum oder Alptraum vom Orwell'schen Ministerium für Überfülle bis hin zur Überflussgesellschaft hat sich nicht erfüllt. Jetzt heißt es *Abschied* zu nehmen von der *Euphorie für grenzenloses Wachstum*.

Wir haben es jahrelang gehört: *„Deutschland geht es gut."* *„Deutschland bleibt auf Wachstumskurs."* *„Deutschland ist weit von einer Rezession entfernt."* An solche Positivmeldungen haben wir uns gewöhnt. 2019 dreht sich plötzlich der Wind: *„Die Konjunktur flacht ab."* *„Die Stimmung in der Wirtschaft ist auf Drei-Jahres-Tief."* *„In der Industrie macht sich Pessimismus breit."* Die Folge: Die OECD, die EU-Kommission und die Bundesregierung senken ihre Wachstumsprognose. Die Wirtschaftsforschungsinstitute korrigieren ihre Fehleinschätzungen. Der Deutsche Industrie- und Handelskammertag (DIHK) halbiert gar seine Wachstumsprognose. Ob Brexit oder die Sorge um internationale Handelskonflikte, Streiks, Unruhen oder Wetterextreme: Anhaltende Krisenzeiten lassen die Wirtschaft zunehmend pessimistischer in die nahe Zukunft schauen. Der Ausblick verdunkelt sich.

Wirtschaftswachstum ist nach der anerkannten Definition des Sachverständigenrats „das Ergebnis der Anstrengungen der Menschen, es *besser zu machen als bisher"* (Jahresgutachten 1975/76/Ziffer 294). Wachstum ist kein Selbstzweck, sondern ein Fortschrittsinstrument, um Wohlstand und Lebensqualität für die Menschen und das Land zu erreichen. Es soll dazu verhelfen, *besser zu leben als bisher*. Es geht also um *nachhaltiges Wachstum*. Die Wachstumsforderung über alle Parteigrenzen hinweg droht zur leeren Worthülse zu werden, wenn nicht die zwei Fragen beantwortet werden: *Wachstum – wovon?* Und: *Wachstum – wofür?* Vieles spricht dafür, dass Politiker oft „nachhaltiges Wachstum" sagen, aber BIP-Wachstum meinen. *Wachstumspolitik wird mit Konjunkturpolitik verwechselt.* Entsprechend kurzfristig sind dann die Ziele angelegt.

Bei der Bevölkerung hingegen verlagert sich das Wachstumsdenken immer mehr auf immaterielle Bereiche wie z. B. Gesundheit und soziale Beziehungen, die genauso wichtig werden wie die Ansammlung von Geld- und Vermögenswerten. Die *Verbesserung der Lebensqualität* muss also auf die gesellschaftspolitische Tagesordnung, weil weitere materielle Wohlstandssteigerungen im Sinne von Immer-Mehr weder grenzenlos noch sinnvoll sind. Das erweiterte Wachstumsdenken ist immer weniger nur eine Frage des Geldes. Es geht zentral um *Wohlfühlen, Wohlbefinden und Wohlergehen*, um das Wesentliche des Lebens. Im nur ökonomischen Wachstumsdenken der letzten Jahrzehnte war dieser Sinnfaktor weitgehend aus dem Blick geraten. Vor dem Hintergrund anhaltend unsicherer Zeiten und globaler Wirtschaftskrisen wollen die Menschen wieder mehr Wert auf nachhaltigen Wohlstand legen, der nicht nur von Konjunkturzyklen und Börsenkursen abhängig ist. Nachhaltiger Wohlstand garantiert anhaltenden Wohlstand.

Nachhaltiger Wohlstand sorgt für mehr Lebenszufriedenheit. Langfristig gesehen verändert sich damit auch das Statusdenken. Wohlhabend ist in Zukunft der, der *mit sich und seinem Leben zufrieden* ist, und nicht der, der sich immer mehr leisten kann. Und die Erkenntnis setzt sich durch: Ein intensives Naturerleben ist wohltuender und intakte soziale Beziehungen sind beglückender als die Anhäufung materieller Güter. Es geht um das *Gelingen des Lebens:* Wer in Zukunft nur Geld besitzt – ist arm dran!

Nachweislich sind Wohlbefinden und Lebenszufriedenheit immer dort am größten, wo mehr Zeit in mitmenschliche Beziehungen zu Familie, Freunden und Verwandten investiert wird. *Das soziale Kapital garantiert mehr Lebensglück* als das Einkommenskapital. Konsumverzicht ist sicher keine realistische Zukunftsalternative. Aber es lohnt, sich darüber nachzudenken, ob mancher materielle Luxus wirklich ein persönlicher Lebensgewinn ist. Wenn ein Konsument alles bedenkenlos haben „will" und „muss", verkleinert er letztlich seine individuellen Freiheitsspielräume. Denn: *Mehr konsumieren heißt auch mehr arbeiten, mehr verdienen – und weniger Zeit für sich.*

8. „Wohlergehen für alle" heißt die Wohlstandsformel:
Alle sollen besser leben

Die Zukunft wird wieder mehr der Sinnorientierung gehören: *Von der Flucht in die Sinne zur Suche nach dem Sinn.* Die Sinnorientierung wird zur wichtigsten Ressource der Zukunft und zur großen Herausforderung einer neuen Gesellschaft des Wohlergehens. Denn mit jedem neuen Konsumangebot muss zugleich die Sinnfrage „Wofür das alles?" beantwortet werden. *Zukunftsmärkte werden immer auch Sinnmärkte* sein – bezogen auf Familie und soziale Beziehungen, Gesundheit und Natur, Kultur und Bildung. *Wertebotschaften statt Werbebotschaften* heißt dann die Forderung der Verbraucher, die sich auch als eine neue Generation von Sinnsuchern versteht. Von Konsumverzicht will sie wenig wissen, dafür umso mehr von der Werthaltigkeit des Konsums.

> „Ludwig Erhards ‚Wohlstand für alle'-Forderung
> zwischen ‚Koteletts' und ‚Kühlschränken'
> aus den fünfziger Jahren erfährt sechzig Jahre später
> einen postmateriellen Wertewandel:
> ‚4 F' (Familie und Freunde, Frieden und Freiheit)
> bestimmen jetzt das Wohlstandsleben der Deutschen.
> Wohlhabend kann sich fühlen,
> wer die ‚Kontakte zu Familie und Verwandten' pflegt
> und ‚gute Freunde' hat."
>
> *(2013/4)*

Familie und Freunde werden für die Bundesbürger der sichere Hort, in dem sie sich geborgen und „wohl"fühlen können. Der Traum vom Immer-Mehr ist für die meisten Deutschen ausgeträumt. Leben in Frieden (64 Prozent) und Freiheit (61 Prozent), konfliktfrei mit den Mitmenschen leben und seine Meinung jederzeit frei äußern zu können, werden in Zukunft als Wohlstandsqualitäten immer höher geschätzt und auch gelebt. Wer also cen Ursachen wachsender Unzufriedenheit und Politikverdrossenheit auf den Grund gehen will, muss das Wohlergehen des Landes *und* der Menschen fördern. Nur so wird Wohlstandspolitik zur Wohlergehenspolitik.

Die Menschen denken nachhaltiger – und verhalten sich auch zunehmend so. Sie stellen sich die Frage, *was im Leben wirklich wichtig* und was – wenn auch schweren Herzens – gegebenenfalls entbehrlich ist. *„Wohlergehen"* ist mittlerweile selbst für Gewerkschaften zum *Synonym für ein „gutes Leben"* (IG-Metall-Kampagne 2009) geworden und schließt Zukunftsvorsorge mit ein. Die *Gewinnmaximierung des ganz persönlichen Lebens* rückt in das Zentrum. Es geht um ein erweitertes Wachstumsmodell mit Lebensqualitätsanspruch und um eine neue *Vision von Wohlstand* (*„Vom Wohlleben zum Wohlergehen")* und um ein neues Verständnis von Wohlfahrt (*„Wohlergehen für alle")*. Alle sollen gut leben können. Dann brauchen wir uns um den sozialen Kitt, der unsere Gesellschaft zusammenhält, in Zukunft keine Gedanken mehr zu machen.

Die Bäume wachsen nicht in den Himmel, aber der Mensch „wächst" lebenslang – physisch, psychisch und sozial. Wenn *Wachstum menschlichen Fortschritt* zur Folge haben soll, dann muss es zum Gemeinwohl des Landes *und* zum Wohlergehen der Menschen beitragen. Und auch wirtschaftliches Wachstum muss dies zum Ziel haben: Wirtschaftswachstum verhilft uns zum Wohlstand, damit wir gut und besser leben als bisher und sagen können: *„Wohlstand heißt: Es geht uns gut"* (Jackson 2011, S. 23) – heute und in Zukunft auch.

Wenn Wohlstandspolitik auch Wohlfahrtspolitik sein soll, dann müssen alle gut leben können. Und aus der Nachkriegsformel des 20. Jahrhunderts, „Wohlstand für alle", muss im 21. Jahrhundert die Forderung *„Wohlergehen für alle"* werden. Die Menschen leben dann sicher nicht in der besten aller Welten. Aber sie können – auf der Basis von Wachstum, Wohlstand und Lebensqualität – das Beste aus ihrem Leben machen. Als Perspektive für die Zukunft zeichnet sich ab: Wenn der *Wandel vom Waren-Wohlstand zum wahren Wohlstand* gelingt und das Wohlergehen des Landes und der Menschen zum neuen Maßstab für Wachstum, Wohlstand und Lebensqualität wird, dann werden die Menschen zufriedener, wachsen die Wahlbeteiligungsquoten, nimmt die Lebenslust zu und steigen auch die Aktienkurse an den Börsen wieder ...

Wir müssen in Zukunft *Wachstum weiter denken* (vgl. Kap. XI/5). Wachsen sollen nicht nur Wirtschaftsgüter, sondern auch Wert-, Lebens- und Beziehungsqualitäten: Freiheit und Frieden, Bildung und Gesundheit, Familien- und Freundeskontakte. Unseren Kindern und Enkeln soll es in Zukunft nicht schlechter gehen als uns heute.

Natürlich wird es in Zukunft auch *gegenläufige Bewegungen* geben. Dafür spricht derzeit die Verlangsamung der Weltwirtschaft, wachsende geopolitische Spannungen und Handelsstreitigkeiten sowie die Probleme und Folgen von Brexit, italienischer Wirtschaft und deutscher Autoindustrie. Dies alles sind Anzeichen für ein schwächeres Wirtschaftswachstum in Verbindung mit der Null-Zins-Politik. Die Bevölkerung weiß sich zu helfen: *Die Deutschen sparen wie Weltmeister* – so viel wie nie seit der Euro-Einführung. Die Sparquote ist mittlerweile doppelt so noch wie im Durchschnitt der Euroländer (Deutsche Bank 2019). *Selbst im hohen Alter wird noch gespart,* mit 75 Jahren sogar wieder zunehmend – aus Sorge und als Rücklage für mögliche Notsituationen. Sparen im Alter ist eine reine Vorsichtsmaßnahme. Das Langlebigkeitsrisiko ist längst im Bewusstsein der Deutschen angekommen.

IX. KAPITEL

DIGITALISIERUNG. ROBOTER. KI.
Total digital wird völlig normal

1999 – im Jahr 8 „vor" dem iPhone und im Jahr 5 „vor" dem Facebook – hatte ich in dem Buch „Generation @", dessen Titel zum Wort des Jahres in Deutschland wurde, eine Zeitenwende angekündigt: „Die digitale Revolution", in der die Menschen über Computer kommunizieren, denken und agieren. Die Digitalisierung werde dann unser Leben grundlegend verändern. Mit Langzeitfolgen für den Einzelnen und die Gesellschaft müsse gerechnet werden. In den folgenden Ausführungen stelle ich die Prognosen von 1999 (alle Zitate beziehen sich auf das Buch „Generation @") der Wirklichkeit von 2019 gegenüber.

1. Real. Normal. Illegal:
Die Datensicherheit ist eine Illusion

Die Prognose 1999: Ein Jahr vor der Jahrtausendwende hatte ich eine „neue Cyberwelt" mit einer „fast anarchischen globalen Verknüpfung von Netzwerken" vorausgesagt. Vierzehn Jahre vor Edward Snowden und der NSA-Affäre (2013) hatte ich *„Manipulation durch Hacker"* als „Bedrohung der nationalen Sicherheit" prognostiziert. Die „digitale Kriegsführung wird in Zukunft zur größten Bedrohung der nationalen Sicherheit" werden. „Im digitalen Szenario" sei dann fast alles möglich: „Computerviren könnten die Stromversorgung versagen, Flugzeuge außer Kontrolle geraten und Öl-Pipelines bersten lassen." Misstrauen würde sich ausbreiten. Am Ende würde man sich nur noch „auf sich selbst und weniger auf die Verantwortung der anderen verlassen können".

Die Erklärung hierfür lag seinerzeit auf der Hand: Das Internet war als ARPANet 1969 „im Auftrag des amerikanischen Verteidigungsministeriums" erfunden worden – „vom Militär und nicht von der Sozialforschung". Das „Risiko eines Verlusts an Sicherheit und Vertraulichkeit" wurde dabei bewusst in Kauf genommen. Infolgedessen – so die Prognose von 1999 – werden wir in Zukunft „mit elektronischen Daten und Diensten regelrecht ‚bombardiert'". Der Cyberspace wird dann „zu einem *elektronischen Schlachtfeld*". Eine „staatliche Kontrolle" ist kaum mehr möglich und „gegen elektronischen Rufmord" wird man sich nicht mehr schützen können. Was kann man schon gegen „eine Art elektronisches Fahndungsplakat" tun? Und wie soll man sich in Zukunft „wirksam gegen Datenmissbrauch zur Wehr setzen"?

Wenn „persönliche Daten geradezu als Lebensdossier verbreitet werden", dann ist auch „ein Einbruch in die Privatsphäre nicht auszuschließen". Die Grenzen zwischen „real, legal, illegal" verwischen sich. Das Vertrauen in Datenschutz und Datensicherheit geht verloren. Das Internet wird ein wenig „wie der Wilde Westen". Die Datensicherheit ist nicht mehr sicher, weil man „mit Digitalvandalismus, Softwarepiraterie und Datendiebstahl leben lernen muss". Das war die Prognose.

Die Wirklichkeit 2019: Das prognostizierte Gefährdungspotential der Digitalisierung ist Realität geworden: „Cyber-Angriffe finden täglich statt" (Bundesamt für Sicherheit in der Informationstechnik/ BSI). Das *Internet der Dinge*, die Vernetzung von Alltagsgegenständen, Haushaltsgeräten und Industrieanlagen, kann sich gegen weltweite Cyberangriffe nicht mehr schützen.

Der massenhafte Ausfall von Internetanschlüssen der Deutschen

Telekom im November 2016 machte beispielsweise klar: *„Risk-Management"* und *„Security-Monitoring"* sind weitgehend Fremdwörter geblieben. Der Bedrohung aus dem Netz stehen wir ziemlich rat- und planlos gegenüber. Wenn also eines Tages die digitale Technik in Krankenhäusern, Kraftwerken und Fabriken durch Hacker und Cyberattacken zusammenbricht, werden wir feststellen, dass Datensicherheit eine gefährliche Verheißung und Illusion ist. *Ist der „Digitale Tsunami" als Blackout* von Ampeln, Banken und Fahrstühlen nur noch eine Frage der Zeit?

Etwa jedes zweite Unternehmen ist von Attacken auf die Datensicherheit betroffen – und dies teilweise über Monate hinweg (Digitalverband Bitkom). Großunternehmen sind daher allein nicht mehr in der Lage, Cyberkriminalität zu verhindern. Großkonzerne wie Allianz, BASF und Volkswagen haben deshalb gemeinsam ein *Zentrum für Internetsicherheit* gegründet. Und selbst beim Militär gibt es jetzt neben Heer, Luftwaffe und Marine eine vierte Teilstreitkraft, das Cyber-Abwehr-Kommando, um sich gegen Spionage, Sabotage und Terroraktionen wehren zu können.

Auch im privaten Leben gleicht die Internet-Szenerie einer Bedrohungslandschaft. *Nichts ist mehr sicher* – das autonome Auto nicht, der hilfreiche Herzschrittmacher und auch das vielseitige Smartphone nicht. Alles ist manipulierbar. Deshalb muss sogar der Internet-Experte Sascha Lobo selbstkritisch eingestehen: „Ich habe mich geirrt. Das Internet ist kaputt" (Lobo 2014, S. 377). Bis dahin war für ihn das Internet das ideale *Medium der Freiheit*. Jetzt hat er – viel zu spät – das Internet als Medium der totalen Kontrolle durchschaut. Als Anhänger einer gläubigen Netzgemeinde steht er plötzlich vor einem Scherbenhaufen.

Für die *IT-Branche* ist das Problem trotzdem kein Problem. Auf dem IT-Gipfel im November 2016 in Saarbrücken lautete beispielsweise ihre Empfehlung: *Um Innovation voranzubringen, muss man Risiken eingehen.* In dieser Sichtweise reichen sich Wirtschaft und Politik die Hand. Bundeskanzlerin Angela Merkel beklagte, dass

Deutschland wegen seines angeblich überzogenen *Datenschutzes* zum digitalen Entwicklungsland werden könne. Die Daten seien doch die Rohstoffe des 21. Jahrhunderts. Deshalb dürfe der Datenschutz nicht die Oberhand über die wirtschaftliche Verarbeitung gewinnen. Das ist wirklich die Frage.

Vertrauen gilt mittlerweile in der IT-Branche „als neue Weltwährung" (Nadella 2016, S. 65). *„Wenn wir das Vertrauen verlieren, verlieren wir alles"*, sagt Emmanuel Mogenet, der Leiter von Googles europäischem Forschungszentrum in Zürich (Mogenet 2016, S. 26). Doch dieses Vertrauen in die Datensicherheit ist weltweit längst erschüttert. Der Hamburgische Datenschutzbeauftragte Johannes Caspar verklagt gar den Social-Media-Weltkonzern Facebook, weil er sensible biografische Daten sammelt (wie z. B.: Wer hat mit welchen Ärzten Kontakt?).

Die Heilserwartungen und Versprechungen des Internets als Utopie einer besseren Welt erweisen sich als der größte Irrtum des Netzzeitalters. *Die Ära des Cyberoptimismus geht zu Ende.* Die Ideologie des freien Internets ist fragwürdiger denn je. Steigen schon bald die ersten Digital Natives aus dem Internet aus? Selbst junge Internet-User denken schon daran, sich aus dem Internet zurückzuziehen, wenn Internet-Kriminalität und Cyber-Attacken weiter zunehmen.

2. Vernetzt. Verkabelt. Gescannt:
Unsere Identität wird profitabel vermarktet

Die Prognose 1999: Die ganze Welt geht online: „Am Ende sind wir alle verkabelt" und wird selbst „das menschliche Gehirn ‚gescannt'". Werden Kinder und Jugendliche „ihr Haus immer seltener verlassen", weil das Kinderzimmer als „moderne Schaltzentrale" faszinierender ist? Über allem schwebt in Zukunft die Erlebnisformel: „Leben minus Langeweile". Eine multioptionale Mediengesellschaft verführt zu einem *Leben als Inszenierung*: „Mal inszenieren wir uns selbst, mal werden wir inszeniert." Das Leben wird zur Bühne für neue Selbsterfahrungen: *„Ich bin viele."* Medien und Computerkultur „prägen unseren Lebensstil".

Die Optionen wandern „wie ein Wanderpokal" an einem vorbei, ohne tiefgreifende Sinnspuren zu hinterlassen. Die Zukunft gleicht einem „Leben mit vielen Facetten" in einer *„Welt voller Drehtüren".* Wird wie im Videoclip ein und dieselbe Person „mehrere Male ihre Identität verändern"? Im Internet kann man selbst „eine Rolle spielen" und „sich anders geben, als man wirklich ist". *Das Internet wird zur Schau-Bühne*, auf der man „ebenso spielen wie probeleben kann". Und der Computer wird zum „zweiten Selbst" oder „intimen Freund". Die Grenzen zwischen realem und virtuellem Leben verwischen sich.

Das Internet macht „aus unseren persönlichen Daten neue Dienstleistungen für andere": Vom Einkaufszettel über die Automarke bis zu den Trinkgewohnheiten wird alles gespeichert. Unsere Identität wird „profitabel vermarktet". Es kommt zu übermäßigen, „den Kern der Persönlichkeit berührenden Eingriffen". Man wird sich kaum dagegen wehren können, „durchleuchtet zu werden". Auf diese Weise werden „relativ konkrete *Persönlichkeitsprofile* konstruiert", die „auf bestimmte Verhaltens- und Befindlichkeitsmuster schließen lassen". Das individuelle *„Lebensdossier"* kann dann weltweit verbreitet werden.

Die Wirklichkeit 2019: Die Digitalisierung hat die Psychometrie, einen datengetriebenen Nebenzweig der Psychologie, zur *Psychografie* gemacht. Damit wird eine neue Ära des Online-Wahlkampfes eröffnet. Von politischen Parteien beauftragte Wahlbeeinflussungsagenturen haben beispielsweise die Wähler in England (Brexit-Referendum) und den USA (Präsidenten-Wahl) *psychometrisch „vermessen"* und personalisiert auf Social Media und im Digitalfernsehen gezielt angesprochen.

Spezielle Wählersuchmaschinen entwickeln aus Ängsten, Bedürfnissen und Interessen Persönlichkeitstypen. Auf diese Weise konnten Wahlhelfer in den USA bei Hausbesuchen das Verhalten und die politischen Einstellungen der Hausbewohner geradezu „voraussehen" bzw. sich vorher darauf einstellen. Darüber hinaus wurde die gesamte Wahlwerbung den *Identitätsprofilen der Wähler* angepasst. Die Folge: Bei diesem Vorgehen gerät der Datenschutz völlig außer Kontrolle.

Deshalb verkündet der Microsoft-Chef Satya Nadella: „Wir befinden uns bereits mitten in der Zeitenwende. Die Computertechnologie wird ein immer festerer Bestandteil unseres Lebens. Überall um uns herum sind Computer: Der Mensch in jeder Lebenslage und an jedem Ort umgeben von intelligenter Technologie." Was lange nur Vision war, wird „rasant zur Realität" (Nadella 2016, S. 66). Der beschleunigte technologische Wandel verunsichert und überfordert viele Menschen. Wer hier nicht mitmacht oder mitkommt, wird überholt und zurückgelassen.

Eine durchdigitalisierte Welt hat einen durchdigitalisierten Lebensalltag zur Folge. Aus der Sicht der Wirtschaft geht es jetzt nur noch darum, *„die Fähigkeiten des Menschen zu ergänzen"* (Nadella, S. 66). Diese Anforderung droht zur Überforderung zu werden und macht vielen Menschen Angst. Denn für Google, Apple und Facebook ist klar: Digital heißt grenzenlos!

So setzt sich auf breiter Ebene die Erkenntnis durch: „Das Internet bestimmt zunehmend unser Leben und *prägt unseren Lebensstil.*" Zwei Drittel der Bevölkerung sind inzwischen zu dieser Überzeugung gelangt. Bei den 14- bis 19-jährigen Digital Natives sind es gar über drei Viertel, die sich mit dem digitalen Lebensstil arrangiert haben. Eins eint sie alle: Sie haben den Eindruck, von der Digitalisierung regelrecht „getrieben" zu werden. Siebzig Jahre nach Orwells 1949 veröffentlichtem Roman „1984" wird wohl fast alles digitalisiert ablaufen – nur Heiraten und Sich-scheiden-Lassen müssen noch analog erledigt werden ...

3. Kontaktreich, aber beziehungsarm:
Netzkontakte verdrängen Freundschaftsbeziehungen

Die Prognose 1999: Ein Schlüsselwort im Zeitalter der Digitalisierung lautet: Kommunikation. Die Menschen hasten „von Kommunikation zu Kommunikation". Dabei wird durch *„Compunikation"* *mehr medial kommuniziert,* „als dass man miteinander redet". Das Beziehungsnetz wird vielfältiger, aber es kommt immer weniger zu einer „Verknüpfung der Beziehungen", weil man sich auf Beziehungen ohne Bestand nicht verlassen kann. Infolgedessen werden auch „lebenslange Bindungen immer seltener" und „Beziehungen auf Dauer" zu einer neuen Lebenskunst.

„Temporäre Allianzen" sind gefragt, bei denen man sich die Schwächen der Partner „besser vom Hals halten" kann. Der PC wird zum „virtuellen Kontakthof", in dem man ohne Blickkontakt miteinander chatten kann, ohne das „Gesicht zu verlieren". Aber die Kontakte im Netz bleiben oberflächlich und können „beständige Beziehungen nicht ersetzen". Schnelligkeit und Schnelllebigkeit bzw. *Sofort-Kontakte* haben Oberflächlichkeit zur Folge. Ein Instant-Gefühl wie Instant-Kaffee: schnell löslich und nicht von langer Wirkungsdauer.

Meist werden lediglich Daten herumgeschickt, „ohne dass sich die Menschen persönlich kennenlernen". *Kontakten wird eher zum Zugzwang.* Bei der Flut von Kontaktpartnern bleibt „nicht genug Zeit für die eigenen Freunde". Infolgedessen werden „echte Freundschaften in Zukunft immer seltener": Man rast „mit dem Computer durch die Kindheit" und das ganze Leben.

Die Wirklichkeit 2019: Es gibt heute mehr Handys (in Deutschland: 110 Mio.) als Menschen (83 Mio.), mehr virtuelle Freunde als echte Freundschaften. Das Internet hat den Kommunikationsstil im Alltag revolutioniert. Die Postkarten-Ära ist schon lange tot. Und es werden auch kaum noch Briefe mit der Hand geschrieben. Die *Allgegenwart des Internets* hat ein neues Kommunikationszeitalter eröffnet: Jeder kann mit jedem an jedem Ort und zu jeder Zeit kommunizieren, aber die Kontaktpartner nicht immer persönlich kennenlernen.

Nicht jeder Netzkontakt deutet gleich auf eine neue Freundschaft hin. Jeder Zweite ist davon überzeugt: „Durch das Internet werden die mitmenschlichen Kontakte seltener." Es fehlt an Orten und Gelegenheiten und nicht selten auch an Zeit. Gut die Hälfte der Bevölkerung meldet erhebliche Zweifel an der Kommunikationsqualität im Internet an: *„Die Kontakte im Netz bleiben oberflächlich* und können persönliche Beziehungen nicht ersetzen."

Die empirischen Daten sprechen für sich: *Oberflächliche Netzkontakte verdrängen nachweislich echte Freundschaftsbeziehungen.* Allein das Surfen im Internet hat sich zwischen 2000 und 2016 von 8 auf 76 Prozent fast verzehnfacht, während sich im gleichen Zeitraum die Unternehmungen mit Freunden erdrutschartig von 39 auf 17 Prozent halbiert haben (SfZ 2016). Die Zukunftstendenz ist klar: *Das Leben wird beziehungsärmer.* Es wird mehr mit Medien als mit Menschen kommuniziert. Das ist die Realität. Und es bleibt immer weniger Zeit für die intensive Pflege der Freundschaftskontakte.

Stattdessen agieren mehr virtuelle Kontakter und flexible Drifter, die weniger verlässlich sind. Die Folge: Bei der jungen Generation steht *die Bindungsfähigkeit an letzter Stelle* ihrer Werteskala (vgl. Kap. X/10). Hier deuten sich mögliche Konflikte in den Partnerschaftsbeziehungen an: Ehen werden immer später oder gar nicht mehr geschlossen. Oberflächliche Kontakte im Netz verpflichten zu nichts.

Brauchen wir eine neue Ära der Selbstverantwortung? In der digitalisierten Gesellschaft der Zukunft wird man sich immer mehr auf sich selbst und immer weniger auf andere verlassen können. *Wird der Solidär zum Solitär?* Rückt die Welt via Internet ganz nah, während das Zusammensein mit Nachbarn und Freunden immer ferner rückt? Long-distance-Kontakte verdrängen die Face-to-Face-Kommunikation. Sekundenschnelle Internetkontakte verstärken die

Unverbindlichkeit. *Zu Kurzkontakten gehören Kurzgefühle*. Oder wächst die Sehnsucht nach einem Leben, in dem man wieder ernsthaft und zeitaufwändig miteinander reden und echte Gefühle zeigen kann?

4. Konfettiartig. Bruchstückhaft. Oberflächlich:
Die Folgen der Informationsflut

Die Prognose 1999: Die „Infos" folgen uns in „Flugzeugen und Zügen, Lifts und Autos". Es kommt zur Informationsüberflutung („information overload"). Bei den Konsumenten entsteht das Gefühl, mit unnützen Informationen geradezu „zugeschüttet zu werden". Es droht der *„Informations-Overkill: overnewst, but underinformed"*. Zu viel Information, aber zu wenig Wissen.

Diese Überinformation geht zu Lasten von „Konzentration und Aufmerksamkeit". Wegen der Fülle und Vielfalt der Informationsangebote können viele Eindrücke „nur noch konfettiartig nebeneinander aufgenommen" werden: „Kennzeichen einer *Konfetti-Generation*: Die Impressionen bleiben bruchstückhaft und oberflächlich." Eine ganz neue Medien-Generation entsteht – die *„Kurzzeit-Konzentrations-Kinder"*. Diese „KKK-Generation wird zum Scanner": Wie beim Scanner „liest" der Konsument selektiv und subjektiv: „Alles Un-Wichtige wird ausgeblendet und für Lang-Atmiges bleibt einfach keine Zeit." Das spontane Scannen muss die fehlende „Navigationskompetenz ersetzen".

Viele Nutzer haben Schwierigkeiten, sich noch im Datendschungel zurechtzufinden. Sie fühlen sich „bedroht" und wissen nicht, wie sie sich gegen diese Lawine wehren und aus den „Armen dieses Polypen" befreien können. Sie fühlen sich von der Lawinenhaftigkeit des Angebots „förmlich überrollt". *Die neue Mediengeneration steht „ständig unter Strom"* und ist „jederzeit leicht ablenkbar". Immer mehr Menschen sind nicht mehr in der Lage, „sich über längere Zeiträume mit den gleichen Dingen zu beschäftigen".

Dem entspricht auch im sozialen Bereich „ein ständig wechselnder Freundeskreis im Jugendalter sowie ständig wechselnde Partner im Erwachsenenleben". *Freunde und Bekannte „wechseln wie Werbe-Spots".*

Die Ablenkungsbereitschaft steigt. Die Ausdauerfähigkeit sinkt, die Konzentrationsfähigkeit auch: „Das *Nicht-zuhören-Können* kann in Zukunft zur größten Herausforderung für die zwischenmenschliche Kommunikation werden." Im mitmenschlichen Umgang neigt man dann dazu, Langweiliges und Langweiler wie beim Medienkonsum einfach „wegzuzappen" bzw. „abzuschießen".

Die Wirklichkeit 2019: Für Medienexperten gilt es seit Jahren als ausgemacht: „Die unendliche Informationsflut des Netzes überfordert die Menschen" (Gaschke 2016). *Die durchdigitalisierte Welt verunsichert* viele Menschen und macht ihnen Angst. Jetzt geht es darum, „die Fähigkeiten des Menschen zu ergänzen, nicht darum, sie zu ersetzen". Niemand soll „sich zurückgelassen und überfordert fühlen" (Nadella 2016, S. 66 f.).

Im Hinblick auf die befürchtete Reduktion der Konzentrations- und Aufnahmefähigkeit ist die Wirklichkeitsanalyse heute ein genaues Spiegelbild der Prognose Ende der neunziger Jahre: Medienexperten registrieren geradezu einen „Daueranschlag auf die menschliche Konzentrationsfähigkeit" und sprechen – wie 1999 prognostiziert – von *„Informationskonfetti"* (Gaschke 2016) und „Nachrichtenhappen" (Schulz 2017) als Folge der Dauerberieselung im Netz. Die User entwickeln sich zurück zu ‚Datensklaven' an den Endgeräten und bekommen dabei bestimmte Fähigkeiten geradezu „abtrainiert": So wird beispielsweise das Kartenlesen „verlernt", wenn man sich nur noch auf Google-Maps verlässt. Auch Kopfrechnen und Rechtschreibung können auf der Strecke bleiben.

Bei der neuen Konfetti-Generation bleiben Impressionen bruchstückhaft. *Zwischen Wortfetzen und Bildsplittern hin- und hergerissen*, droht das Zusammenhängende verlorenzugehen. Am Ende fehlen Zeit, Kraft und Nerven, längere Texte zu lesen und zu schreiben. Das Fast-Food-Lesen, das überfliegende Lesen, breitet sich aus und das Konfetti-Lesen wird zur Gewohnheit. Die Geduld für Langatmiges geht verloren. Wird *Anlesen wichtiger als Durchlesen?* Der nächsten Kinder-Generation wird man vielleicht nur noch kurze Geschichten erzählen können, bei dem sich dann ein Highlight-Konfetti an das andere reiht.

5. Nervöser. Aggressiver. Gewalttätiger:
Die Sinnesüberreizung verändert das soziale Verhalten

Die Prognose 1999: Der mediale Imperativ *„Bleiben Sie dran! Abschalten können Sie woanders!"* bleibt nicht ohne Folgen. Die Anforderung droht zur Überforderung zu werden. Die innere Unruhe wird einfach abreagiert: „Lust schlägt in Wut um und *aus Nervosität wird Aggressivität."* Viele fühlen sich erst dann wieder wohl, „wenn sie sich gehenlassen können". Die Unzufriedenheit mit sich selbst „muss raus". Sie „kann auch explosiv werden". Der Körper reagiert mit „der vermehrten Ausschüttung von Adrenalin" und wird zum „Risikofaktor".

Angebotsflut und Sinnesüberreizung beeinflussen auf längere Sicht „das soziale Verhalten nachhaltig". Die Aggression wird sich „in Gewalt entladen". Und mit „der wachsenden Gewaltbereitschaft wird auch die *Hemmschwelle sinken".* Das „soziale Immunsystem im Menschen wird zerstört, weil das Aufwachsen in einem gewaltgeprägten Umfeld zur Normalität wird." Aggressivität wird „als Impulsivität verharmlost". Am Ende verlieren die natürlichen „Schutzmechanismen gegen Kriminalität an Wirkungskraft". *Gewalt wird „als normal empfunden"* und „Gewalttäter sehen sich selbst nicht mehr als Straftäter".

Die Wirklichkeit 2019: Zwanzig Jahre später ist es so weit. Über eine *fortschreitende „Enthemmung der Gesellschaft"* durch die steigende Bereitschaft zur Gewalt wird geklagt und gefragt: „Funk-

tionieren unsere Sicherungen nicht mehr? Haben sich Tabus aufge-
löst? Ist unsere natürliche Drosselung defekt?" (DER SPIEGEL Nr. 12
vom 16. März 2019, S. 11). Auf der Strecke bleiben die Opfer der
Gewalt und die Ängstlichen.

Carolin Emcke, Autorin des Buches „Gegen den Hass", erhielt den
Friedenspreis des Deutschen Buchhandels, weil sie den Zusammenhang zwischen Gewalt und Sprache nachwies. *„Enthemmung",*
„Verrohung" und „Hass" im Netz umschreiben die aktuelle Situation
in den sozialen Medien. Auch über das Netz hinaus machen sich
„Wutbürger" in Demonstrationen Luft („Volksverräter", „Lügenpres-
se", „Haut ab").

Auf die Pöbeleien auf der Straße reagieren Politiker inzwischen
ebenso aggressiv in ihrer Sprache: „Pack", „Schande", „Dumpfbacken". *Politiker pöbeln zurück.* Erinnert sei an die *Trump-Twitter.*
Persönlichkeitsverletzende Kommentare in den sozialen Medien
sind jetzt auch im realen gesellschaftlichen Leben angekommen.
Sie breiten sich fast epidemisch aus. Die Folge: Die virtuelle Gewalt in der Sprache setzt sich in der realen Gewalt auf der Straße
fort. Politiker gestehen selbstkritisch ein: Staat und Politik haben
hier zu lange gezögert. *„Häme, Hass und Härte in den sozialen*
Medien" – auf diesen Nenner bringt mittlerweile die Politik die
geradezu „tödliche Gefahr für unser politisches Gemeinwesen"
(Frank-Walter Steinmeier, 5. Nov. 2016). Politik und Gesellschaft
haben die frühen Prognosen nicht wahrhaben wollen. Jetzt müssen
sie resigniert feststellen, dass sie weder intellektuell noch kulturell
auf diese immer aggressivere Entwicklung, in der *gehasst, gelogen*
und betrogen wird, vorbereitet sind. Ein Gefühl der Überforderung,
des Überwältigtseins und der Hilflosigkeit stellt sich ein. Der Staat
muss reagieren und sich zur Wehr setzen. Geduld und Untätigkeit
sollen bald zu Ende sein und Beleidigungen und Rechtsverstöße mit
Strafen und Bußgeldern geahndet werden.

Wir wissen: KI hat keine Nerven, Hormone und Gefühle. KI wird
auch in Zukunft die emotionale und soziale Intelligenz des Men-

schen *nicht ersetzen* können. Trotzdem bleibt die Frage offen: *Beeinträchtigen* KI und Digitalisierung auf Dauer unser Gefühlsleben und Sozialverhalten?

6. Mediatisierte Kindheit:
Eltern verlieren ihre Kinder an das Netz

Die Prognose 1999: „Growing up digital". Das Aufwachsen findet im *Netz-Zeitalter jenseits von „Barbie, Büchern und Kuscheltieren"* statt. Wohin entlässt die Medienrevolution ihre Kinder? In eine Welt sinkender sozialer „Zuwendung und Geborgenheit"? Werden die Medien zum „Lebensmittelpunkt" einer mediatisierten Kindheit? Droht der „Schonraum Kindheit" verloren zu gehen? Wird das Netz zur „universalen Sozialisationsinstanz"? Aus *„heimlichen Miterziehern" können „unheimliche Haupterzieher"* werden, wenn die Eltern weiterhin ihre Erziehungsverantwortung wie einen Wanderpokal an die Medien weiterreichen. Die Tendenz ist klar: Die Medien werden in Zukunft „die Kindesentwicklung mehr beeinflussen als Schule und Elternhaus".

Erfahrungsgemäß wird die meiste Zeit vor einem Monitor „geschwiegen" – zu Lasten der „Sprach- und Sprechentwicklung", von der Wortschatzbildung bis zum Formulieren von Sätzen. *Wird das Smartphone zum „Babysitter"?* Wenn die Eltern ihre Kinder an das Netz zu verlieren drohen, dann kann in ferner Zukunft das Surfen um die Welt „am Ende heimatlos" machen – sozial und emotional. Die nächste Generation wird überall in der Welt, aber „nirgendwo zu Hause" sein können. Die *Sehnsucht nach Halt und Heimat* wird größer: „Gib mir Wurzeln, denn ich habe keine." Ein Verlust an Orts- und Lebenssinn droht.

Die Wirklichkeit 2019: Der Einbruch in die Privatsphäre hat längst begonnen, *die mediale Eroberung des Kinderzimmers* auch. Mit der Verbreitung des Internets hat sich in den letzten zwanzig Jahren die Einschätzung der Bevölkerung über die dominante Wirkung von

Netz und Medien als heimliche Miterzieher der Jugend von 28 Prozent (1997) auf 74 Prozent (2019) fast verdreifacht (O.I.Z 2019). Schule und Elternhaus haben ihr *Erziehungsmonopol verloren*. Das Smartphone von heute ersetzt die Kinderrassel. Schnelle Schnitte, Schwenks und Zooms prägen das Wirklichkeitsbild der nächsten Generation. Wer setzt hier Maßstäbe und wann beginnt das Übermaß?

Was der Philosoph Blaise Pascal 1670 in seinen „Pensées" zum Ausdruck brachte, kann Jahrhunderte später in der digitalen (Kinder-)Welt des 21. Jahrhunderts Realität werden: „Kein Übermaß ist sinnlich wahrnehmbar. Zu viel Lärm macht taub, *zu viel Licht blendet*. Was zu weit ist und zu nah ist, hindert das Sehen. Das Übermäßige ist uns feindlich und sinnlich unerkennbar. Wir empfinden es nicht mehr, wir erleiden es."

In der Erforschung der langfristigen psychosozialen Folgen der Digitalisierung des Lebens stehen wir erst am Anfang. *Viewer* und *User* werden bald zu einer neuen *„Viewser"-Generation* zusammenwachsen. Der Boom kann zum Bumerang für die Persönlichkeitsentwicklung der nächsten Generation werden. Und aus der Feststellung „Ich bin drin!" wird die Frage „Wer holt mich hier raus?" Früher hieß es noch „Mein Job ist mein Leben." In Zukunft kann es heißen: „Das Netz bin ich."

7. Der Erwartungsdruck wird zum Erreichbarkeitswahn:
Die Hetzjagd nach der verlorenen Zeit

Die Prognose 1999: Mediennutzung „kostet" Zeit: Der einzige Faktor, der in einer multioptionalen Medienwelt immer knapper wird, ist der Zeit-Faktor. Die „Entdeckung der *Informationsgesellschaft als Zeitfalle*" steht uns bevor. Das Leben im Netz gleicht einer „Hetzjagd nach der verlorenen Zeit". Die User kommen nicht zur Ruhe. Sie haben das Gefühl, „sie kämen dauernd zu spät". Wird im 21. Jahrhundert „Zeitverkaufen" ein „neuer Dienstleistungsmarkt", der den Vielgeforderten und Vielbeschäftigten „Zeit sparen" verspricht?

Andererseits entsteht der Eindruck: „Je mehr zeitsparende Maschinen es gibt, desto mehr stehen die Menschen unter Zeitdruck." Wird die Zeit in Zukunft das werden, „was bisher das Geld gewesen ist?" Bei dem beängstigend *wachsenden Lebenstempo* bleiben viele Mediennutzer auf der Strecke, weil sie der Hetze und dem Erwartungsdruck auf Dauer nicht gewachsen sind.

Insbesondere der „Erreichbarkeitswahn" durch E-Mail, SMS und WhatsApp erweist sich als Zeitfalle, ja *„Zeitvernichtungs-Maschine"*. Werden die Computer zu „virtuellen Warteschlangen"? Von der Entlastung zur Belästigung ist es dann nur noch ein Schritt. Im 21. Jahrhundert kann „Zeitwohlstand" zum „größten Luxus" werden.

Es ist nicht auszuschließen, dass der Mensch mit medialen Reizen so „überfüttert und überflutet" wird, dass er sich als *Ausgleich und Ventil* „mehr nach Bewegungsempfindungen" beim Auto- oder Achterbahnfahren, im Extremsport oder Fitnessstudio sehnt. Wird die notorisch „motorische Unruhe" bald zum „hyperkinetischen Syndrom", bei dem man irgendwann und irgendwie „ruhiggestellt werden muss"?

Die Wirklichkeit 2019: Ich bringe die Realität in ein anschauliches Bild: Jeden Morgen wacht in Afrika eine *Gazelle* auf. Sie weiß, sie muss schneller laufen als der schnellste Löwe, um nicht gefressen zu werden. Jeden Morgen wacht in Afrika aber auch ein Löwe auf. Er weiß, er muss schneller als die langsamste Gazelle sein. Sonst würde er verhungern. Es ist eigentlich egal, ob man ein Löwe oder eine Gazelle ist: Wenn die Sonne aufgeht – musst du rennen! Weltweit gilt diese Geschichte als Symbol einer *Nonstop-Gesellschaft* (vgl. Adam u. a. 1998), in der Rast- und Ruhelosigkeit herrschen. Alles muss heute schneller gehen: das Essen, das Fernsehen und das Surfen im Internet auch.

Es kündigt sich eine *Generation neuer Nomaden* an: Sie telefoniert in allen Lebenslagen und zappt wie im Fernsehen durch das Leben. In immer knapperer Zeit werden immer mehr Aktivitäten „hineingepackt" und untergebracht, schnell ausgeübt und vor allem zeitgleich erledigt. Der Wunsch kommt auf: *Am besten mehrere Leben leben* – der vermessene Traum eines hybriden Menschen (vgl. Popcorn 1992). Der Eindruck entsteht: Der moderne Mensch von morgen will einen 48-Stunden-Tag haben, abends schon die News von morgen lesen, hören oder sehen, möglichst jeden Tag jemand anders sein oder spielen und am liebsten *in einer Endlos-Serie leben*. Und er ist immer getrieben von der Angst, im Leben etwas zu verpassen ...

Drei Monate sind eine Ewigkeit! Dieser Erfahrungssatz gilt im Silicon Valley von heute. Nur noch nostalgisch erinnert man sich dort an eine Automobilbranche, die den Sieben-Jahres-Rhythmus der Modell-Zyklen gewohnt war. Im digitalen Zeitalter sind *Web-Zeiten wie Hunde-Jahre*: Ein Jahr im Netz entspricht sieben Jahren in der Wirklichkeit. Was bei der Digitalisierung heute im Vergleich zu früheren technologischen Innovationen und Revolutionen anders ist, ist „die Geschwindigkeit, mit der die Veränderungen passieren" (Nadella 2016, S. 66). *Für Zeit bleibt keine Zeit.* Der Eindruck entsteht: Es werden gleich einige Generationen übersprungen.

Als weitere Stressquelle kommt die permanente Erreichbarkeit im Arbeitsleben hinzu. Immer mehr Beschäftigte müssen auch außerhalb der Arbeitszeit erreichbar sein. Die Anforderungen an die zeitliche Selbstorganisation des Einzelnen werden immer höher. Für eine *„mañana"-Mentalität* („Morgen ist auch noch ein Tag!") bleibt immer weniger Zeit. Das Zur-Ruhe-kommen-Können wird zum größten Defizitposten im persönlichen Zeitbudget. Oder der sich derzeit abzeichnende Wertewandel („Konservative Wende") bremst in Zukunft das Turbo-Tempo, bei dem Kontakte und Kommunikationsprozesse in Gedankenschnelle (Bill Gates: „speed of thought") stattfinden.

Kommt ein *Zeitalter der Entmündigung* auf uns zu? Von meinem Smartphone werde ich unaufgefordert aufgefordert: „Auszeit! Lege einen Zeitplan für deine bildschirmfreie Zeit fest." Eine Empfehlung für Unmündige: Der persönliche Gewinn an Zeit („Auszeit") soll gleich wieder verplant und zum neuen Zeitverlust werden. Die IT-Giganten Apple, Google, Facebook und Microsoft agieren profitabel als moderne Zeitdiebe, die Kindern und Jugendlichen Zeit stehlen wollen. Privat reagieren sie ganz anders: Gates und Zuckerberg schicken ihre Kinder in Waldorfschulen, in denen Handynutzung verboten ist.

Eine erste *Gegenbewegung zur Flucht aus der digitalen Zeitfalle* zeichnet sich bei den Digital Natives ab. Nach der SINUS-Jugendstudie äußern die heute 14- bis 17-Jährigen, die in einer digitalen Welt groß geworden sind, vermehrt *„Wünsche nach Entschleunigung der technologischen Dynamik"* (SINUS 2016, S. 476 f.). Weil mittlerweile „fast alles digital läuft", hat die Digitalisierung des Lebens ihren Höhepunkt („mehr geht nicht") bereits erreicht. Die digitale Zukunft verliert ihre besondere Faszination. Eine „digitale Sättigung" ist bei der Jugend feststellbar. Für Jugendliche ist es ein Zeichen von Souveränität geworden, digitale Medien auch einmal „ausschalten zu können". Vielleicht wird schon bald eine *neue Einfachheit* gefragt sein.

8. Digitale Medien werden zum neuen Machtinstrument: Demokratie als Virtukratie

Die Prognose 1999: Die *„Online-Demokratie"* kommt. Die Bürger wollen sich „von zu Hause aus an aktuellen Diskussionen mit Politikern per Internet beteiligen". Ihre politischen Zukunftsträume sind fast grenzenlos: „Wird es in Zukunft virtuelle Ortsvereine, Online-Wahlkreise oder gar *elektronische Wahlurnen* geben? Werden sich die Politiker elektronischen Diskussionen stellen müssen?" Noch sind wir von einer „Virtukratie" und von „virtuellen Rathäusern" weit entfernt. Doch schon bald kann sich das Internet „zu einem neuen demokratischen Massenmedium entwickeln".

Der „interaktive Charakter von Internet" ermöglicht „neue Formen der Bürgerbeteiligung. Internet-User können unmittelbaren Einfluss auf demokratische Entscheidungsprozesse nehmen." Das „Bürgernetz als Plattform" schafft ein „neues Machtinstrumentarium". Das wird die Parteienlandschaft verändern. Bisher hatten die Homepages politischer Parteien „mehr Selbstdarstellungs- und Verlautbarungs- als Kommunikations- und Diskussionscharakter". In Zukunft lässt sich ein junges Chat-Publikum so nicht mehr gewinnen. Erforderlich wird eine „blitzschnelle Kommunikation zwischen Basis und Partei": Eine „neue Dialog-Qualität". Politiker und Parteien, Ämter und Behörden werden sich „vom Hoheitsträger zum Dienstleister" wandeln.

Die Wirklichkeit 2019: Die digitalen Medien sind ein Machtfaktor ersten Ranges geworden. Vom russischen Präsidenten Wladimir Putin stammt die Aussage: Wer immer führend in dieser Sphäre der Digitalisierung wird, wird der „Herrscher der Welt" sein (Putin im September 2017). „In einem völlig anderen medialen Umfeld", so musste auch Bundeskanzlerin Angela Merkel im Bundestag eingestehen, gilt die „gewohnte Ordnung" nicht mehr (Angela Merkel am 23. Nov. 2016). Die Digitalisierung hat durch „Fake-Seiten" eine neue Wirklichkeit geschaffen, die kaum mehr kontrollierbar ist. Die Bürger erhalten durch die digitalen Medien ein neues Sprachrohr, das spontane politische Willensbildungen ermöglicht und nicht mehr nur auf die nächste Wahl angewiesen ist.

Wie die Beispiele „Brexit" und „US-Wahlkampf" gezeigt haben, können Social Bots in den sozialen Netzwerken Einfluss auf Wahlen und politische Entscheidungen nehmen. Roboter („Bots") suggerieren, echte Menschen bzw. reale Nutzer zu sein. Bots verschleiern ihre wahre Identität: Maschinen kommunizieren wie Gesprächspartner. Insbesondere in Wahl- und Krisenzeiten können Bots als Werbebotschaften oder Falschmeldungen massenhaft verbreitet werden. „Social Bots werden nicht mehr verschwinden" und „für den normalen Nutzer nicht mehr zu enttarnen sein" (Hegelich 2016, S. 7). Die Folge: Eine Nachricht, die millionenfach verbreitet wird, kann absolut unwahr sein. *Die freie Meinungsbildung ist in Gefahr.*

Eine dreifache Vernetzung findet durch die Digitalisierung statt: *Menschen, Medien und Maschinen* sind miteinander verbunden und machen die sozialen Medien zur digitalen Massenbewegung. Nicht zufällig vereinigt die AfD in den sozialen Medien die meisten „Gefällt mir"-Angaben auf sich. Die selbsternannte Alternative zu den etablierten Parteien weist auf Facebook mehr „likes" auf als alle drei Koalitionsparteien CDU/CSU/SPD zusammen. Gerhard Schröders Erfolgsdevise von 1998, wonach er zum Regieren nur „Bild, BamS und Glotze" (vgl. Lohse 2016, S. 10) brauche, hat sich im Internet-Zeitalter überlebt.

Zudem werden erste Stimmen laut, die in naher Zukunft eine *Sinnkrise der Internetkonzerne* erwarten, was durch die Präsidentschaft Donald Trumps beschleunigt wird. Silicon Valley galt bisher als erfolgreiches Geschäftsmodell für einen radikalen Fortschrittsoptimismus – von der „Siegesgewissheit" bis zur „Welteroberungseuphorie". Nach Trumps Vorstellungen soll jedoch die Welt wieder kleiner und die Globalisierung nationaler werden. In dieser Sichtweise ist die Digitalisierung vom Roboter bis zum selbstfahrenden Auto nicht mehr „automatisch gut". Setzt Trump seine angekündigte Anti-Einwanderungspolitik in die Tat um, ist für indische Programmierer im Silicon Valley kein Platz mehr: Stößt das „neue digitale Jahrhundert" (Schulz 2016, S. 72) an seine politischen Grenzen? Wird die Zukunft der Digitalisierung zur bloßen Machtfrage?

9. Fortschrittsoptimismus wird zum Zukunftszweifel:
Sorgen um die Ethik der Technik

Die Prognose 1999: Die Digitalisierung wird einen „gigantischen Produktivitätsschub" in der Wirtschaft zur Folge haben. Aber *„Zukunftszweifel sind angebracht"*. Denn „die digitale Zukunft hat ein

Janusgesicht. Überschätzung und Unterschätzung, Chancen und Risiken halten sich die Waage." Lediglich die junge Generation @ ist „deutlich positiver" gestimmt als die übrige Bevölkerung. Die Generation @ erwartet, dass

- das private Leben „bereichert" wird,
- die neuen Technologien das Leben „angenehmer und leichter" machen und auch
- „neue Arbeitsplätze" geschaffen werden.

Andererseits: Die junge Generation hat *„ein viel zu idealisiertes Bild"* von der digitalen Revolution.

Eher stellen sich zunehmend *moralische Fragen der Vermarktung*: Werden die Computer zu „neuen Gottheiten" in einer „total kontrollierten Welt", in der sich die Technologie verselbstständigt und wir uns „um die Ethik der Technik Sorgen machen" müssen? Die „Schlüsselbranche des 21. Jahrhunderts" lässt noch viele ethische Fragen offen. Die Zeit ist reif für eine „Ent-Euphorisierung". Alles, was technisch möglich ist, „müssen wir auch wollen". *„Der Mensch spielt Gott"*, weil er „das menschliche Schicksal abschaffen will. Welche Hybris!" So lautete 2004 meine Kritik an diesem Denken: „Maßlos. Grenzenlos. Gewissenlos." Ich stellte seinerzeit die Frage: „Wird die Spaltung des Zellkerns – wie die Spaltung des Atomkerns – zum zweiten großen Sündenfall der Menschheit?" (15, 2004, S. 363 und 369).

Die Wirklichkeit 2019: Jetzt ist es so weit. *Der Homo Sapiens will „Homo Deus" werden*, wie der israelische Historiker Noah Harari in seiner „Geschichte von morgen" überzeugend nachweist (Harari 2017). Die KI will Menschen konstruieren, die alles besser können als wir selbst. Wie lautete das Symposium des Travel Industry Club im Februar 2019? *„Human ist the next big thing"*: Maschinen werden menschlich. Vertraut die nächste Generation solchen Fantastereien zwischen Flop und Fiasko? Werden die Digital Natives zu Microsklaven?

Ökonomisch gesehen ist die Digitalisierung für die Innovation und Entwicklung ganzer Volkswirtschaften inzwischen unverzichtbar geworden. Und auch der Berufsalltag ist ohne die Digitalisierung nicht mehr vorstellbar: E-Mails, Smartphones sowie computergesteuerte Produktions- und Terminplanungen bewirken beides: *Produktivitätssteigerung und Arbeitsbelastung.* Aus der Sicht der Unternehmen wird die Arbeit durch die Digitalisierung immer produktiver und effektiver, für die Beschäftigten aber immer intensiver und belastender. Mit der Digitalisierung hat die Entwicklung der Arbeitswelt 4.0 gerade erst begonnen.

Haus und Auto, Fabrik und Universitätsbibliothek werden immer öfter über Sensoren miteinander vernetzt und zu Zentren für *künstliche Intelligenz mit menschenähnlichen Zügen.* Am Ende spielt es keine Rolle mehr, ob ein Auto von Apple, Tesla oder VW produziert wird. Im digitalen Zeitalter werden die Grenzen zwischen Mensch und Maschine fließender. Pointiert formuliert: Eine neue Generation von Chips ähnelt in groben Umrissen unserem menschlichen Gehirn. Die *Konkurrenz zwischen menschlichem Gehirn und digitalem Superhirn* nimmt bedrohliche Züge an. Und das Internet der Dinge hält Einzug in den Alltag unseres Lebens. Ärzte, Anwälte und Steuerberater werden digital. Bei der Überprüfung von Sachverhalten, Befunden und Datenanalysen wird der Computer dem Menschen überlegen sein. Computer nehmen selbstständig Risikoprüfungen und Vertragsgestaltungen vor.

Mit der weltweiten Einführung des iPhones im Jahr 2007 hat sich meine zentrale 1999er-Prognose erfüllt: *„Privates Net-Surfing muss wie ein Spielzeug handhabbar sein,* wenn es eine massenmediale Zukunft für künftige Generationen haben soll." Genauso ist es gekommen: Der Anteil der Smartphone-Besitzer und Internetnutzer hat sich seither vervielfacht und das ganze Leben einer *neuen Generation von „Digital Natives"* geprägt. Doch die große Heilsbotschaft der IT-Branche, die Digitalisierung werde unser Leben „bereichern", wartet weiterhin auf ihre Erfüllung.

Auch bleibt die Schlüsselfrage *„Ist die Künstliche Intelligenz (KI) vertrauenswürdig?"* weiter offen – von der Gesundheitsfürsorge über die Mobilität bis zur Cybersicherheit. Die EU-Expertenkommission zum Umgang mit KI geht vom Grundsatz aus: *Die Entwicklung der KI muss dem Menschen dienen.* Dabei sollen die Risiken minimiert und die Vorteile der KI maximiert werden. Darauf bauen die „Ethik-Leitlinien für KI" auf. Prozesshaft sollen sie als lebendes Dokument verstanden werden. Ein Ende dieses Prozesses wird es auch in zwanzig oder dreißig Jahren nicht geben.

10. Digitale Diät wird zum Zukunftstrend:
Der digitale Tsunami lässt noch auf sich warten

Am 29. September 1990 beendete ich einen Zukunftsvortrag auf einem internationalen Kongress in Amsterdam mit den Worten: „We have to slow down, slow down, slow down" – wir müssen bremsen, bremsen, bremsen. Wir müssen die Entwicklung *verlangsamen und auf die Bremse treten*. Jetzt nach fast dreißig Jahren muss ich erkennen, warum das Bremsen aus zwei Gründen (vgl. Harari 2017, S. 75 f.) fast aussichtslos ist:

- Erstens *weiß niemand, wo sich die Bremse befindet* – bei den Big Data, der Nanotechnologie oder der Genetik? Viel zu komplex erscheint das KI-System, weshalb sich auch bisher selbst die Experten nicht einmal die Mühe machen, Antworten auf die Frage zu geben, *„wohin"* wir uns bei diesem rasanten technologischen Tempo überhaupt bewegen wollen oder sollen.

- Und zweitens würde *die Wirtschaft aus den Fugen* geraten, wenn es doch jemandem gelingen sollte, auf die Bremse zu treten. Eine Wirtschaft, die auf immerwährendes Wachstum ausgerichtet ist, „braucht grenzenlose Projekte" (Harari 2017, S. 75) wie z. B. das Streben nach Glück und Unsterblichkeit, ja gottgleichen Fähigkeiten.

Was passiert eigentlich, wenn die KI durch Gesichts- und Spracher-kennung den Menschen identifiziert, kopiert oder ihm gar überlegen ist – aber am Ende außer Kontrolle gerät und nicht mehr steuerbar ist? Wir müssen versuchen, gelegentlich innezuhalten, zu bremsen und zeitweilig den Stecker zu ziehen. Andernfalls macht sich die mensch-heitsbedrohende KI-Erkenntnis breit: *Wir sind besser als Gott!* Spä-testens dann wird jedem klar, warum schon heute Google-Ingenieure verzweifelt *an einem Aus-Knopf tüfteln*, der außer Kontrolle geratene KI-Systeme in letzter Sekunde wieder abschalten soll ...

NEUE TECHNOLOGIEN OHNE RÜCKSICHTNAHME

**„In den Zukunftsvorstellungen der Bevölkerung
fehlt der Medienwelt von morgen
der echte Bezug
zu den menschlichen Bedürfnissen und Wünschen.
Viele Bundesbürger haben das Gefühl,
dass die Industrie gar nicht wissen will,
ob die Konsumenten das eigentlich haben wollen."**

*(H. Opaschowski, in: Die Informationsgesellschaft. Fakten.
Analysen. Trends. Hrsg. vom Bundesministerium für
Wirtschaft, Bonn 1995, S. 46)*

Resümee: Die Digitalisierung als „Schöne neue Medienwelt" macht das Leben sicher schneller, bequemer und abwechslungsreicher, kann Krankheiten heilen und den Welthunger reduzieren helfen. Eine positive Gegenbewegung ist durchaus vorstellbar, in der Acht-samkeit und Selbstverantwortung wieder mehr im Zentrum des eigenen Handelns stehen. Von Whistleblower Edward Snowden stammt die Aussage: Es wächst eine Generation heran, „die sich *viel mehr um ihre Privatsphäre sorgt* als die ältere" (E. Snowden. In: DER SPIEGEL vom 09. September 2017, S. 41).

Auf dem Weg in ein postdigitales Zeitalter zeichnet sich ein *Trend* der nächsten Generation ab: *Medienkompetenz durch digitale Diät:* „Bleib nicht dauernd dran, schalt doch mal ab!" Erste Anzeichen sind bereits erkennbar: Das Interesse der Jugendlichen an Facebook sinkt. Eine Generation autarker User kommt auf uns zu, die im Netz selbstbestimmter agiert – frei nach dem Grundsatz: *Wir können bremsen, wenn wir wollen*, wir können entschleunigen und das Tempo drosseln, weil wir nicht kollabieren oder im „digitalen Tsunami" (Bill Gates) ertrinken wollen. Wir können uns jederzeit zurückziehen, vorübergehend aussteigen, den Stecker ziehen und öfter offline sein.

Schul- und Bildungspolitik von Bund und Ländern müssen dazu aber Vorarbeiten leisten und ihr *Vorhaben „Digitalpakt"* ernstnehmen. Bisher entsteht der Eindruck: *Deutschlands Schulen sind digital abgehängt.* Mehr als zwei Drittel aller Schulen sind 2019 nicht mit Tablets ausgestattet. Und 85 Prozent der Lehrerschaft vermissen eine Weiterbildung für den Einsatz digitaler Medien im Unterricht (Bundesverband Bitkom 2019). Die Digitalisierung an den Schulen findet bisher fast nur auf dem Pausenhof statt ...

X. KAPITEL

KRISEN. ÄNGSTE. SORGEN.
Was den sozialen Frieden in Zukunft gefährdet

„Ein Buch von Opaschowski ist wie eine Achterbahnfahrt", beschreibt die Süddeutsche Zeitung bildhaft meine Zukunftsvision: „Man liest sich zunächst in freie, luftige Höhen und saust dann mit Blick auf die Realität wieder in die Tiefen gesellschaftlicher Verwerfungen. Dennoch löst man bei ihm immer wieder gerne eine Fahrkarte." In der Tat gleichen meine Analysen und Prognosen seit Jahren einer Achterbahnfahrt der Gefühle und Stimmungen zwischen Hin und Her, Auf und Ab. Nicht zufällig habe ich im dpa-Gespräch zur Jahreswende 2018/19 das Bild der *Paternosterfahrt* verwendet: Geht's nach oben? Oder geht's nach unten? Eine breite Mittelschicht in Deutschland lebt nach dem Paternoster-Prinzip: Man fährt nach oben – ist aber sicher, dass es wieder abwärts geht, wenn man erst einmal oben angekommen ist.

Die Chinesen kennen für „Krise" und „Chance" nur ein Schriftzeichen. Und im Griechischen hat „Krise" die Bedeutung von Wendung, weist also auf den Beginn von etwas Neuem und Erneuerbarem hin. Krisen markieren Wendepunkte im Leben, in der Gesellschaft und in der Politik. Im privaten und öffentlichen Bereich kann es aber auch *Kehrtwenden* geben – wie bei der Atom- und Energiewende. Das Kapitel „Krisen. Ängste. Sorgen" fordert zu Richtungsänderungen auf. Erkennbare Probleme und Konflikte müssen heute gelöst werden, damit ein Neuanfang gelingen kann. Die vorgelegten Daten basieren auf aktuellen Repräsentativumfragen des Opaschowski Instituts für Zukunftsforschung (O.I.Z 2019). Befragt wurden 1.000 Personen ab 14 Jahren im Zeitraum vom 15. bis 22. Januar 2019 in Deutschland.

1. Zum Pflegefall werden (84 Prozent):
Die große Angst vor dem Verlust der Selbstbestimmung

„Zum Pflegefall werden" ist für die Deutschen die größte Zukunftssorge. 84 Prozent der Bevölkerung vertreten die Auffassung: „Die Angst wächst, im hohen Alter zum Pflegefall zu werden und *die Selbstbestimmung im Leben zu verlieren.*" Am meisten Sorgen machen sich die Bewohner im ländlichen Raum (92 Prozent). Sie haben Angst, ihr Heim und ihre Heimat zu verlieren, weil es im ländlichen Umfeld an Pflegebetreuung und Pflegeeinrichtungen mangelt. Eine weitere Bevölkerungsgruppe lebt in ständiger Angst vor dem hohen Alter: Es sind die Verwitweten, Geschiedenen und Getrenntlebenden ohne Partner. 91 Prozent von ihnen fühlen sich allein oder alleingelassen, wenn sie im Alter auf Pflege angewiesen sind.

Hinzu kommen die Niedrigverdiener unter 1.250 Euro Haushaltsnettoeinkommen. Sie müssen sich zu Recht Sorgen machen: Nach der aktuellen Statistik des Verbandes der Ersatzkassen vom Januar 2019 liegen die Kosten, die Heimbewohner im Bundesdurchschnitt selbst tragen müssen, bei *1.830 Euro monatlich.* Tendenz weiter steigend. Hilfe haben die Betroffenen nur von den eigenen Kindern oder aber vom Sozialamt zu erwarten. Die Rente reicht in der Regel nicht aus, um den *Pflegekostenanteil* bei Heimunterbringung zu bezahlen. Spätestens dann setzt für viele die gefühlte und reale *Altersarmut* ein. Es ist ein *Armutszeugnis für den Sozialstaat,* wenn drei Viertel (75 Prozent) der jungen Generation unter 30 Jahren bereits heute Angst vor der Pflege im Alter haben. Die Ursachen sind auch in gravierenden Versäumnissen der Sozial- und Gesundheitspolitik zu suchen: Es mangelt an Information und Aufklärung, weshalb viele so verängstigt sind.

Das verbreitete *Angstszenario Rollator/Rollstuhl/Restlaufzeit* (Schumacher 2014) hat mit der Wirklichkeit wenig zu tun. Selbstbestimmt leben ist die dominante Wohnform im Alter – und nicht das Pflegeheim. Bei den über 90-Jährigen lebt die überwiegende Mehrheit (knapp zwei Drittel) noch in eigenen Wohnungen und ist mit ihrem gewohnten Zuhause sehr zufrieden.

Noch nie waren die Wünsche nach selbstbestimmtem Leben bis ins hohe Alter so dominant wie heute. Nur wenige können sich mit dem Gedanken an eine Unterbringung im Alters- oder Pflegeheim anfreunden. Eine solche Perspektive wird von der überwiegenden Mehrheit der Bevölkerung *als Schicksalsschlag empfunden*, vehement verdrängt und abgewehrt. *Die Wohnwünsche für die Zukunft lassen sich auf eine einfache Formel bringen: Selbstständigkeit bis ins hohe Alter.* Selbstbestimmte Wohnkonzepte geben konkrete Antworten auf die Folgen einer Gesellschaft des langen Lebens. Dabei geht es auch um *Alternativen zu den traditionellen Altersheimen*.

Möglich sind in Zukunft neue Hausgemeinschaften für Senioren, bei denen ein *ambulanter Pflegestandard* garantiert wird und in denen Bewohner eigenständiger und selbstbestimmter als in Heimen leben können. Sie wohnen in eigenen Räumen, werden aber zugleich aktiviert durch einen Gemeinschaftsbereich, in dem gekocht, gegessen, gebügelt oder geredet werden kann.

Zunehmend gefragt sind generationsübergreifende Wohnkonzepte, Baugemeinschaften und neue Wohngenossenschaften. Bei diesen Wohnkonzepten geht es auch um *Alternativen zu den traditionellen Altersheimen*. Ich nenne noch einmal das Beispiel der acht Hamburger Altersheimbewohner, die sich zusammenschlossen, aus dem Heim auszogen und in einer gemieteten Villa am Ratzeburger See quasi ein neues Leben anfingen.

Solche Perspektiven kommen einer *Kehrtwende im Wohnungsbau* gleich. Die positiven Erfahrungen in den skandinavischen Ländern

(Schweden, Norwegen, Finnland, Dänemark) beweisen, dass ein Land fast ohne Heime auskommt. So wenig Heime wie möglich: das ist eine realistische und keine utopische Zukunftsforderung für Deutschland. Ganz im Gegensatz dazu hat das Statistische Bundesamt bis zum Jahr 2030 einen massiven Anstieg der Zahl der Pflegebedürftigen „errechnet" – von derzeit 2,1 Millionen auf 3,4 Millionen, was einer Steigerung von mehr als 60 Prozent entspricht. Das ist zu kurz gedacht: Der medizinische Fortschritt, veränderte Lebenseinstellungen sowie gesündere Ernährungsgewohnheiten werden die *Zahl der Pflegebedürftigen nicht exponentiell ansteigen lassen*. Wer sich nur auf solche linearen Hochrechnungen verlässt, investiert mit Sicherheit an der Zukunft vorbei.

Die Immobilienbranche sollte sich daher von überhöhten Renditeerwartungen im Bereich von Seniorenimmobilien verabschieden. Statt nur von gigantischen „Pflegebatterien" und Tausenden neuer Pflegeheime zu träumen, sollte realistisch zur Kenntnis genommen werden, dass der Zukunftstrend in eine ganz andere Richtung geht: Dem *Service-Wohnen bzw. generationsübergreifenden Wohnkonzepten mit Dienstleistungsangeboten* gehört die Zukunft.

Das Horrorszenario „zum Pflegefall werden" muss nicht Wirklichkeit werden. Mehr als 90 Prozent der 65- bis 79-Jährigen in Deutschland haben keinen Pflegebedarf. Gesundheitliche Beeinträchtigungen im Alter gibt es, aber die Angst vor der Einlieferung ins Pflegeheim ist weitgehend unbegründet. Denn zwei Drittel der älteren Pflegebedürftigen werden *zu Hause versorgt* durch Familienangehörige oder ambulante Pflege.

Nach Erhebungen des Berliner Robert-Koch-Instituts (RKI) bezeichnen drei von vier Deutschen ihren Gesundheitszustand als gut oder sehr gut. Auch bei der älteren Generation ist es nicht wesentlich anders. Nach den vorliegenden Daten des Statistischen Bundesamts fühlen sich in der *Altersgruppe ab 75 Jahren fast drei Viertel (72 Prozent) fit*. Das Faktum der immer älter werdenden Gesellschaft ist historisch neu. Die Fortschritte in Medizin, Ernährung und

Versorgung der Menschen führen zu Veränderungen in der individuellen Lebensplanung und im gesellschaftlichen Zusammenleben. Heute sind Pest, Hunger und existentielle Sorgen zum Überleben weitgehend überwunden. Ab in die Hilflosigkeit und Hilfsbedürftigkeit? Das Defizitmodell der älteren Generation ist überholt.

Das Leben gleicht in Zukunft einer Gewinnchance: *97 Prozent ihrer Lebenszeit verbringen die Deutschen pflegefrei.* Trotz höherer Lebenserwartung *nimmt die pflegefreie Lebenszeit weiter zu –* und nicht etwa ab. Von 1999 bis 2009 stieg beispielsweise die Lebenserwartung der Deutschen von 77,95 auf 80,18 Jahre. Im gleichen Zeitraum nahm die *Lebensdauer ohne Pflege* von 75,79 auf *77,65* Jahre zu. Inzwischen beträgt die Lebenserwartung 78 Jahre bei den Männern und 83 Jahre bei den Frauen. Ein weiterer Anstieg der pflegefreien Zeit ist zu erwarten (Rott 2015).

So positiv die Zukunftsaussichten für den einzelnen Bürger auch sein mögen: Die Zahl der Pflegebedürftigen in Deutschland wird dennoch steigen, weil die Bundesbürger immer länger leben. Wenn vor allem die geburtenstarken Jahrgänge in Richtung Pflegebedürftigkeit rücken, dann wird bald auch der osteuropäische oder asiatische Pflegemarkt leergefegt sein. *Der Pflege-Kollaps könnte nach 2030 drohen.*

Der Gedanke, man könne Tausende von anerkannten Flüchtlingen zu künftigen Pflegern machen, stößt auf Akzeptanzprobleme. Der Deutsche Pflegerat warnt davor, die Pflegeberufe zur *Resterampe für Unqualifizierte* werden zu lassen. Wer dies verhindern will, sollte neu über den Sinn und die Bedeutung der Pflege von Familienangehörigen nachdenken. In Artikel 15 der Staatsverfassung auf den Philippinen heißt es: *„Die Familie hat die Pflicht, für ihre älteren Mitglieder zu sorgen."* Infolgedessen gibt es auf den philippinischen Inseln keine Pflegeheime. Das ist nur konsequent. Wie lange werden wir uns in Deutschland noch *von familiärer Pflege „freikaufen"* können, ohne moralische Bedenken zu haben? Bedenklich stimmt jedenfalls die Aussage in einem Pflegereport (Krenz 2018, S. 36):

„Früher pflegte Klarissa Castillo ihre eigenen Großeltern. *Nun küm-mert sie sich um Fremde.*"

2. Wetterextreme als Vorboten des Klimawandels (83 Prozent):
Umweltprobleme werden zur globalen und nationalen Herausforderung

Drastischer kann man ein mögliches Zukunftsrisiko nicht formu-lieren: „Klimawandel und Wetterextreme werden zur *größten Be-drohung der Zukunft.*" Mit dieser dramatisch zugespitzten Aussage identifizieren sich 83 Prozent der Bevölkerung. Bisher nahm die Neigung der Deutschen regelmäßig zu, bei finanziellen Sorgen oder gar Zukunftsängsten die Klima- und Umweltschutzfrage für weniger wichtig zu halten. Die schnelle Abfolge von Aufregungsthemen wie Kohleausstieg, Dieselaffäre, Abgasskandal, Feinstaubbelastung, Grenzwerte und ihre Auswirkungen auf die Gesundheit haben ihre Spuren hinterlassen. Die Deutschen sind *sensibler für Langfristfol-gen* geworden. Insofern kann es nicht überraschen, dass sich Fami-lien mit Kindern die größten Sorgen (91 Prozent) machen. Sie ha-ben das Wohlergehen der nächsten Generation vorrangig im Blick.

Andererseits ist es schon bemerkenswert, dass die sogenannten *Konsumpioniere mit den Merkmalen „Jung. Urban. Gebildet",* die sonst in vielen Bereichen des Lebens den Ton und Trend angeben, sich bei dieser Frage weniger umweltbewusst zeigen: Jugendliche (70 Prozent), Großstädter (81 Prozent) und Höhergebildete (78 Prozent) wollen am wenigsten davon wissen, obwohl sie Natur und Umwelt durch Skifahren, Autoverkehr und Flugreisen meist am stärksten belasten. Viele begnügen sich mit Symptombekämpfun-gen: *Schneekanonen gegen Klimaerwärmung.* Die Deutschen sind allerdings für ökologische Themen zu begeistern, wenn sie nicht abstrakt, sondern lebensnah *gefühlt werden können.* Die Initiative „Rettet die Bienen" (2019) gilt beispielsweise als eine der erfolg-reichsten Volksbegehren in der Geschichte Bayerns. „Artenvielfalt" und „Naturschutz" sind hierbei zu einem *Herzthema* geworden.

Die Zeiten völliger Freiheit im Umgang mit Natur und Umwelt sind vorbei, die gedankenlosen Flüge, Kreuz- und Autofahrten nach dem Motto *„Macht auch die Erde untertan"* auch. Die Natur (Luft, Boden, Wasser, Vegetation) steht nicht mehr zur freien Disposition. Geringschätzung und Ausbeutung der Natur haben ein Ende.

**„Bei der Diskussion um emissionsfreien Straßenverkehr
im Jahr 2030
werden große Zukunftshoffnungen
auf den Elektroantrieb gerichtet,
ohne die Frage zu beantworten,
woher der Mehrbedarf an Strom kommen soll,
wenn gleichzeitig Kernkraftwerke abgeschaltet,
Kohlekraftwerke nicht mehr gebaut
und die Nutzungen von Nahrungspflanzen
(z. B. Raps, Mais)
als Energiepflanzen vermieden werden sollen."**

(2013/4)

In der Öffentlichkeit dominiert eine Doppelmoral: Wasser predigen, Wein trinken. Zu viel Plastik wird in der Umweltpolitik heftig kritisiert. Aber gleichzeitig registriert die Wirtschaftspolitik positiv, dass die Kunststoffindustrie mit *PET-Flaschen und Plastik-Taschen* starke Zuwächse aufweist. Der Klimawandel ist in aller Munde. Doch: *Wo bleibt der Sinneswandel?*

Noch 1994 glaubte ich, dass wir nur subjektiv empfunden einem Zeitalter der Extreme entgegensehen: „Wir neigen immer mehr zu Extremen, weil wir täglich mit Extremen konfrontiert werden" (32, S. 18). Inzwischen ist das Extreme real geworden und entsteht als Sensation nicht mehr nur in unseren Köpfen: Der Regen wird zum Starkregen, der Wind zum Orkan und das extrem heiße oder kalte

Wetter zu Heiß- oder Eiszeit. Wetterextreme erweisen sich wirklich als Vorboten eines Klimawandels. Bergrutsch, Erdrutsch, Schlammlawinen – und das alles *weitgehend hausgemacht*, weniger als schicksalhafte Naturkatastrophen.

Zu bedenken ist allerdings, dass die Klimafolgenforschung bisher noch mit vielen Unsicherheiten behaftet ist. Die Bevölkerung neigt daher selbst zu extremen Reaktionsweisen – entweder zur *Überdramatisierung* oder zur *Bagatellisierung* (vgl. Krupp 1995, S. 178). Die These des von Menschen verursachten (anthropogenen) Treibhauseffektes ist in der Klimadiskussion unbestritten. Andererseits muss die Bevölkerung mit *widersprüchlichen Aussagen* leben lernen, wenn es beispielsweise um *präzise Prognosen über Zeitabläufe* geht.

Der Report des Weltklimarates (IPCC) stützt sich auf Temperaturdaten des Klimaforschers Phil Jones (University of East Anglia/ Hadley-Institute/GB): 2007 prognostizierte Jones einen neuen Hitzerekord; zwölf Monate später sagte er das kälteste Jahr des Jahrzehnts voraus. Ähnlich widersprüchlich müssen die Aussagen von Mojib Latif erscheinen: Als führender Autor des IPCC-Reports ging er 2007 von einer Temperaturerhöhung für die kommenden Jahrzehnte aus; ein Jahr später sagte er hingegen eine Abkühlung der globalen Temperatur voraus.

**„Statt den trügerischen Eindruck
von präzisen Prognosen
und verlässlichen Voraussagen zu erwecken,
sollte die Umwelt- und Klimafolgenforschung
mehr mögliche Entwicklungen und Varianten aufzeigen
und das Denken und Handeln in Alternativen fördern."**

(2013/4)

Vielleicht verändert die sich weltweit ausbreitende *Friday-for-Future-Bewegung* der jungen Generation das Denken und Handeln und setzt Zeichen für die Zukunft.

3. Mehr High Tech als Human Touch (83 Prozent):
Roboter und selbstfahrende Autos machen das Leben nicht besser

In der öffentlichen Darstellung erscheint der Hype um Roboter und selbstfahrende Autos kaum mehr steigerbar. Die Bevölkerung bekommt den Eindruck vermittelt: Wir stehen am Vorabend einer neuen industriellen Revolution. Doch die Deutschen lassen sich von den versprochenen *digitalen Errungenschaften* nicht blenden. 83 Prozent der Bevölkerung sind davon überzeugt: Roboter und selbstfahrende Autos *„werden das Leben nicht besser und die Menschen nicht zufriedener machen".*

Die größten Vorbehalte gegenüber den technologischen Verheißungen im Digitalzeitalter melden die 65plus-Generation (92 Prozent) sowie die Bewohner in ländlichen Regionen (91 Prozent) an. Landbewohner geben sich realistisch und werden in ihrer Einschätzung auch noch von der Politik bestätigt: Die neuen Technologien seien „nicht an jeder Milchkanne notwendig: Um in die Fläche zu gehen, können wir uns ein bisschen Zeit lassen" (Anja Karliczek, Bundesministerin für Bildung und Forschung im November 2018). Die digitale Spaltung fängt offensichtlich im ländlichen Raum an. Insofern kann es nicht überraschen, dass die *Digital-Native*-Generation im Alter von 20 bis 39 Jahren, die mit den neuen Medien aufgewachsen ist, deutlich weniger Kritik übt (74 Prozent). Für sie ist der Fortschritt der Technik eher ein sozialer Fortschritt, der die Menschen zufriedener macht.

Vor zwanzig Jahren prognostizierte ich eine Art „Psychologisierung des Computers": „Lebendig. Beseelt. Empfindungsfähig" (1999/26). Der PC wird zum persönlichen Ausdrucksmittel. Was der Computer

„ist", wird wichtiger als das, was er „leistet". Die Grenzen zwischen Dingen und Menschen verwischen sich. „High Tech statt Human Touch", heißt es. Der Computer erreicht bald die Speicherkapazität des menschlichen Gehirns. Das Gehirn wird „gescannt" und in einem Computer dupliziert. In Zukunft gibt es *Künstliche Intelligenz*, bei der der Mensch mit der Maschine gleichgesetzt und *der Computer zum ‚homo sapiens' aufgewertet wird*.

Computerprogramme spielen in Zukunft fast die Rolle von Priestern oder Göttersachverständigen. Löst die Computerkultur als moderner Mythos alte Religionen ab? Werden die Computer zu magischen Maschinen, denen ein geradezu religiöser Status verliehen wird? *Neue Assistenzsysteme* kommen auf uns zu. Pflegepatienten können sich dann rund um die Uhr elektronisch überwachen lassen. Sensoren kontrollieren Atmung, Blutdruck, Herzrhythmus, Pulsfrequenz und Gehirnströme. „Ihre biologische Uhr ist außer Kraft gesetzt. Sie sind darauf programmiert, lange zu leben. *Sie fühlen sich wie ein Roboter*, weil ein großer Teil ihres Körpers aus dem Labor stammt" (Kaku 2012). Der Physiker Kaku hat die Rechnung ohne uns gemacht: So wollen wir in 100 Jahren nicht leben!

Hinzu kommt das *Smarthome, das intelligente Haus* – mit Chips in Haushaltsgeräten wie Tischen, Stühlen und Wänden oder gar in unserer Kleidung: Die Krawatte enthält ein Mikrofon, im Schuhabsatz befindet sich ein kompletter Rechner. Und die Haut wird zum Speicher elektronischer Ladungen, weshalb Visitenkarten weitgehend entbehrlich sind, weil beim Händeschütteln die persönlichen Daten ausgetauscht werden. Wie können wir bei all den Verheißungen die technologische KI-Entwicklung bremsen, damit sie nicht für den Menschen existenzbedrohend wird, mehr einer Behinderung als einer Bereicherung des Lebens gleichkommt und wir am Ende verrückt zu werden drohen?

Die *KI* gilt als Schlüsseltechnologie – aus gutem Grund: KI ist die *neue Geldmaschine des 21. Jahrhunderts*. Damian Borth vom Deutschen Forschungsinstitut für Künstliche Intelligenz (DFKI) gibt unumwunden zu: „Wer hier fit ist, wird sich in den kommenden Jahren nicht über einen Mangel an spannenden Aufträgen beklagen können" (D. Borth: Interview. In: KARRIEREFÜHRER vom 30. Mai 2017). Die Schlüsselfrage für die Technologen lautet: *Wie nutze ich die KI für neue Umsatzströme* – in der Automobilindustrie und der Finanzbranche, im Maschinenbau und in Technologieunternehmen von Bosch über die Deutsche Telekom bis SAP. Es geht um Geld und Macht und um die Angst, *von Wettbewerbern überholt zu werden*. Fast drängt sich der Eindruck auf: Wir wissen auch nicht, wo wir hin wollen, aber wir werden auf jeden Fall als Erste da sein ...

Auf den ersten Blick erscheint die *neue „KI-volution"* wie ein Paradies auf Erden, das *sinnstiftende Arbeit* schafft, *erschwingliche Gesundheitsversorgung* garantiert, *personalisierte Bildung* bereitstellt und günstige *selbstfahrende Autos für alle* anbietet. Auf den zweiten Blick kommen erhebliche Zweifel auf. Wenn ich heute bei Google nach einem Wort suche oder eine bestimmte Frage habe, bekomme ich sofort den Hinweis: „Sagen Sie einfach ‚o.k. Google', um Antworten auf Ihre Fragen zu erhalten. Google kann Ihnen bestimmte Informationen anzeigen, *bevor* Sie aktiv danach suchen ..." Daraus folgt: Google kann Gedanken lesen und Antworten auf Fragen liefern, die wir noch gar nicht gestellt haben. Das stimmt nachdenklich und muss uns zu Recht *beunruhigen*.

Was also passiert, wenn Maschinen anfangen zu denken und sich zu verselbstständigen drohen? Dann bekommen es selbst die Erfinder mit der Angst zu tun:

- Microsoft-Gründer *Bill Gates* wundert sich: „Ich verstehe nicht, warum manche Menschen nicht besorgt sind."

- Tesla-Chef *Elon Musk* warnt: „Wenn ich raten müsste, was unsere größte existentielle Bedrohung ist, dann ist es vermutlich die Künstliche Intelligenz: Nicht Staatschefs, sondern KI kann Auslöser des Dritten Weltkriegs sein."

- Und der Physiker *Stephen Hawking* prognostiziert apokalyptisch: „Künstliche Intelligenz könnte das Ende der Menschheit bedeuten."

Wie Robert Oppenheimer, der „Vater der Atombombe", werden am Ende auch die Erfinder der KI über ihre Errungenschaft nicht glücklich sein. Die Geister, die sie riefen, werden sie so schnell nicht wieder los. Maschinenstürmerei kommt zu spät, wenn die KI als existentielle Bedrohung Zukunftswirklichkeit geworden ist.

Sicher: Wirtschaft und Politik haben ein großes Interesse daran, bei der Bevölkerung für KI mehr Begeisterung als Bedenken zu schüren. Wenn aber wie bisher etwa drei Viertel aller KI-Botschaften *extrem negativ* ausfallen und Tim Berners-Lee, der Erfinder von World Wide Web, durch einen neuen Zivil-Vertrag das Netz vor Hass und Manipulation retten will, sind wir von *Human Touch-Hoffnungen* noch weit entfernt. Das *Web Summit 2030* kann zum Horror-Szenario milliardenfacher Cyperattacken werden.

4. Gehetzt, nervös und überreizt (79 Prozent):
Der Atem für geduldiges Zuhören geht verloren

Vor dreißig Jahren ging wohl die Phantasie mit mir durch: Ich forderte einen *neuen Zukunftsberuf: Zuhörer* – „weil es sonst keiner mehr tut. Der Mitmensch, kontaktfähig und einfühlsam, wird gesucht" und ersatzweise im „Zuhörer von Berufs wegen" gefunden (Opaschowski 1988, S. 33). Eine seinerzeit fast unvorstellbare Zukunftsvorstellung, die jetzt Wirklichkeit zu werden droht. Über drei Viertel der Bevölkerung (79 Prozent) sind sich sicher, dass „eine nervöse und gehetzte Generation heranwächst, die keinen langen Atem für geduldiges Zuhören mehr hat". In besonderer Weise betroffen ist die ältere Generation (65plus: 87 Prozent – 80plus: 93 Prozent). Im Kommunikationszeitalter fühlen sich Ältere von der Kommunikation vielfach ausgeschlossen.

209

> „Die soziale Kälte kann morgen regieren,
> wenn wir uns nicht heute ändern.
> Es wird dann kommerzielle Agenturen
> für die Kinderbetreuung, Tagesmütter-Firmen
> und Nachbarschaftshilfen gegen Bezahlung geben.
> Kinder, Alte, Kranke und Behinderte hätten dann
> keinen Anspruch auf mitmenschliche oder liebevolle
> Zuwendungen mehr.
> Da fast alles kommerziell und gesetzlich geregelt wäre,
> würden Nächstenliebe und soziale Verantwortung
> durch erkaufte oder erzwungene Versorgung ersetzt oder
> verdrängt."
>
> (1997/28)

Die Bundesbürger waren auf den ersten Blick noch nie so gesellig wie heute. Und doch leiden viele: wenn sie *unter Leuten sind, aber keine echten Gesprächspartner finden*. An Gelegenheiten für Kontakte, Besuche und Einladungen mangelt es sicher nicht, wohl aber an tiefergehenden Beziehungen, die über oberflächliche Kontakte hinausgehen. Die Kälte im Umgang miteinander bekommen *Alleinstehende* am meisten zu spüren.

Am Anfang war das Wort – und nicht der small talk. Bei geselligen Anlässen scheint jedoch alles anders zu sein. Es wird oft mehr konsumiert als kommuniziert, mehr nebeneinander als miteinander geredet. Man hat gesellig, unterhaltsam und flexibel zu sein. Wer das Stichwort verpasst, wird geschnitten. Manche sind geradezu Meister im Lauern auf das Stichwort. Anders als zu Zeiten Theodor Fontanes oder Thomas Manns lässt sich heute aus der Literatur herauslesen, wie die Gesprächskultur im Argen liegt. Von Uwe Johnson über Peter Handke bis Thomas Bernhard: In ihren Büchern unterhalten sich die Akteure fast durchweg „kurzatmig, sprunghaft, in Wortschablonen. Die Gedankenabläufe geschehen nicht im freien Austausch des Gesprächs, sondern in introvertierter Monologform" (Schwedler 1984, S. 79). *Zu Kurzkontakten gehören Kurzgefühle.* Auf der Strecke bleibt die Sehnsucht nach einem Leben, in dem man wieder ernsthaft miteinander reden und echte Gefühle zeigen kann. Es trifft eher zu, was Nobelpreisträger Konrad Lorenz einmal den Wärmetod unserer Gefühle nannte: *„See you later" – „Bis bald" – „Wir telefonieren".*

Die Angst ist groß, dass *eine dauerhaft nervöse und unruhige Generation* heranwächst. Lust schlägt in Wut um und aus Nervosität wird Aggressivität. Wenn sich Erwachsene gestresst fühlen, werden sie erst einmal unruhig und nervös. Wenn Jugendliche ‚voll im Stress' sind, werden sie eher aggressiv. Gehetzt, nervös und überreizt: Wie beim Peter-Prinzip im Berufsleben, wenn die eigene Kompetenz überfordert ist (was den Zusammenbruch von Brückenbauten erklärt), macht die Sinnesüberreizung die Menschen in Zukunft immer nervöser und aggressiver. Dies kann auf längere Sicht die Kindesentwicklung nachhaltig beeinflussen. Wenn in Zukunft aggressives Verhalten von Kindesbeinen an geradezu „erlernt" wird, können dann nicht eines Tages *Aggressionen, Hass, Wut und Gewalt* als Normalität empfunden werden?

„Das Nicht-zuhören-Können,
heute schon im Kindesalter nachweisbar,
kann in Zukunft
zur größten sozialen Herausforderung
für die zwischenmenschliche Kommunikation werden."

(1999/26)

Der Kult der Lässigkeit fordert bald seinen Tribut. Aus Lässigkeit wird Nachlässigkeit. Was manchmal als Zeichen von Spontaneität erscheint, ist nicht selten ein Mangel an Mitgefühl, ein Ausdruck von Gedankenlosigkeit und Unverbindlichkeit.

5. Einsamkeit und Langeweile (79 Prozent):
Ein neues Volksleiden breitet sich aus

„Sie wissen doch vorher schon, wie es weitergeht", meinte ein Mitarbeiter der Stiftung für Zukunftsfragen anlässlich der Jahrtausendwende zu mir. „Eigentlich könnten wir uns die teuren Umfragen sparen." Das mag im Einzelfall stimmen, im Allgemeinen aber nicht. Ich arbeite seit Jahren im *Spannungsfeld von Empirie und Fantasie*. Beide „Standbeine" der Forschungsarbeit sind mir gleich wichtig. Dennoch gibt es immer wieder Überraschungen.

Im Rahmen meines einjährigen Twitter-Experiments 2018 (vgl. Kap. XI/4) kamen aktuelle Streitthemen von unterschiedlicher Relevanz und Resonanz zur Sprache wie beispielsweise *„Grundeinkommen"* (389 Nennungen), *„KI"* (311) oder *„EU"* (473). Doch gegen das, *was die Menschen im Leben wirklich bewegt*, waren dies geradezu Randthemen. Bei der Thematisierung von Problemfeldern wie „Einsamkeit" und „Langeweile" hat es explosionsartige Reaktionen gegeben. Die zwei Twitter-Meldungen lauteten:

- „Der moderne Mensch droht in der Masse zu vereinsamen. *Massenvereinsamung* ist das größte Zukunftsparadox, weil es an echten Bezugspersonen und tieferen Beziehungen fehlt (meine Prognose 1988!). Traurige Realität 2018: Großbritannien bekommt ein eigenes Einsamkeitsministerium." (07.05.2018 – 3.023 Klicks)

- „In der künftigen Gesellschaft des langen Lebens droht eine *Epidemie chronischer Langeweile*. Immer mehr leiden unter der Unverbindlichkeit des Lebens. Die Unterhaltungsindustrie wird Langeweile verhindern helfen und gleichzeitig neue Langeweile entstehen lassen." (20.06.2018 – 6.130 Klicks)

Beide Statements hatten offensichtlich den Nerv der Zeit getroffen – und das bei einer technikaffinen Info-Elite. Die überraschende Resonanz auf die beiden Twitter-Meldungen habe ich als *Seismograph für Stimmungen und Gefühlslagen* genutzt und repräsentativ im gesamten Bundesgebiet 1.000 Personen ab 14 Jahren danach befragt.

Mehr als drei Viertel der Deutschen (79 Prozent) äußern die Befürchtung: „In der künftigen Gesellschaft des langen Lebens werden immer mehr Menschen *unter Einsamkeit und Langeweile zu leiden haben.*" Auf dieses Problem macht vor allem die Bevölkerungsgruppe zwischen 40 und 49 Jahren aufmerksam (80 Prozent): Sie befindet sich in der *nachelterlichen Lebensphase*, in der die Kinder bald aus dem Haus gehen oder schon aus dem Haus sind („Nestflüchter"). Zwar noch in der Mitte des Lebens, spüren sie schon, was sie *fühlen werden*, wenn die Kinder nicht mehr der Mittelpunkt ihres Lebens sind. In gleicher Weise von Einsamkeit und Langeweile betroffen sind die Hochaltrigen über 80 Jahre (88 Prozent) – die Frauen deutlich mehr (93 Prozent) als die Männer (79 Prozent).

Für die Zukunft gilt: Das insbesondere in den Ballungszentren vorherrschende enge Zusammenleben vieler Menschen auf engstem Raum bewirkt mehr räumliche Zusammenballung als menschliche Nähe. *Kommunikationsdichte und Kontaktlosigkeit sind dann keine Gegensätze mehr.* Fremde Welten rücken mit Hilfe von Massenmedien und modernen Kommunikationsmitteln ganz nah, während gleichzeitig der Nachbar wie der Bewohner einer fremden Welt immer ferner rückt. *Die Wohnung bekommt Inselcharakter.* Ihre Lebensqualität wird daran gemessen, ob sie maximale Abgeschiedenheit, Sicherheit (vor Eindringlingen), Schutz (vor Nachbarblicken) und Reizarmut (keine Kinder in der Nähe, gute Geräuschisolierung) gewährt und garantiert.

Aus sozialpsychologischer Sicht hat Einsamkeit weniger etwas mit der Tatsache des Alleinseins zu tun, mehr mit dem *Gefühl, nicht gebraucht zu werden.* Dieses Gefühl wird als *existentieller Schmerz* erlebt. Dahinter verbirgt sich das urmenschliche Bedürfnis, sich an einen anderen Menschen anlehnen, bei ihm Schutz finden und ihm voll vertrauen zu wollen. Für viele Menschen wird in Zukunft der Medienkonsum zum Ersatz für fehlende Kontakte und Gesprächspartner. TV, PC und Telefon müssen dann zeitweilig über Probleme hinweghelfen, können sie aber nicht lösen. Hohe Einschaltquoten sagen manchmal mehr über die Kontaktarmut von Zuschauern aus als über die Qualität von TV-Programmen.

Immer mehr Menschen leben allein, aber immer weniger Menschen können allein leben. Für sie bleibt als Ausweg nur das mediale Kontakterlebnis und manchmal auch der Alkohol („Trink deinen Whiskey und hör auf, dich zu bemitleiden"). Psychosomatische Beschwerden werden dann die Folge von Einsamkeitsproblemen sein. *Einsamkeit wird in Zukunft Regierungsthema* – ganz im Sinne von Bundesgesundheitsminister Jens Spahn: „Der größte Kampf, den diese Gesellschaft einmal wird führen müssen, ist der gegen die Einsamkeit" (Interview in: Der Spiegel vom 18. April 2018). Sprechen wir es offen aus: *Einsame sind anfällig für Depression und Demenz.*

Zur Einsamkeit ‚gesellt' sich die *Langeweile als neues Volksleiden.* Aus psychologischer Sicht gilt die Langeweile als *Erleben eines leeren Zeitgefühls und eines Mangels an Interesse und Zielstrebigkeit.* Ursache dieses Mangelerlebens ist ein im Menschen angelegter spontaner Betätigungsdrang, ein *Aktivitätsbedürfnis*, das sich bei Nichterfüllung bzw. Nichtstun in schlechtem Gewissen oder Schuldgefühlen äußert. Die Schuldgefühle entstehen aus Furcht vor dem Verlust sozialer Anerkennung und gesellschaftlicher Bedeutung (z. B. nach Ende des Erwerbslebens).

Nun ist Langeweile nicht neu. Langeweile hat abendländische Tradition. Schon im 5. Jahrhundert n. Chr. beklagte der Theologe Johannes Cassianus den „horror loci": den Überdruss und die Langeweile des Einsiedler-Mönches in der Klosterzelle, in dem immer gleichen Wohnraum mit dem immer gleichen Horizont seiner Wahrnehmung. Der horror loci bewirkte, dass Arbeit und Meditation nutzlos erschienen, Rastlosigkeit und innere Unruhe entstanden, die Zeit lang wurde und der Mönch sich nach Zeitvertreib sehnte.

Bei Thomas von Aquin wird die Langeweile nicht nur in die Nähe von „Weltschmerz" und „Traurigkeit" gerückt, sondern bekommt auch sündhaften Charakter, weil sie schöpferische Liebe und produktives Handeln blockiert. *Hier hat die negative Bedeutung von Langeweile ihren geistigen Ursprung.* Einen besonderen Stellenwert bekam die Langeweile in den Schriften der Existenzphilosophen. Blaise Pascal leitete in seinen „Gedanken" die Langeweile aus dem Widerspruch von Ruhe und Rastlosigkeit ab. Unrast treibt zur Ruhe, Ruhe aber wird durch Langeweile unerträglich, sodass wieder Rastlosigkeit entsteht. Der Mensch auf der Flucht vor der Langeweile, die von Station zu Station durch Neugier so gesteigert wird, dass sie immer wieder in Langeweile endet – ein Teufelskreis.

Einsamkeit und Langeweile, Nichtstun und Neurose, Depression und Demenz stellen aus psychosomatischer Sicht einen Zusammenhang dar und verursachen längerfristig ein Sich-krank-Fühlen. Aus dem *Widerspruch von Sich-krank-Fühlen und doch Nicht-krank-sein-Können* entstehen Depressionen und Neurosen. Gedrückte Stimmung, Verstimmung und Schwankungen des affektiven Befindens bis hin zu psychosomatischen Störungen stellen sich ein. Für die Zukunft ist gar eine *Medikalisierung unseres Lebens* zu befürchten, d. h. die Attribute gesund und krank könnten dann zu zentralen Bestimmungsfaktoren für fast alle Lebensbereiche werden.

Dies lässt sich schon heute an den Medikamenten-Verkaufsziffern ablesen. Der größte Medikamentenverbrauch wird nicht im Bereich der Behandlung organischer Krankheiten, sondern in der *Kurierung psychosozialer Zustände, Probleme und Konflikte* verzeichnet:

- als Hilfe zum Schlafen oder Wachhalten,
- als Anregung oder Zügelung des Appetits,
- als Dämpfung oder Hebung des Energieverbrauchs,
- als Steigerung unserer Vorstellungskraft,
- als Aktivierung von Interessen,
- als Milderung von Depressionen.

Müssen in Zukunft Medizin und Therapie an die Stelle eines informellen Netzes von Hilfeleistungen treten? *Das medizinische Behandlungsmodell darf nicht zum Zuge kommen*, weil es ebenso entmündigend wie unmoralisch wirkt und den Sozialcharakter der Probleme leugnet.

6. Wachsende Fremdenfeindlichkeit (78 Prozent):
Hinter Fremdheitsgefühlen verbergen sich Zukunftsängste

Fremdenfeindlichkeit bezeichnet seit alters her die ablehnende Haltung von Einheimischen gegenüber Ausländern. Ausländer gelten zunächst als „Fremde" (ahd. „fremedi": fern von/fort). Fremde kommen aus einem anderen Land, fühlen sich *nicht heimisch*: Fremde sind *nicht daheim*. Aus der Evolutionsforschung ist bekannt, dass die *Angst vor dem Fremden („Xenophobie")* die Menschheit von Anbeginn begleitet. Mit der Geschichte der Menschheit ist untrennbar immer auch die Ablehnung des Fremden verbunden (vgl. Oeser 2016). Sie schließt Radikalisierungen zwischen Hass, Wut und Gewaltbereitschaft nicht aus.

Fremdenfeindlichkeit verstärkt sich immer dann, wenn die heimische Bevölkerung den Eindruck hat, Zuwanderer würden eine Bedrohung für ihre Job- und Wohlstandssicherung sein, sich nicht an den Lebensgewohnheiten der Einheimischen orientieren, die heimische Kultur nicht respektieren, kein Gefühl von Zugehörigkeit signalisieren und sich hinter vordergründigen Identifizierungen verbergen. Das ist die Quelle für latente soziale Konflikte, weil soziale Bindemittel fehlen: Gemeinsamkeit. Gemeinschaftsgeist. Mitgefühl.

Soziale Konflikte beginnen im zwischenmenschlichen Bereich: Gleichgültigkeit und Oberflächlichkeit, Herzlosigkeit und Egoismus. Soziale Ausgrenzung ist die Folge. Es fehlt der soziale Kitt für ein gutes Zusammenleben, eine Verständigung darüber, was Einheimische und Zuwanderer miteinander verbindet.

Fremdenfeindlichkeit ist die aggressive Steigerung von Fremdenangst und kann in Fremdenhass umschlagen. *Wachsende Fremdenfeindlichkeit* bedroht das friedliche Zusammenleben. Genau diese Befürchtung äußern mehr als drei Viertel (78 Prozent) der Deutschen. Die überwiegende Mehrheit der Bevölkerung hat Angst, dass „die wachsende Fremdenfeindlichkeit den sozialen Frieden in Deutschland gefährdet". Frauen (79 Prozent) stimmen darin genauso überein wie Männer (78 Prozent), Ostdeutsche (80 Prozent) wie Westdeutsche (78 Prozent). Große Meinungsunterschiede sind allerdings zwischen den Generationen feststellbar: Je jünger die Befragten sind, umso problematischer schätzen sie diese Entwicklung ein (14- bis 24-Jährige: 85 Prozent – 50plus-Generation: 75 Prozent). Auch mit dem Bildungsgrad wächst das Problembewusstsein (Hauptschulabsolventen: 75 Prozent – Höhergebildete mit Abitur: 83 Prozent).

Wachsende Fremdenfeindlichkeit zieht wachsende Unzufriedenheit nach sich, weil das Wohlfühlen und Wohlergehen der Menschen im eigenen Land darunter leidet. „Fremde" drohen dann zu „Sündenböcken" für Zukunftsängste zu werden. Das können *Abstiegsängste heute* und *Armutsängste morgen* sein. Zu viel Fremde im eigenen Land verunsichern und lassen Einheimische mit Blick auf die Zukunft subjektiv ärmer erscheinen.

**„Ein zu hoher Ausländeranteil fördert
bei den Einheimischen Fremdenfeindlichkeit:
Solche Regionen werden zu Stammgebieten
für die Wählerschaft der extremen Rechten.**

Weil die globale Migration uns noch über Jahrzehnte erhalten bleibt, wird auch die Flüchtlingsfrage in Deutschland ihre *Sprengkraft* und ihren *sozialen Zündstoff* so schnell nicht verlieren. Die *Abwehrhaltung* eines großen Teils der Bevölkerung in Deutschland nimmt bisher jedenfalls mehr zu als ab. Fremdenfeindlichkeit ist schließlich nicht nur ein politisches, sondern vor allem ein *emotional besetztes Thema*. Die Einstellung wird wesentlich vom Gefühl her bestimmt. Entsprechend kontrovers verläuft die öffentliche Diskussion, zumal bisher nicht klar ist, ob nun Zuwanderung durch die Politik

- ermöglicht oder
- gestaltet oder
- gesteuert oder
- begrenzt

werden soll. Genauso widersprüchlich ist das Meinungsbild der Bevölkerung, das zwischen Ablehnung („Begrenzung") und Gestaltung („Integration") schwankt.

Ein Großteil fremdenfeindlicher Tendenzen erklärt sich aus den *Interessenkonflikten* zwischen Einheimischen und Zuwanderern. Die *Strategie der besten Köpfe*, also die gezielte Anwerbung hoch qualifizierter Arbeitskräfte, ist bisher nicht ernsthaft angegangen worden. Denn dann hätten auch gering qualifizierte Einheimische weniger Sorgen um den Erhalt ihrer Arbeitsplätze. Sie würden vom sogenannten „Kompensationseffekt" profitieren: Zuwanderer mit einem überdurchschnittlich hohen Bildungs- und Einkommensniveau würden Freiräume, also zusätzliche Beschäftigungen, für einheimische Arbeitskräfte schaffen. *Für den Mangel hochqualifizierter*

Fachkräfte brauchen wir in Zukunft eine Greencard-Regelung. Es gibt schließlich Erfahrungswerte, wonach mit jeder neuen Greencard-Fachkraft zwei inländische Arbeitsplätze geschaffen werden (Wimmex AG: „Sechs Monate Greencard in Deutschland. Eine Zwischenbilanz"/2001).

Daraus folgt: *Wachsende Fremdenfeindlichkeit ist wesentlich eine Folge von Existenzängsten, die durch eine qualifizierte Zuwanderungspolitik abgebaut werden könnte.* Dann würden Zuwanderer als Bereicherung der Gesellschaft gesehen werden, an der alle partizipieren können: Wer auf dem Land wohnt, müsste nicht mehr um Arbeit und Wohlstand bangen; für die 50plus-Generation gäbe es noch genug zu tun und ostdeutsche Arbeitnehmer hätten nicht mehr das Gefühl, von Fremden am Arbeitsplatz „verdrängt" zu werden. Einheimische würden sich von Fremden weniger „ausgegrenzt" fühlen. Es gäbe weniger Fremdenangst und Fremdenhass in Deutschland.

7. Nichts ist mehr sicher (75 Prozent):
Die Privatsphäre kann nicht mehr geschützt werden

„Das ist doch eine Horrorvision: Das muss nicht Wirklichkeit werden", war die erste Wortmeldung eines Zuhörers nach Beendigung meines Vortrags im Jahr 2000 vor den Datenschutzbeauftragten Deutschlands in Hamburg. *„Muss nicht, aber kann!",* lautete seinerzeit meine spontane Antwort. Ein Jahr später veröffentlichte ich mit Förderung von Daimler Chrysler, OTTO und den Datenschutzbeauftragten ein Fachgutachten zum Thema *„Die Zukunft von Datenschutz und Privatsphäre in einer vernetzten Welt"* (2001). Die Datenschutzbeauftragten zeigten sich damals von den Ergebnissen meiner Repräsentativumfrage konsterniert: Drei Viertel der Bevölkerung hatten „noch nie" etwas von Datenschutzbeauftragten gehört. Das Wissen um Datenschutzprobleme war zur Jahrtausendwende bei der Bevölkerung mehr als unterentwickelt. Die Welt im Jahr 2019 sieht inzwischen ganz anders aus.

> „Das Internet ist ein wenig wie der Wilde Westen.
> Im nächsten Jahrzehnt droht geradezu ein Einbruch
> in unsere Privatsphäre:
> Wir müssen mit Digitalvandalismus,
> Softwarepiraterie und Datendiebstahl leben lernen."
>
> *(1999/26)*

Allen Sicherheitsversprechen von Politik und Wirtschaft zum Trotz: Die Deutschen haben mehrheitlich den *Glauben an den Schutz der Privatsphäre verloren*. Drei Viertel der Bevölkerung (75 Prozent) machen sich keine Illusionen und sind überzeugt: „Im Zeitalter von Digitalisierung und Künstlicher Intelligenz kann die Privatsphäre nicht mehr geschützt werden." In dieser realistischen Einschätzung sind sich fast alle Bevölkerungsgruppen einig – die Frauen genauso wie die Männer (je 75 Prozent), die junge Generation der „Digital Natives" ebenso wie ihre Elterngeneration. Lediglich Höhergebildete mit Abitur oder Hochschulabschluss sind etwas positiver gestimmt und sehen weniger schwarz (64 Prozent) als Hauptschulabsolventen (76 Prozent). Ansonsten einen die *Zukunftszweifel* alle Bevölkerungsgruppen in Deutschland. *Der Datenschutz hat seine Unschuld verloren*: Nichts ist mehr sicher vor Datendiebstahl – die einzelnen Bürger nicht, die Politiker nicht und das Kanzleramt schon gar nicht. Eine Zeitenwende ist angesagt. Das *Zeitalter des Digitalpessimismus* beginnt, in dem das Internet zum „Kontroll- und Überwachungsinstrument" (Der Spiegel vom 27. Oktober 2018) wird.

Wir sollten uns in Erinnerung rufen: Das Internet entstand aus dem ARPANet, das 1969 *im Auftrag des amerikanischen Verteidigungsministeriums* an der Universität von Kalifornien in Los Angeles entwickelt wurde. Als dezentralisiertes Computernetzwerk sollte es die militärische Kommunikation im Falle eines nuklearen

Angriffs sicherstellen. Die dabei verwendete Technik („Packet Switching") zerlegte Daten in adressierte Pakete, verschickte sie über Hochgeschwindigkeitsleitungen und setzte sie am Zielpunkt wieder zusammen. Dieses Computernetzwerk war gegenüber möglichen Angreifern „uneinnehmbar".

1983 wurde ARPANet in ein militärisches *(Milnet)* und ein ziviles Netzwerk *(Internet)* geteilt. Die U.S. National Science Foundation (NSF) übernahm die Verwaltung und Wartung der Leistungen und machte das zivile Netzwerk allen Universitäten und in der Forschung tätigen Firmen und Behörden zugänglich. So kam es zu einer fast anarchischen globalen Verknüpfung von Netzwerken. Mit anderen Worten: Das Internet war von Anfang an als *Spionage-Instrument* geplant und nicht als Datenschutz-Medium.

Der grenzüberschreitende Charakter des Internets kann den Cyberspace in Zukunft zu einem elektronischen Schlachtfeld werden lassen, der *außer Kontrolle* gerät. Alle Versuche einer Zivilisierung des Cyberspace müssen wie ein hoffnungsloses Unterfangen erscheinen. Wer kann sich dann gegen elektronischen Rufmord schützen? Was kann man gegen eine Art elektronisches Fahndungsplakat tun? Ist der Cyberspace überhaupt noch unter Kontrolle zu bringen? Nichts gilt mehr als sicher, weil jeder User Spuren im Internet hinterlässt. Ein Eingriff in die Privatsphäre ist schon lange nicht mehr auszuschließen. Gläserne Konsumenten sind Wirklichkeit.

Das radikal Neue der digitalen Zukunft ist darin zu sehen, dass nicht mehr die Medien zu den Menschen kommen, sondern die Menschen die Daten zu sich „herüberziehen". Alles kann angefordert und abgerufen werden. *Wird der Mensch am Ende selbst zu einem statistischen Datensatz* von Alter, Einkommen, Einkaufszettel, Automarke, Steuererklärung und Trinkgewohnheiten? Werden aus unseren persönlichen Daten neue Dienstleistungen für andere? Im Nachdenken über die möglichen Risiken der vielgepriesenen digitalen Infrastruktur stehen wir erst am Anfang.

Den Usern fehlt bisher ein Sicherheitsbewusstsein. Das Internet kann in Zukunft zur elektronischen Zeitbombe werden. Denn: Immer mehr private Daten gehen um die Welt:

- Steuerberater sind online mit ihren Mandanten verbunden.
- Krankenkassen versenden Mitgliederdaten.
- Ärzte verschicken Patientenbefunde elektronisch.

Alle vertrauen darauf, dass die genutzten Verschlüsselungsverfahren ("Kryptographie") sicher sind. Die Frage ist: Wer findet sich im institutionellen Datendschungel überhaupt zurecht? Wer besitzt personenbezogene Daten und wer macht davon wie Gebrauch? Kundenkarten, Kreditkarten, Krankenkarten – die inflationäre Verbreitung solcher Plastikkarten, die als Datenträger dienen, ist kaum mehr überschaubar und durchschaubar. Besonders problematisch erweist sich der *Datenschutz von Kindern* unter 13 Jahren. Wenn z. B. Unternehmen User im Kindesalter nach persönlichen Daten wie E-Mail, Name oder Geburtsdatum – ohne Einverständnis der Eltern – fragen und dabei Comicfiguren oder Gewinnspiele als Lockmittel einsetzen.

Auf der Reise in die Zukunft bedienen sich offensichtlich viele User eines veralteten Reiseführers: Sie sind unterwegs, wissen aber nicht wohin. Das Fahrtempo wird immer schneller, ohne dass sie abbremsen können. Der Gegenwind lässt sie aus dem Gleichgewicht geraten. Und gegen An- und Übergriffe während der Reise können sie sich kaum mehr verteidigen. Der Eindruck verfestigt sich: Mit dem Datenschutz ist es wie mit dem Umweltschutz: Wirtschaft und Politik reden viel darüber – aber die Bürger leben unbekümmert weiter. Von Politik und Wirtschaft fordern sie "gutes Internet" und "sanfte Mobilität". Dann brauchen sie in Zukunft ihr Verhalten erst gar nicht zu ändern.

> „Um die gläsernen Konsumenten vor sich selbst und anderen zu schützen, bedarf es verschiedener miteinander kombinierbarer Lösungsansätze wie z. B.
>
> mehr Wissensvermittlung
> + mehr Problemsensibilisierung
> + mehr Datenschutzkontrolle durch kompetente Aufsichtsgremien."
>
> *(1999/26)*

8. Mediatisierte Kindheit (74 Prozent):
Das Elternhaus verliert sein Erziehungsmonopol

Vor über zwei Jahrzehnten führte eine Befragung des Allensbacher Instituts bei 900 Lehrern zu einem bemerkenswerten Ergebnis: 81 Prozent der befragten Lehrerschaft waren davon überzeugt, dass die *heutige Schülergeneration am meisten von den Medien geprägt* werde (Allensbacher Archiv 1996). Die Folgen seien Konzentrationsschwäche, Verhaltensstörungen und zunehmende Aggressivität. Für zwei von fünf Lehrern stellte sich auch Gewalt als ein hautnah erlebtes Problem dar. Ein Gefühl von Ohnmacht machte sich breit. 60 Prozent der Lehrer hielten den Einfluss der Medien auf ihre Schüler für „sehr groß". *An den Einfluss der Eltern glaubten lediglich 17 Prozent.*

Eine pädagogische Bankrotterklärung: Während Familie und familiäre Bindungen zunehmend an Bedeutung verlieren, trauen sich die *Lehrer die Vermittlung von Wertvorstellungen nicht mehr zu.* Die Lehrer kapitulieren vor dem Unterhaltungsangebot der Medien. Wird die *mediatisierte Kindheit* bald zur bloßen *Medienkarriere* – gefangen im Mediennetz, aus dem es kaum ein Entrinnen mehr gibt? Die heutige Familiensituation käme dieser Entwicklung auch noch entgegen: durch die Zunahme der Doppelerwerbstätigkeit, durch mehr Scheidungen, mehr Alleinerziehende und mehr Patchwork-Familien. Wenn Lifestyle den Lebenssinn zu ersetzen droht, beginnt *soziale Verwahrlosung*. Es ist sicher nicht einfach, Lösungsansätze oder attraktive Alternativen zur Dominanz des Medienkonsums zu entwickeln. Denn in den letzten Jahrzehnten sind die *Spielräume für Kinder immer enger* geworden, d. h. sie haben sich mehr und mehr von draußen nach drinnen verlagert.

Rund drei Viertel der Deutschen (74 Prozent) sehen mit großer Skepsis in die Zukunft von Bildung und Erziehung. Ihrer Ansicht nach werden *„die elektronischen Medien die Kindesentwicklung mehr beeinflussen als Schule und Elternhaus"* (74 Prozent). Vor allem Familien mit Jugendlichen (81 Prozent) befürchten, dass sie in Zukunft bei der Kindesentwicklung an Einfluss und Bedeutung verlieren und das Feld der Erziehung immer mehr den Medien überlassen müssen.

Das Hauptaugenmerk familiärer Erziehung muss in Zukunft auf die Beantwortung der Frage gerichtet sein, *wie die Sinnesüberreizung durch die Medienflut bei Kindern verhindert werden kann*. Dies hat dann mehr mit Verhaltenstraining als mit Wissensvermittlung zu tun. Konkret: Eine Anleitung zu *weniger TV-, PC- und Internetkonsum* und mehr sozialen und sportlichen Aktivitäten könnte vielleicht die wirksamste Erziehung sein, die sich *gegen überdosierten Medienkonsum* richtet. Dieser Eindruck hat sich mittlerweile noch verstärkt. Aus ehemals heimlichen Miterziehern werden die Medien jetzt zu beinahe unheimlichen Haupterziehern, die Kinder mehr beeinflussen und prägen als Eltern. Wer sagt den Kindern noch, dass sie auch Grenzen brauchen? Und wer trägt in Zukunft dafür Sorge, dass sie auch einmal zur Ruhe kommen und in Ruhe gelassen werden? Oder *geben die Eltern fast hilflos ihr Erziehungsmonopol auf?*

Erziehung und Bildung im 21. Jahrhundert sind mehr als nur eine Frage von *Kulturtechniken* wie Lesen, Schreiben und Rechnen, Surfen, Chatten oder Twittern. Gemeint ist *Persönlichkeitsbildung*, die kein Verfallsdatum und keine Halbwertzeit hat: Kommunikationsfähigkeiten verlernt man nicht und Lebenskompetenzen verliert man nicht. Die Familienforschung hat längst nachgewiesen, wie wichtig die frühkindliche Erziehung im Elternhaus ist. Hierbei gilt: *Auf den Anfang kommt es an* (vgl. Fthenakis 2003). Bildung beginnt mit der Erziehung im Elternhaus.

Schon Seneca vermerkte in seinen Briefen an Lucilius: „Lehren sind ein langweiliger Weg, Vorbilder ein kurzer, der schnell zum Ziele führt." Noch wirksamer sind *gelebte Leitbilder* wie die Lebensweise der Eltern, die mit gutem Beispiel vorangehen und Erziehungsziele nicht lehren, sondern positiv leben. Vorleben heißt leitbildhaft so zu leben, dass sich Kinder und Jugendliche damit *identifizieren* können. Das Verhalten von familiären Bezugspersonen, insbesondere der Eltern, hat prägenden Einfluss auf die eigene Entwicklung, die Lebensgestaltung und auch spätere berufliche Orientierung und Berufswahl. Während Vorbilder und Ideale nie völlig erreichbar sind und mehr Wunschcharakter haben, hat das Vorleben eher praktische Bedeutung als *Orientierungshilfe* für das Leben.

Bildung im Jahr 2030 heißt *Bildung für sich selbst, Persönlichkeitsbildung, Bildung als Lebensqualität*. Das sind wichtige Voraussetzungen dafür, dass man *glücklich und zufrieden leben* kann. Die elterliche Erziehung vermittelt dabei Werte, auf die auch in Zukunft nicht verzichtet werden kann, wenn das gesellschaftliche Zusammenleben gelingen soll. Ehrlichkeit und Freundlichkeit, Verlässlichkeit und Vertrauenswürdigkeit – diese Persönlichkeitswerte drohen in Zukunft auf der Strecke zu bleiben, wenn die Familienerziehung zu kurz kommt.

9. Gefühlte Wohnungsnot (53 Prozent):
Urbaner Wohnraum wird immer unbezahlbarer

Die Sicherstellung der *Grundversorgung auf dem Land* wurde bisher als „das" kommunale Defizit unserer Zeit angesehen. Wir machten uns Sorgen um Dienstleistungen im ländlichen Raum – von der Ganztagsbetreuung für Kinder bis zur Gemeindeschwester für Notfälle, während die Landbewohner als Berufspendler zur Arbeit fuhren. In Zukunft kommt es zur Trendwende: *Pendler kehren in die Stadt zurück* – dorthin, wo es Arbeit, Wohlstand und Wachstum gibt. Das hat Folgen.

Das seit Jahren wachsende *Wohlstandsgefälle zwischen Stadt und ländlichem Raum* wird auch in Zukunft Landflucht und Immobilienleerstände auf dem Land zur Folge haben, während gleichzeitig *Mietenexplosion und Wohnungsnot in Großstädten und Ballungszentren* drohen. Der urbane Wohnraum für Geringverdiener wird immer knapper. Mit einem Mindestlohn können sich viele Beschäftigte keine Wohnung mehr in der Stadt leisten. Und wer schon in der Stadt wohnt, kann ein Opfer von Zwangsräumungen werden, weil im Zuge des Trends zur Gentrifizierung hochpreisiger Wohnraum geschaffen wird.

In wohlhabenden Metropolen wie Hamburg und München, Frankfurt und Stuttgart nimmt das Armutsrisiko eher zu als ab. Londoner Verhältnisse kommen auf Deutschland zu: *Wer arm ist, muss weichen*. Die Wohnungsnot enthält ein hohes Konfliktpotential und hat unsoziale Züge. Die Gefahr besteht, dass sich steigende Mieten auf „B-Städte" verlagern. Vermieter können – wie in San Francisco – die neuen Feindbilder der Städte werden, während verzweifelte Wohnungssuchende aggressiv zu werden drohen.

Mehr als jeder zweite Bundesbürger (53 Prozent) befürchtet, dass es *„immer weniger bezahlbaren Wohnraum* geben wird": In dieser Sorge spiegelt sich gleichermaßen reale wie gefühlte Wohnungsnot wider. Weil immer mehr Bundesbürger zentraler, größer und komfortabler wohnen wollen („Mittendrin statt außen vor") verstärken sie den Trend zum „Big is beautiful"-Wohnen: *Die Ansprüche steigen, die Mietpreise auch.*

Deshalb klagen mehr Westdeutsche (54 Prozent) als Ostdeutsche (48 Prozent), mehr Singles (58 Prozent) als Familien mit Kindern (52 Prozent), mehr etablierte Jungsenioren im Alter von 50 bis 64 Jahren (62 Prozent) als 18- bis 29-jährige Berufseinsteiger und Familiengründer (49 Prozent) über die „Wohnungsnot". Im 21. Jahrhundert wollen viele besser leben und schöner wohnen und nicht nur ein Dach über dem Kopf haben. Stadtleben heißt für sie: *Stadt erleben!* Nach wie vor gilt der Satz der Stadtplanung: *„Der Mensch braucht die Stadt"* (Gerkan 2004, S. 185). Die Stadt ist der Organismus, der beste Voraussetzungen für die *Sinnstiftung des Lebens* schafft: vom alltäglichen Umgang in Nachbarschaft und Wohnquartier bis hin zum gemeinsamen Erleben

- auf Straßen und Plätzen,
- in Parks und Gärten,
- Kirchen und Konzerthäusern,
- Bahnhöfen und Markthallen.

In den Wunschvorstellungen der Bevölkerung gleicht das Wohnen in der Zukunft einem modernen *„Sesam-öffne-dich".* Ganz obenan steht der Wunsch nach einem Wohnort der kurzen Wege, der Warte- und Wegezeiten weitgehend entbehrlich macht. Das zeichnet die besondere Qualität urbanen Lebens aus – sofern sie bezahlbar ist. Die Wohnungssuchenden wünschen sich *bezahlbaren Wohnraum in zentraler Lage,* was aus heutiger Sicht einer Quadratur des Kreises gleicht: *Wohnortnah arbeiten, in zentraler Lage leben und preisgünstig wohnen.* Welche Stadt kann das schon bieten?

Gut ein Drittel des Haushaltseinkommens kostet derzeit das Wohnen in Deutschland. Die Wohnung gilt nach der Kleidung als *die dritte Haut des Menschen:* Status, Selbstbild, Lebensphase – alles spiegelt sich in Stil und Ausstattung der eigenen vier Wände wider. Wohnen ist gebaute soziale Wirklichkeit – als Nestbau oder Holzhaus, Familienhaus im Grünen oder Single-Loft in der City. In Zukunft wohnen „immer weniger Menschen auf immer mehr Quadratmetern – jede Menge Platz für Inszenierung" (Süßebach 2004, S. 114). Gesucht wird immer mehr Frei-Raum zur *Ausstellung der eigenen Person* zwischen Wellness und Cocooning. Aber es gibt auch andere Wohnungswirklichkeiten zwischen Armut und Enge, Ausgrenzung und sozialer Isolation.

Das Leben in der Stadt kann aber auch ein Kriterium der Ausgrenzung sein, wenn – wie in den USA – immer mehr *spezielle Wohnsiedlungen mit gemeinsamen Interessen* („Common-Interest-Developments"/CIDs) gebaut werden. Für Außenstehende wird der Zugang geradezu erschwert – durch umgebende Mauern oder Zäune sowie Sicherheitsleute, die als „Torwächter" agieren. Mehr als 30 Millionen Amerikaner wohnen schon seit einem Vierteljahrhundert in solchen CIDs (vgl. Mc Kenzie, 1996, S. 12). Und jedes Jahr entstehen etwa 4.000 bis 5.000 neue umfriedete Wohnsiedlungen. So entsteht eine Art *Privatopia, in dem die Menschen Lebensstile und nicht nur Wohnhäuser kaufen und mieten.*

Gibt es in Zukunft jeweils eigene Wohnquartiere für

- Singles,
- Paare,
- Familien,
- Rentner und
- Zuwanderer,

die jeweils auf die individuellen Bedürfnisse der Zielgruppe zugeschnitten sind und in denen ein *Leben unter Gleichgesinnten und Gleichgestellten („Communities")* garantiert werden kann? In solchen Gemeinsamen-Interessen-Wohnanlagen werden geradezu *Lebensstile in Beton gegossen. Zu benachteiligten Wohnquartieren gesellen sich benachteiligte Bewohner.* Das Ideal einer sozialen Stadt mit ausgewogenen Lebensbedingungen rückt in weite Ferne.

Die Angst wächst, wider Willen aus der Stadt gedrängt zu werden.

So bleibt das urbane Leben auch in Zukunft ein *Sehnsuchtsort* mit unverwechselbaren Geräuschen und Gerüchen, wo kleine Tische stehen, „Kaffeeduft in der Luft liegt, leichter Wein in beschlagenen Gläsern moussiert und Stimmen, Rufe, Autohupen sich kakophonisch verwirren. Eine Stadt, die tags und nachts trubelt, sommers wie winters, bei Wind und Wetter, stets quirlig, laut und lärmend. Eine Stadt der flüchtigen Begegnungen, der werthaltigen Gespräche und zivilen Umgangsformen, wo hinter den großen Fenstern der Cafés und Restaurants die Gabeln klirren und schöne Frauen leise über die Reden der Dichter lachen" (Wefing 1998, S. 86 f.): Belebt. Bildhaft. Bunt. Hier wollen immer mehr Menschen *wohnen und leben*. Das wird für viele ein fast unerfüllbarer Zukunftstraum bleiben – trotz SmartCity und intelligenter Verkehrssteuerungen.

Ausblick: *Die Zukunft ist urban:* Immer mehr Menschen zieht es in urbane Zentren – dorthin, wo es Arbeit, Wohlstand und Wachstum gibt. Es deutet sich eine Alternative zu den herkömmlichen Wohn- und Lebensstilen der vergangenen Jahrzehnte an: *Re-Urbanisierung*. In den Zukunftsvorstellungen der Bevölkerung kommen Lebensqualitätswünsche zum Ausdruck, die mit den Attributen *„zentral"/„nah"/„kurz"* auf den Urbanisierungstrend hinweisen. Wer es sich leisten kann, wohnt stadtnah. Wohnen in Citynähe können sich aber in Zukunft immer weniger leisten.

Deutschland als Mieterland hat zwei Ursachen:

• Nach der Zerstörung durch den Krieg wurden vorzugsweise Wohnblocks und Mehrfamilienhäuser gebaut.

• Mit dem wachsenden Wohlstand wohnen immer mehr Menschen zur Miete, um mobil und flexibel bleiben zu können. Nach der Eurostat-Analyse haben *die ärmsten EU-Länder den höchsten Eigentumsanteil* wie z. B. Rumänien, Slowakei, Litauen und Kroatien mit jeweils 90 Prozent. Am unteren Ende der Wohneigentümer rangieren Dänemark (63 Prozent), Österreich (57 Prozent) und als Schlusslicht Deutschland (53 Prozent).

Oder Deutschland macht Ernst mit dem *Singapur-Prinzip*: Aus Mietern werden Eigentümer. Von Kindheit an werden die Menschen *dazu erzogen, Wohneigentum zu besitzen* – denn das *verschafft Sicherheit*. Ein Leben lang hat man dann ein Dach über dem Kopf (vgl. Hein 2019, S. 11) und muss nicht um die Existenz bangen (vgl. Kap. X/9). Und wo das Geld für den Eigentumserwerb fehlt oder knapp wird, kann man in Singapur für sich und die nächste Generation Häuser oder Wohnungen *für 99 Jahre leasen*.

10. Bindungsfähigkeit ist kein wichtiger Wert (31 Prozent):
Eine Gesellschaft schwacher Bindungen entsteht

Zeitenwende in Deutschland: Wird die nächste Generation *prosozial, aber bindungsscheu* sein – mit einer ausgeprägten Scheu vor langfristiger Bindung? Legt die Generation Z, die Nachfolgegeneration von Generation Y, immer *weniger Wert auf Verbindlichkeit?* Im Zeitvergleich der vergangenen Jahre ist feststellbar: In der Liste der zwanzig wichtigsten Werte liegt Bindungsfähigkeit bei der U20-Generation an letzter Stelle mit sinkender Tendenz: 2016: 27 Prozent – 2018: 20 Prozent. Die Erwachsenengeneration lebt diesen Wertewandel vor: 2016: 33 Prozent – 2018: 31 Prozent. Die *Verbindlichkeit des Lebens* geht zusehends verloren. Die Bereitschaft und die Fähigkeit zur Bindung bilden das Schlusslicht in der Werteskala der Deutschen. Bei der Frage, welche Erziehungsziele „besonders wichtig" sind, rangiert die Bindungsfähigkeit ganz unten.

Gewinnt vor allem die junge Generation durch den *Klick im Netz* ganz schnell Freunde durch eine *neue Unverbindlichkeit?* Oder ist die wahrnehmbare *Bindungslosigkeit* nur eine Folge der Planungsunsicherheit unserer Zeit? Lange Ausbildungsphasen, unsichere Jobs, mehr Zeitverträge und häufige Arbeitsplatzwechsel ermutigen nicht gerade zu „festen" Beziehungen oder Bindungen „fürs Leben".

Etwa jeder dritte Bundesbürger lebt *in keiner festen Beziehung* (1993: 23 Prozent – 2014: 35 Prozent), wie die größte sozialwissenschaftliche Langzeitstudie SOEP (Sozio-ökonomisches Panel 2016) in Deutschland nachweist.

Die nächste Generation wird hin- und hergerissen sein zwischen Freiheitssehnsucht und Bindungsscheu. Doch die *Flucht vor der Bindung*, die im Alltagsleben oft zu Lasten der Verlässlichkeit geht, wird nicht zwangsläufig die Freiheitschancen im Leben erhöhen. Das Gegenteil ist eher der Fall: Die Freiheitsfähigkeit ist auf Dauer gefährdet, „wenn es ihr weiterhin an Mut und Kraft zur langfristigen Bindung mangelt" (Kirchhof 2006, S. 102). Für die Zukunft ist absehbar: Mit der Lebensdevise *„Ein Job, ein paar Freunde und viel Freude im Leben"* wird man nicht glücklicher. Spätestens auf dem Sterbebett greift die Hand ins Leere ...

Politik und Wirtschaft können sich nicht aus ihrer Verantwortung stehlen. Seit Jahren forcieren sie die Entwicklung zu einer *Gesellschaft der schwachen Bindungen*. So hielt beispielsweise der SPD-Abgeordnete Ralf Stegner 2015 die familiäre Erziehung von Kindern für ein „Leitbild von vorgestern". Sein Leitbild war eine rund um die Uhr geöffnete Krippe: „Die Betreuung der unter 3-Jährigen muss massiv ausgebaut werden." Infolgedessen soll es in Zukunft vermehrt *Tages-, Wochen- und Saisonkrippen* geben, damit die Eltern problemlos ihrer Doppelerwerbstätigkeit nachgehen können. Entsteht eine neue *Generation von Krippenkindern* – mit hohem Selbstständigkeitsgrad, aber geringer Bindungsfähigkeit? Werden dann Beziehungs- und Partnersehnsüchte immer größer?

Der Schriftsteller Günter Grass erzählte in seiner Novelle „Im Krebsgang" die Geschichte vom Untergang der Wilhelm Gustloff im Januar 1945: Der Ich-Erzähler ist Journalist, mal für den Springer-Verlag tätig und mal für die taz, ein Altachtundsechziger und vielfacher Opportunist: „Er ist *prinzipien- und standpunktlos.* Passt sich allen Anforderungen *flexibel* an. Ich halte ihn für zeittypisch", meinte Günter Grass (Grass 2002, S. 184). Immer flexibel, kaum mehr berechenbar: „zeittypisch". Damit knüpfte Grass an eine Eigenart des digitalen Zeitalters an, die immer mehr Resonanz findet: Es ist die auf Kurzfristigkeit und Elastizität ausgerichtete Ökonomie, eine Art *„flexibler Kapitalismus"*, wie der amerikanische Soziologe Richard Sennett dieses Phänomen nennt (Sennett 1998). Arbeitnehmer müssen sich permanent flexibel verhalten, offen für kurzfristige Veränderungen sein und ständig Risiken eingehen.

Diese Flexibilität bringt eine alte Wortbedeutung wieder zu neuen Ehren. Denn „Job" hatte im Englischen des 14. Jahrhunderts die Bedeutung eines Klumpens oder einer Ladung, die man herumschieben konnte. Ähnlich verhalten sich die neuen Jobholder: Sie verrichten Arbeiten – mal hier, mal da, und sie werden *immer öfter hin- und hergeschoben*. Eine sich global ausbreitende Flexibilität kann *Fähigkeitsverlust zur Folge* haben: Ein europäischer Ingenieur, der z. B. seine Stelle an einen Berufskollegen in Indien verliert, der für weniger Geld arbeitet, wird um die Ausübung seiner Fähigkeiten gebracht. Und die Zeit arbeitet gegen ihn. Ehe er sich versieht, ist seine technische Kompetenz „von gestern" und gehört er zum „alten Eisen". Das Lebensalter wird geradezu zum Berufskiller.

Die sozialen Folgen können nicht ausbleiben. Wenn *Flexibilität* als *„die" Tugend der Wandlungsfähigkeit* gefeiert wird, dann muss Bindungslosigkeit zum neuen gesellschaftlichen Wert werden.

„Eine flexible Gesellschaft fordert:
Bleib in Bewegung, geh keine Bindungen und Verpflichtungen
ein und bring vor allem keine Opfer.
Zeig dein Chamäleongesicht – heute so, morgen so.
Fang immer wieder von vorne an. Das Ziel ist doch weniger
wichtig. Ständiger Aufbruch am Nullpunkt –
das ist Risikobereitschaft und totale Flexibilität."

(2004/15)

Nur: Wenn es keine langfristigen Bindungen und Verbindungen mehr gibt, dann ist doch das ziellose Dahintreiben geradezu vorprogrammiert. „Drift" nennt die moderne Soziologie (Sennett 1998) dieses Verhalten. Hat die Flexibilität in Zukunft eine *Gesellschaft von Driftern* zur Folge, in der Treue, Verpflichtung und Verbindlichkeit ihren sozialen und moralischen Wert verlieren?

Was also wird die Zukunft bringen? Die junge Generation nimmt sich nachweislich nur mehr wenig Zeit für ritualisierte Versammlungen und findet flexible individualisierte Optionen viel wirkungsvoller. In der E-Demokratie des prognostizierten Internetzeitalters reichen doch sporadische Aktionen und Initiativen „auf Zeit" völlig aus. Der Kulturhistoriker Hans Peter Duerr hatte uns für die Zukunft einen *sozialen Kollaps* vorausgesagt, wenn wir so weiterleben wie bisher. Der flexible Nomade droht dann in einer Gesellschaft der Ichlinge zu vereinsamen. An die Stelle der Gemeinschaft tritt eher eine Ansammlung einzelner Individuen, deren Kontakte von kurzfristigen Kosten-Nutzen-Rechnungen bestimmt und von der Frage geleitet sind: *Was bringt mir das?*

Damit aber beginnt die *Erosion der Gemeinschaft*. Im gleichen Maße, wie die Sehnsucht nach Gemeinschaft und Geborgenheit wächst, nimmt auch das Unvermögen zu, diese Wünsche zu verwirklichen. *Was die Menschen dann noch miteinander verbindet, ist die Unverbindlichkeit.* Doch braucht nicht jede Gesellschaft ein Mindestmaß an Zusammengehörigkeit? Setzt Gemeinschaft nicht voraus, dass die Menschen miteinander verbunden sind und sich füreinander verantwortlich fühlen?

Im Hinblick auf die *Zukunft der nächsten Generation* ist zu fragen: Können wir weiterhin – von familiären Notfällen abgesehen – Kinder unter drei Jahren problem- und folgenlos in Krippen und Kitas geben? Geht künftig nicht der *Wert der Bindung* zwischen Kind und fester Bezugsperson (Mutter/Vater) verloren? Nicht die Einstellungen und Lebensweisen von Jugendlichen sind zu kritisieren, sondern die Gesellschaft, die sie so aufwachsen lässt: rastlos, ratlos und *am Ende bindungslos.* Erziehung und Bildung in Elternhaus und Schule dürfen sich nicht länger aus ihrer Verantwortung stehlen und müssen sich mehr Gedanken über *Maßstäbe und Alternativen zur sozialen Beliebigkeit des modernen Lebens* machen. Wie sollen Jugendliche lernen, ein Leben nach Maß und im Gleichgewicht zu leben, wenn sie keine Maßstäbe und Grenzen kennen?

XI. KAPITEL

WERTE. WANDEL. VISIONEN.
Wie die Deutschen leben wollen

1. Mehr nach Gutem als nach Gütern streben:
Die Wertehierarchie wird auf den Kopf gestellt

Zur Jahrhundertwende hatte der Schriftsteller Umberto Eco ein Negativ-Szenario für das 21. Jahrhundert entworfen, in dem die Menschen mehr nach Gütern als nach Gutem streben und ein Ende der Ethik als Zukunftsvision möglich sei. Jahrhundertelang, so meinte er, bestand jede Moraldoktrin darin, ein Verhaltensmodell zu lancieren, dem der Einzelne nacheifern sollte. Das konnte die *Vorbildfunktion des Heiligen, des Helden oder des Weisen* sein. Das Vorbild nachzuahmen, ist dabei immer eine schwierige Lebenskunst gewesen. In Zukunft, so befürchtete er, indem das Fernsehen in Casting-Shows mehr und mehr dazu übergeht, ‚normale' Menschen als Vorbilder zu präsentieren, ist keine Anstrengung mehr erforderlich, wie diese zu werden: „Wir möchten wie sie werden, da ihnen die Gunst zuteil wurde, *auf dem Bildschirm zu erscheinen"* (Eco 2000, S. 13). So stellen TV-Darsteller wirksamere (weil einfacher zu erreichende) Vorbilder dar als Albert Schweitzer oder Mutter Teresa aus Kalkutta.

Historisch gesehen hat sich in unserer westlichen Kultur viel bewegt und verändert – von Leibniz bis Einstein und von Walt Disney bis Warhol (vgl. Mohr 2001, S. 6). Nur: *Was bleibt? Was kommt?*

Und was ist beständig? In dauerhaften Krisenzeiten – von Nine Eleven über Finanzkrisen bis zum Brexit – wächst der Wunsch nach einer Kultur des sozialen Wohlergehens, der sich nicht mehr nur von Geld und materiellem Wachstum leiten lässt. Rückhalt kann in einer haltlosen Zeit nur das soziale Miteinander geben.

Immer mehr Bürger in Deutschland kommen mit dem *Tempo von Modernisierung, Mainstream und digitaler Revolution* nicht mehr mit. Angesichts der unüberschaubaren Flut von Angeboten und technologischen Neuerungen wächst die Angst, den Boden unter den Füßen zu verlieren. Viele Bürger verweigern sich und setzen auf Bewährtes. In den letzten zwanzig Jahren hat es in Wirtschaft und Politik, Medien und Sport eine Reihe von Vertrauenskrisen und Skandalen gegeben, die in der Bevölkerung ihre nachhaltigen Spuren hinterlassen und *Vertrauensverluste auf breiter Ebene* zur Folge hatten. Der soziale Kitt drohte in der Gesellschaft verlorenzugehen und immer öfter stellten sich die Bürger die Frage: *Wer kann wem noch trauen?*

Im Digitalzeitalter hat man sich zu vorschnell mit der Aussage angefreundet: „Daten sind die wertvollste Währung unserer Zeit" (Mathias Döpfner, CEO beim A. Springer Verlag, im November 2018). Nein – *Vertrauen ist die wertvollste Währung* in Wirtschaft, Politik und Gesellschaft. Daten kann man kaufen, Vertrauen nicht. Die Folge ist: Die *Wertehierarchie der Deutschen wird geradezu auf den Kopf gestellt.* Die Top-Werte der Deutschen lauten jetzt Ehrlichkeit und Freundlichkeit, Verlässlichkeit und Hilfsbereitschaft, Respekt, Anstand und richtiges Benehmen. Damit verbunden ist eine *Renaissance traditioneller Arbeitstugenden*, denn zu den Werten der Deutschen gehören auch Fleiß, Disziplin und Pflichtbewusstsein. Das sind die dominanten Werte der Deutschen, nach denen sie in Zukunft ihre *Erziehung für die nächste Generation* ausrichten – mit wachsender Tendenz.

Ein Ende der 68er-Werterevolution kündigt sich an: Die Bevölkerung favorisiert wieder *Anpassungs-, Pflicht- und Akzeptanzwer-*

te. Der sich ausbreitende Wertekonservatismus in Deutschland ist auch eine Folge des demografischen Wandels – in einem Land mit einer der niedrigsten Geburtenraten der Welt. Wenigen Jungen stehen immer mehr Alte gegenüber. Werte wie Teamfähigkeit (46 Prozent) und Fairness (44 Prozent), Kritikfähigkeit (42 Prozent) und Bindungsfähigkeit (31 Prozent) sind in Deutschland nicht mehr mehrheitsfähig.

Die Wiederkehr *alter Werte* ist eine Antwort auf die ökonomischen und politischen Krisen unserer Zeit. Die Menschen suchen *Sicherheit, Verlässlichkeit und Geborgenheit*. Damit verbunden ist eine Besinnung auf Beständigkeit. Mit dieser *neo-konservativen Wende* entsteht eine *neue Bürgerlichkeit*, ein Rückzug in die Familie und die eigenen vier Wände. Ähnliches geschah vor einem Vierteljahrhundert zur Zeit des Golfkriegs 1991, als die Amerikaner plötzlich *„Back to the simply life"* riefen und *„Cocooning"* entdeckten – in Anlehnung an den Kokon, der Schutzhülle, mit der sich die Raupe des Seidenspinner-Schmetterlings von der Außenwelt abschirmt.

„Zurück in die Zukunft!" (und nicht „Zurück in die fünfziger Jahre") heißt der neue Werte-Trend der Deutschen. Zugleich verstärkt sich die Suche nach Sinn, Halt und Heimat. Im Zeitvergleich ist feststellbar, dass sich die Menschen wieder mehr für eine bessere Gesellschaft interessieren und auch *mithelfen wollen, eine bessere Gesellschaft zu schaffen*. Sie suchen eine Sinnorientierung, die Beständigkeit und Bewahrenswertes in das Leben bringt. Und auch Religiosität als positives Lebensgefühl kehrt wieder in den Alltag zurück. Allerdings in veränderter Form: *mehr soziale Geborgenheit durch mehr Familiensinn, mehr Gemeinsinn und mehr Bürgersinn*. Die Frage lautet dann nicht mehr: „Welche Kirche bietet mehr Religion?", sondern: „Was hat mehr Sinn?" Aus Gottesgläubigen können Sinnsucher im Nahmilieu von Familie und Freundeskreis, Nachbarschaft und Gemeinwesen werden.

Die Wertewelt der nahen Zukunft hört auf, eine beliebige individuelle Speisekarte zu sein. Gesucht werden wieder *verbindliche Maß-*

stäbe als Leitplanken des Lebens statt Entweder/oder–Wertekonzepte in einer Sowohl-als-auch-Gesellschaft. Das soziale Nahmilieu im Umfeld von Familie, Freundeskreis, Nachbarschaft und Gemeinwesen wird zur neuen Sinninstanz und ersetzt den Zustand der Ort-, Heimat- und Wurzellosigkeit. Eine *Periode der Erneuerung* kündigt sich an. Das neue Wertesystem gleicht einer individuell und sozial ausgeglichenen Wertebalance, in der das Individuum sich wohlfühlt und keine soziale Kälte fürchten muss.

Die Frage stellt sich allerdings: Wie weit ist noch der Weg von der individuellen Werteorientierung zum gesellschaftlichen Wertewandel, vom individuell ausbalancierten Lebenskonzept zur sozial ausgeglichenen Gesellschaft? Werden sich nicht *Märkte und Institutionen gegen die neue Bürgerlichkeit* mit fast privatistischen Zügen eines Rückzugs in die eigenen vier Wände („Cocooning") wehren und Beliebigkeit und Unverbindlichkeit weiter beibehalten wollen?

Wahrscheinlich wird man sich auf die Formel *„In Vielfalt geeint"* verständigen, bei der alle zu ihrem Recht kommen – frei nach einem Wort des Schriftstellers Hans Magnus Enzensberger, wonach es beispielsweise „sieben Italien geben soll": Ein Italien der Konservativen und eines der Fortschrittlichen, ein archaisches und ein puritanisches, ein konsumorientiertes Italien, ein Italien im Blaumann und ein Italien der Zukunft (Enzensberger 1989, S. 61). Ein solches widersprüchlich erscheinendes Gesellschafts-Gemälde trifft auch für die Situation in Deutschland zu. Zum „typisch Deutschen" gehört die Abgrenzung zwischen Preußen und Bayern ebenso wie zwischen Ost- und Westdeutschen oder Jungen und Alten. Vive la différence! Pflichtbewusste und Disziplinierte, Freiheitsliebende und Fortschrittliche, Verunsicherte und Durchsetzungsfähige prägen das *Wertesystem der Deutschen: Es ist „neo" und „konservativ", „trendy" und „retro" zugleich.*

2. Was uns in Zukunft eint:
Auf dem Weg zur Mitmachgesellschaft

Seit der Jahrtausendwende verstärkt sich der Eindruck: *Der westlichen Welt fehlt ein einigendes Prinzip des Lebens*, das die Menschen verbindet und die Gesellschaft zusammenhält. Das Wohlleben ohne *gemeinsame Wertebasis* schafft nur vordergründige Identifizierungen, aber kein Identitätsgefühl. Fünf Monate vor dem 11. September 2001 ging ich mit einer Presseinformation und der eindringlichen Forderung in die Öffentlichkeit: „Schafft die Spaßgesellschaft ab! Beständigkeit soll wieder wichtiger als Beliebigkeit werden" (Presseinformation vom 10. April 2001). Inzwischen deutet sich eine solche Neubesinnung auf das Beständige an, das dem Leben Sinn und Halt gibt: vom Bescheidener-leben-Wollen über die Wiederentdeckung traditioneller Werte bis zur Renaissance der Familie. Die Lebensqualitätsfrage stellt sich neu: Eine *Verschiebung vom Nur-haben-Wollen zum Nicht-verlieren-Wollen* zeichnet sich ab. Niemand will am Ende zu den Verlierern gehören.

In den siebziger bis neunziger Jahren des vergangenen Jahrhunderts hatte sich ein wachsender Teil der Bevölkerung über den Konsum definiert. Mit der Steigerung ihres persönlichen Lebensstandards nahm meist auch ihr Prestige gegenüber anderen zu. Doch seit Beginn des 21. Jahrhunderts werden in zunehmendem Maß materielle Wohlstandseinbußen und damit auch Einbußen an Geld und Geltung befürchtet. Viele müssen jetzt *Abschied nehmen vom Immer-Mehr*: Seit der Jahrtausendwende geht der Anteil der Deutschen, die glauben, es ginge ihnen *besser als früher*, zurück. Immer weniger können in gewohntem Wohlstand zwischen Ausgehen, Shopping und Urlaubsreisen so weiterleben wie bisher.

Politik und Wirtschaft in Deutschland stehen vor neuen Herausforderungen. Sie werden mit einem *wachsenden Unzufriedenheitsdilemma* der Bundesbürger konfrontiert. Objektiv geht es den Deutschen gut: Die Wirtschaft wächst, die Arbeitslosenzahlen sind niedrig. Subjektiv aber fühlen sich die Bundesbürger eher schlechter.

Das *Lager der „gefühlten" Wohlstandsverlierer wird stetig größer.* Besserverdienende sind von diesem Wandel ebenso betroffen wie der Mittelstand, insbesondere Selbstständige und Freiberufler.

Die Unzufriedenheit der Bevölkerung über das nicht eingelöste Versprechen der Politik, „Wohlstand für alle", nimmt zu. Die Bürger definieren daher ihren Wohlstand neu und denken dabei mehr an das subjektive Wohlbefinden. Die Stimmung im Lande ist gespalten: Auch wenn die Zahl der Arbeitslosen sinkt – das Heer der Minijobber, Teilzeit- und Mehrfachbeschäftigten wird immer größer. Das Wohlstandsversprechen kommt bei vielen Arbeitnehmern nicht an, weil sie zunehmend auf Zusatzverdienste angewiesen sind.

Wir leben derzeit in einem Zeitalter zwischen Werteskepsis und Werterelativismus, Werteverschiebung und Werteverfall. Vielleicht ist der *Kampf um Werte* nichts anderes als ein verschleierter *Kampf um Macht:* Dahinter stehen meist verborgene Interessen. Aus einer bestimmten Werteordnung sollen ganz persönliche, politische oder wirtschaftliche Vorteile gezogen werden: „Wenn Werte ,unsere Werte' sind: Wer ist hier ,wir'? Und wer dominiert in einer Gesellschaft, wenn diese oder jene Werte obenan stehen?" (Spaemann 2001, S. 26). Vielleicht sollte man in Zukunft weniger „eine" Leitkultur fordern, als vielmehr *Orientierungen für Gemeinschaften mit gemeinsamen Wertschätzungen fördern.*

„Wenn wir in der heutigen Zeit nach neuen Antworten suchen,
bevorzuge ich die bewährten Rezepte wie:
gut übereinander sprechen,
verschiedene Sichtweisen respektieren,
zusammenkommen, um Gemeinsamkeiten zu erkunden,
und niemals das große Bild aus den Augen verlieren."

(Queen Elizabeth II.: Öffentliche Rede am 24. Januar 2019
in Norfolk)

In den offiziellen EU-Dokumenten kommt bisher der Begriff der *europäischen Wertegemeinschaft* nicht vor. Und was europäische Werte eigentlich sind, das zu bestimmen, bereitet in der Tat heute größte Schwierigkeiten: Gemeinschaft der Freiheit, der Menschenrechte, der Demokratie oder der kulturellen Vielfalt? Und sind diese Werte überhaupt verbindlich, sodass sie jeder Bürger als Grundrechte regelrecht einklagen könnte?

Andererseits sprechen viele Anzeichen dafür: Das vielfach beklagte Jammern über Werte- und Orientierungsverluste, haltlose Kinder und ratlose Eltern hat in Deutschland bald ein Ende. Die Bundesbürger richten sich wieder mehr auf verbindliche Spiel- und Verhaltensregeln ein und erwarten *werteorientierte Erziehungsziele und Gebote*. Als wichtigste Voraussetzung für die Zukunftsfähigkeit unserer Gesellschaft gilt die mehrheitliche Aufforderung der Bevölkerung, die Kinder *zu dauerhaften Bindungen zu ermutigen* und zugleich für ein *verlässliches soziales Netz* von Nachbarn und Freunden Sorge zu tragen. Vor dem Hintergrund wachsender sozialer Probleme geben ebenso viele Bundesbürger als notwendige Lebensregel für die Zukunft aus: *Hilf anderen, damit auch dir geholfen wird!*

Auch in der Erziehung nimmt die Suche nach einer *Kanon-Debatte bzw. nach Mindeststandards für das Zusammenleben zu*. Anstelle von Verunsicherungen und Vertrauensverlusten suchen die Menschen wieder nach Sinn und Sicherheit im Leben. *Prosoziale Werte* prägen das Bild der Zukunftsgesellschaft. Ehrlichkeit (74 Prozent), Respekt (62 Prozent) und Hilfsbereitschaft (60 Prozent) befinden sich in der Werteskala ganz obenan. Überraschend hoch im Kurs stehen auch *konventionelle Werte* wie Höflichkeit (59 Prozent) sowie Anstand und gutes Benehmen (55 Prozent).

Für die Jugend steht die 68er-Spontaneität des Tanzes um das eigene Ego nicht mehr im Zentrum ihres Lebens. Statt Werteverfall kündigt sich ein neuer Zeitgeist an: *Selbstdisziplin steht der Selbstverwirklichung nicht mehr im Wege*. Für die junge Generation hat die Verantwortungsbereitschaft sogar eine größere Bedeutung als das Durchsetzungsvermögen. Das altdeutsche Sprichwort „Jugend hat keine Tugend" überlebt sich. Die Jugend schätzt und lebt die *Tugenden* von Vertrauen, Verlässlichkeit und Verantwortung wieder.

In zunehmendem Maße setzt sich auch in Deutschland eine Idee des ehemaligen US-Präsidenten John F. Kennedy durch, der die griffige Formel prägte: *„Frage nicht, was der Staat für dich tut; frage, was du für den Staat tun kannst."* In Deutschland hatten sich die Bürger in den achtziger und neunziger Jahren daran gewöhnt, notwendige Gemeinschaftsaufgaben einfach dem Staat oder den bezahlten Profis zu überlassen. Dieses Anspruchsdenken können sich die Bürger heute nicht mehr leisten. Jetzt sind sie selbst wieder gefordert und das heißt konkret für die Bürger: *„Wir werden gebraucht."*

Eine Sozialbilanz im Ost-West-Vergleich lässt erkennen: *Ostdeutsche* helfen sich mehr untereinander im informellen Bereich und Nahmilieu von Verwandten, Freunden und Nachbarn. Mit dieser Art von spontaner Selbsthilfe haben sie jahrzehntelang ihr Leben vor der deutschen Vereinigung gemeistert. *Westdeutsche* hingegen halten weniger von privaten Hilfeleistungen und engagieren sich dafür mehr in Institutionen – im Verein, in der Kirche oder in sozialen Einrichtungen. Ost- wie Westdeutsche sind zu „unbezahlten" sozialen Aktivitäten durchaus bereit. So gesehen können beide voneinander lernen. Die Demokratie lebt schließlich vom Vertrauen zu den Mitmenschen genauso wie zu den Institutionen.

Mit der tendenziellen Verlagerung von staatlicher Macht zu mehr Eigenverantwortung der Bürger verändert sich auch das Verständnis von Solidarität. *Solidarität im 21. Jahrhundert bedeutet: für sich selbst sorgen, um anderen nicht zur Last zu fallen.* Solidarität hat wieder mehr mit Eigenvorsorge und Eigenverantwortung und weniger mit Nächstenliebe und Opferpathos zu tun. Es deutet sich eine Art *Rückkehr zu den Partizipationsidealen der siebziger Jahre* an – allerdings wesentlich anders motiviert:

- In den siebziger Jahren wurde die Partizipation auf dem Höhepunkt der wirtschaftlichen Entwicklung als Aufforderung an satte Wohlstandsbürger verstanden, einen Teil des geschenkten Zeitwohlstands in das soziale System zu re-investieren.

- Heute ist die Partizipationsdiskussion sehr viel existentieller, vielleicht auch pessimistischer begründet – aus Sorge um die *Ausgrenzung sozialer Gruppen* und auch aus *Angst vor dem Zerfall der Gesellschaft*. Partizipation muss jetzt regelrecht von den Bürgern eingefordert werden, weil die soziale Infrastruktur als immer lückenhafter empfunden wird. Insbesondere die sozial Benachteiligten sollen und müssen sich stärker engagieren, damit sie sich auf dem Arbeitsmarkt und in ihrem sozialen Umfeld besser behaupten können.

Solidarität entwickelt sich tendenziell wieder zu dem, was sie ursprünglich in der europäischen Arbeiterbewegung des 19. Jahrhunderts einmal war: Zu einer *Erfahrung des Aufeinander-angewiesen-Seins*, bei der sich Eigen- und Gemeinnutz miteinander verbinden und weniger eine Frage von Pflicht und Moral, Fürsorge und Nächstenliebe sind (vgl. BUND/Misereor 1996, S. 278). Mehr Bestand und Verlässlichkeit können Hilfsbereitschaft und Solidarisierung allerdings erst dann bekommen, wenn sie *als gesellschaftliche Arbeit anerkannt* würden. Wer sich für gemeinnützige Arbeiten engagiert, will sich nicht ausgenutzt oder ausgebeutet fühlen. Eine aktivierende Kommunalpolitik muss daher Anreize schaffen, die dem *Geldwert* der Arbeit relativ *nahekommen* oder ihn vergessen machen.

Alles läuft in Zukunft auf eine *ausbalancierte geteilte Verantwortung von Staat und Bürger* hinaus, was Vertrauen und Loyalität auf beiden Seiten voraussetzt und einen Rollenwechsel erfordert: Bürger müssen idealiter zu *Unternehmensbürgern* und der Staat zum *Bürgerunternehmen* werden – jeweils mit eigenen Entscheidungskompetenzen, was zugleich beides bedeuten kann: Machtzuwachs und Machtverlust. Staat und Bürger agieren in ihren Kompetenzbereichen weitgehend selbstständig.

> **„In Zukunft werden Demonstrationen alltäglich.**
> **Es entstehen neue soziale Bewegungen:**
> **Ökologie-, Friedens- und Frauenbewegungen sowie**
> **Bürgerinitiativen."**
>
> (1983/36)

Niemand wird den Staat in Zukunft aus seiner Verantwortung für die Rentenversicherung, die Pflegeversicherung und die Kranken-versicherung entlassen können. Andererseits – so die Meinung der Bevölkerung – ist die Selbst- und Nachbarschaftshilfe ein ureigenes Anliegen der Bürger, für das sie auch selbst Verantwortung tragen können. Nach realistischer Einschätzung der Bevölkerung gibt es gesellschaftlich relevante Bereiche, die beide – Staat und Bürger – verantwortlich gestalten sollen: vom Umweltschutz über die Kultur bis hin zur gemeinsamen Übernahme der Erziehungskosten. *Geteilte Verantwortung* wird zum Schlüsselbegriff für das Gemeinwesen im 21. Jahrhundert, damit die nachkommenden Generationen eine lebenswerte Zukunft vor sich haben – ganz im Sinne von Giuseppe Tomasi di Lampedusas Werk „Der Leopard", in dem es heißt: „Wenn wir wollen, dass alles so bleibt, wie es ist, dann ist es nötig, dass alles sich verändert."

3. Digitale Agenda:
Goldene Regeln für die nächste Generation

Der kanadische Kultschriftsteller Douglas Coupland nannte die Si-licon-Valley-Generation einmal *„Microsklaven"*. Seine Begründung: Für deren Unterbewusstsein ist nur noch der Computer zuständig. „Microsklaven" drücken sich oft vor sozialen Verpflichtungen und tun dabei so, als hätten sie etwas vom Leben. Und je weniger sie davon haben, desto mehr Zeit verbringen sie im Internet. Am Ende wird der Punkt erreicht, wo jeder sagt: „Ich habe keine Zeit mehr!"

Wie kann die Zeit einfach verschwinden? Coupland fand schon vor über zwanzig Jahren eine Erklärung dafür: Die Internet-Giganten haben es „nur auf eure Zeit abgesehen, nicht auf euer Geld". Hier läuft das Leben „fünfzigmal schneller ab als normal" (Coupland 1996, S. 440). Das extreme Lebenstempo erzeugt geradezu *Schachmattgefühle*. Werden sich die Nutzer gegen diese modernen Zeitdiebe überhaupt noch wehren können?

In Zukunft stehen uns *„Zeitkriege"* bevor, in denen um die Zeit (und nicht nur um das Geld) der Verbraucher gekämpft wird. Es ist jetzt so weit: Sean Parker, der Mitbegründer des Musikdienstes Napster und ehemalige Ex-Präsident und Berater von Facebook, gab auf der Konferenz des Online-Portals Axios im November 2017 bekannt, dass es bei der Gründung von Facebook nur um eine zentrale Frage für die Verbraucher ging: *„Wie verspeisen wir so viel wie möglich eurer Zeit?"* Die Nutzer sollten von Anfang an zum Opfer einer Wertschätzungsschleife werden und in einen Kreislauf der sozialen Bestätigung („Likes") geraten, aus dem es kaum ein Entrinnen gibt. Die Erfinder der sozialen Medien wollten die Nutzer ständig und zeitraubend am Angelhaken behalten, ihre ganze Aufmerksamkeit in Anspruch nehmen und sie wie bei einem Spielautomaten geradezu süchtig machen, ja, ihnen am Ende fast den Verstand rauben.

Parker fällte ein vernichtendes Urteil: „Nur Gott weiß, was Facebook mit den Gehirnen unserer Kinder anstellt." Er warf Mark Zuckerberg vor, die Kinder als Facebook-Nutzer bewusst abhängig zu machen. Der Klick auf den Gefällt-mir-Knopf wirke wie ein Dopaminschub und verführe zum Immer-Mehr: „Ich will noch mehr Likes!" Die Folge: Die Verwundbarkeit in der Psyche von Kindern und Jugendlichen wird regelrecht ausgenutzt und ausgebeutet.

Achtsamkeit ist jetzt das Gebot der Stunde. Wir brauchen eine digitale Agenda, die über individuelle Abwehrmechanismen nachdenkt und sich auch vor gesellschaftlichen und politischen Konsequenzen nicht scheut. Konkret: Wir müssen in Zukunft die Zeit von Kindern und Jugendlichen genauso konsequent beschützen wie ihre Privatsphäre. „Es wird Zeit" – zur Reaktion, zur Gegenwehr oder auch zum Boykott der Verbraucher gegen das Zeitdiktat vom Silikon Valley. Die Nutzer müssen Zeitdieben wie Apple, Google und Microsoft sowie sozialen Medien wie Facebook den Zeitkrieg erklären, wenn sie nicht ihren Zeitwohlstand verlieren und ihre persönliche und soziale Lebensqualität einbüßen wollen.

Natürlich lässt sich die *Digitalisierungsuhr nicht mehr zurückdrehen* – wohl aber zeitweilig oder für Momente anhalten. Für Kinder und Jugendliche müssen Wege aus der Zeitfalle von Facebook & Co. gefunden werden. Ich schlage der nächsten Generation *7 Goldene Regeln für ein gelingendes Leben im digitalen Zeitalter* vor:

---

1. Habe Mut zur digitalen Diät: Sei öfter offline.

Suche und finde deine persönlichen Halt- und Ruhepunkte. Lass dich vom Anbieter-Imperativ „Bleib dran – abschalten kannst du woanders" nicht unter Druck setzen.

2. Werde zum eigenen Zeitverteidiger: Steig aus dem Erreichbarkeits- und Beschleunigungswahn zeitweilig aus.

Lebe wieder nach dem Grundsatz: „Eine Sache zu einer Zeit" statt „Mehr tun in gleicher Zeit".

3. Nimm realistisch zur Kenntnis: Im digitalen Zeitalter ist nichts mehr sicher und fast alles manipulierbar.

Schütze deine persönlich sensiblen Daten durch den Aus-Knopf. Zieh öfter den Stecker!

4. Pflege echte Freundschaften: Verdränge nicht deine mitmenschlichen Kontakte und Beziehungen durch digitale Compunikation.

Überwinde die Angst, im Leben etwas zu verpassen, wenn du nicht alles Neue mitmachst.

5. **Vertrau auf deinen inneren Stressschutzschalter: Halte nach Notausgängen zum Flüchten aus der Stressrallye des Alltags Ausschau.**

Frage dich öfter: „Was ist eigentlich wichtig für mich und was nicht?"

6. **Definiere dich nicht über soziale Medien: Lass dich nicht blenden vom Schein des Likens und Geliked-Werdens.**

Die Anzahl der „Follower" und „Freunde" täuscht dir eine hohe Beliebtheit vor, die nicht nachhaltig und nicht von langer Dauer ist.

7. **Steige aus der Zeitfalle aus: Entdecke die Hängematte wieder.**

Verabschiede dich von dem Irrglauben, das schnelle Netz würde dir helfen, Zeit zu sparen. Leiste dir eine Mañana-Mentalität: Morgen ist auch noch ein Tag!

4. 365 Prognosen in 365 Tagen: Ergebnisse eines Twitter-Experiments

In Pollença auf der spanischen Mittelmeerinsel Mallorca führt die Treppe Carrer de Calvari über 365 Stufen vom Ortszentrum auf den Kalvarienberg zur Kapelle Eglésia del Calvari. Jeweils am Karfreitag führt eine Prozession die Treppe hinunter zur Kirche der Gemeinde: 365 Stufen als Symbol für 365 Tage des Jahres. Im übertragenen Sinne habe ich 2018 365 Tage lang vom 1. Januar bis 31. Dezember 365 Botschaften und Prognosen zu Zukunftsthemen via Twitter in die Welt gesandt. Ein Projekt, ein Experiment mit ungewissem Ausgang: Wer wird mir als „Follower" auf den Kalvarienberg der Zukunftsforschung folgen? Welche Themen und Thesen werden Resonanz finden – und welche nicht?

Das *Follower-Spektrum* hat mich überrascht. Vom Ministerpräsidenten und Fraktionsvorsitzenden über Vertreter von Leitmedien wie DER SPIEGEL, STERN, TAZ, FAZ UND SÜDDEUTSCHE ZEITUNG bis zu Publizisten, Autoren und Aktionisten von Netzwerken, Speakern, Ghostwritern, „Vordenkern" und „Denkpionieren", Chefredakteuren und Studenten, Teamleitern und Managern. Es waren Repräsentanten von Institutionen und Initiativen – aber keineswegs repräsentative Vertreter für die Bevölkerungsstruktur Deutschlands.

TOP TEN TWITTER-THEMEN OPASCHOWSKI 2018

TOP	Themen	Datum	Impressions
1	Werteskala der Deutschen	24.05.18	10.577
2	Inflation von Glücksbüchern	21.07.18	6.162
3	Epidemie chronischer Langeweile	20.06.18	6.136
4	Sehnsucht nach positiven Fortschrittsvisionen	05.09.18	5.697
5	Die Macht der Verbraucher im Digitalzeitalter	19.08.18	4.413
6	Soziale Kontakte als Lebensverlängerung	12.06.18	3.669
7	Generation @: Ständig unter Strom	16.04.18	3.598
8	Digitalisierung für ein besseres Leben?	26.01.18	3.589
9	Die Zukunft von Datenschutz	25.05.18	3.286
10	Vertrauensverluste im Internet	03.05.18	3.199

Und was die *Themen-Resonanz* betrifft: Nicht Bad News und Sensationsmeldungen, nicht Kriege, Krisen und Katastrophen wurden geklickt und geliked. Nein, am Ende des Jahres dominierten *positive Fortschrittsvisionen* für ein werthaltiges und besseres Leben. Es ging um Glückssuche und Auswege aus Vertrauensverlusten und Beziehungsproblemen. Ganz nah an dem, was Menschen *heute bewegt* und *folgenreich für morgen* ist oder sein kann. Die tägliche Resonanz der Nutzer lag zwischen 300 und 10.000 Impressions: So entstand eine Art Navigator und Zukunftskompass für das aktuelle *Lebensgefühl einer Info-Elite* auf dem Weg in die Welt von morgen.

5. Wissen, was wird:
Fortschritt durch Zukunftsforschung

Als ich im Wintersemester 2005/2006 im Universitätsseminar die Studierenden bat, sich alternativ für eine von zwei möglichen Arbeitsgruppen zu entscheiden, strömten alle in die Arbeitsgruppe zum Thema „Wie *werden* wir leben?", aber niemand wollte in der Themengruppe „Wie *wollen* wir leben?" mitarbeiten. Realismus gab den Ton an; der Mut zu Visionen und Wünschen fehlte. Das erinnerte mich an die Erfahrung des amerikanischen Zukunftsforschers Alvin Toffler: Sein Buch „Der Zukunftsschock" (1970) wurde ein Bestseller. Der zweite Band „Die Zukunftschance" (1980) wurde ein Flop.

Zukunftsforschung ist für künftiges Handeln mitverantwortlich. Sie muss eine *„Wissenschaft gegen Zukunftsangst"* (Markl 1998) sein. Zukunftsforschung muss Zukunft planbar und für ein besseres Leben gestaltbar machen.

„Nachfragen an die Heutigen:
Vernichten die Mikrochips massenhaft Arbeitsplätze

---

oder befreien uns die Industrieroboter von schlechter Arbeit?
Wer denkt an die ökologischen, die sozialen,
die psychischen Folgen?
Wann wandeln sich die Tarifpartner zu Sozialpartnern,
die Kirchen zu Sinnstiftern,
die Schulen zu Sinnvermittlern?
Wer verantwortet (oder antwortet auf) die Sinnkrise der
Erwerbsarbeit,
die Legitimationskrise der Industriegesellschaft,
die Motivationskrise derjenigen,
die von Arbeit freigestellt werden, aber nicht wissen wofür?
Wir können aus der Vergangenheit für die Zukunft lernen.
Wir können aber auch – eine wünschbare Zukunft vor Augen –
die Gegenwart so gestalten, dass sich die Zukunft
in unserem Sinne lebenswert entwickelt!"

(1983/35)

Der *Club of Rome*-Bericht über die Grenzen des Wachstums verstand sich seinerzeit nicht – wie oft unterstellt – als unausweichliches Zukunftsszenario. Vielmehr sollten die Risiken eines blinden *Wachstumsstrebens* aufgedeckt und kritisiert werden. Der Bericht war das erste Weltmodell, das von einer unabhängigen Expertengruppe (und nicht im Auftrag einer Regierung) erstellt wurde. Er setzte Maßstäbe für die Zukunft und strebte einen ökonomischen und ökologischen Gleichgewichtszustand an, bevor es zu spät ist.

Anschaulich lässt sich dieses in einem Beispiel darstellen: „Die Walfänger haben einen *Grenzwert* nach dem anderen erreicht und stets versucht, diese Begrenzungen durch den Einsatz noch größerer technologischer Hilfsmittel zu durchbrechen. Sie haben eine Wal-Art nach der anderen ausgerottet. Das Endergebnis dieser Haltung, die Wachstum um jeden Preis verlangt, kann nur die totale Ausrottung aller Walarten – und der Walfänger selbst sein" (Streich 1997, S. 66). Im übertragenen Sinne bedeutet dies: Auch die *Umweltbewegung* heute will *Opposition gegen blinden Fortschritt* und nicht blinde Opposition gegen Fortschritt sein.

Dafür spricht auch, dass der *Gedanke der direkten Demokratie* in Deutschland immer mehr Anhänger findet. Ob es Politikern und Parteien gefällt oder nicht: „Es sollte viel mehr *Volksabstimmungen* für die Bürger geben", sagt ein wachsender Teil der Bevölkerung (2013: 78 Prozent – 2019: 85 Prozent). Insbesondere die *Jungwähler* im Alter von 18 bis 24 Jahren fordern mehr politischen Einfluss durch Volksabstimmungen. Keine andere Bevölkerungsgruppe hat sich in den letzten Jahren so stark dafür gemacht (2014: 71 Prozent – 2019: 94 Prozent). Ein fast explosiver Anstieg von 23 Prozentpunkten in nur fünf Jahren. Wenn die Parteien den Rückhalt in der Bevölkerung behalten oder wiedergewinnen wollen, müssen sie die Interessen der jungen Wähler stärker berücksichtigen. Sonst droht ein *schleichender Vertrauensschwund*.

Die junge Generation will sich nicht länger zum TV-Konsumenten degradieren lassen, während sich Politiker in den Talk-Shows inszenieren. Jungwähler müssen mehr für Bürgerbewegungen und -initiativen begeistert werden. Andernfalls bleiben sie als Nichtwähler zu Hause. Daraus folgt: Die Politik muss den *Spagat zwischen Bürgerdemokratie und repräsentativer Demokratie* wagen. In Volksbefragungen spiegelt sich schließlich das wider, was die Bürger *gerade bewegt* oder was in der Politik *vorrangig getan* werden soll.

Durch mehr Volksabstimmungen werden Parteien keineswegs entmachtet, lediglich daran erinnert, was eigentlich ihr Auftrag im Sinne von Artikel I21 des Grundgesetzes ist: „Die Parteien *wirken* bei der politischen Willensbildung des Volkes *mit*." Die Bürger werden in Zukunft wieder mehr darüber entscheiden wollen, *was getan werden muss*. Sie wollen Antriebsmotor für gesellschaftliche Veränderungen sein. Kurz: *Die Bürger wollen mitmischen* und die

Zukunft menschlich gestalten (und nicht nur ökonomischen und technologischen Nutzen ziehen).

Stoppt! Rettet! Bekämpft! Die Bürger sagen selbst, was den sozialen Frieden in Deutschlands Zukunft gefährdet: Krisen, Ängste und Sorgen wie

- Fremdheitsgefühle und Integrationskonflikte,
- Klimawandel und Umweltprobleme,
- Pflegekrise und Wohnungsnot,
- Einsamkeit und Langeweile als neue Zukunftsleiden sowie
- Bindungsängste und Fähigkeitsverluste.

Die Deutschen wünschen sich für die Zukunft eine umfassende *Sozial-Agenda*, die ihren Namen auch verdient. Ein Sozialstaat muss sich um das *Wohlergehen für alle* sorgen – und wenn es sein muss auch um die Einführung eines *sozialen Pflichtjahrs*.

Es gibt noch viel zu tun. Die meisten Sozialpolitiker treten bisher wie Finanzminister auf: Es geht ihnen mehr um Geld als um Soziales: vom Kinder-, Mütter- und Arbeitslosengeld über Mindestlohn und Bürgergeld bis zu Grundeinkommen und Grundrente. Die Zukunftsfrage ist aber nicht nur eine Geldfrage. Auf dem Weg in die Zukunft sind derzeit rund drei Viertel der Deutschen (2013: 70 Prozent – 2019: 74 Prozent) bereit, *„sich selbst mehr zu helfen* und nicht alle Probleme einfach dem Staat zu überlassen". Nichts anderes meint auch die motivierende *Fridays-for-Future-Bewegung*: Die junge Generation will die Politik an ihre *Verantwortung erinnern*.

Eine neue *Generation Z* entwickelt sich, die andere Zeichen für die Zukunft setzt. In den letzten fünf Jahren hat es eine fast explosionsartige Zunahme bei den unter 20-jährigen Jugendlichen gegeben, die „viel *mehr Volksabstimmungen* für die Bürger" fordern (2014: 73 Prozent – 2019: 94 Prozent). Die U20-Generation will bei relevanten gesellschaftlichen Zukunftsfragen mehr gehört werden und mehr mitbestimmen können. Wahlen im Vier-Jahres-Rhythmus reichen in den schnelllebigen Zeiten von Globalisierung und Digitalisierung nicht mehr aus, um *bei wichtigen Zukunftsfragen Gehör zu finden* und Einfluss auf politische Entscheidungen zu nehmen. Infolgedessen plagen Parteien Nachwuchssorgen. Politische Karrieren sind bei der jungen Generation immer weniger „in". Regierungsparteien verlieren massenhaft Mitglieder. Die Ausbreitung von Politiker- und Parteienverdrossenheit wird die Folge sein.

Die „Fridays for Future"-Proteste stellen durchaus eine neue Mitmachbewegung im Sinne von Artikel 20 Absatz 2 des Grundgesetzes dar, wonach alle Staatsgewalt „in Wahlen und Abstimmungen vom Volke ausgeht" und Parteien bei der politischen Willensbildung lediglich „mitwirken", aber nicht allein bestimmen sollen. Die jugendlichen Protestgruppen richten sich gegen *Polit-Profis*, die sich zu verselbstständigen drohen und dabei die Interessen kommender Generationen aus den Augen verlieren. Die Jugendlichen vermissen in der Politik klare Vorstellungen darüber, *wie unsere Gesellschaft in zwanzig, dreißig Jahren aussehen soll*.

Lernen in Projekten gehört seit jeher zum Bildungsauftrag der Schule. Das aktive soziale Lernen zielt auf selbstständiges und verantwortliches Handeln: „Zu den wichtigsten Erziehungszielen der Zukunft werden Selbstständigkeit und Selbstvertrauen gehören, die *in schulischen Projekten gefördert und eingeübt* werden müssen." Davon ist die überwiegende Mehrheit der Bevölkerung in Deutschland überzeugt – mit wachsender Tendenz (2014: 84 Prozent – 2019: 87 Prozent). Insbesondere die U2C-Generation setzt sich dafür ein (2014: 77 Prozent – 2019: 92 Prozent). Schüler wie Eltern fordern: Die Förderung und Einübung von Projekten sollen ein selbstverständlicher Teil der Unterrichtswirklichkeit sein. Bei solchen Projekten eigenständigen Lernens und Handelns sind nicht mehr die Lehrer, sondern die Schüler am stärksten aktiv und tätig.

Damit verbunden ist eine *veränderte Anspruchshaltung*, die das Regieren nicht leichter macht. Es geht um Mitsprache und Mitgestaltung, aber auch um Protest und Gegenbewegung. Bürgerbegehren und Bürgerentscheide wirken auf Kommunalpolitiker nicht selten wie eine „Verhinderungsdemokratie", eine Art von zivilem Ungehorsam, der Planungen und Projekte durch ein massives *„Nein!"* blockiert oder gar verhindert. Zur Gegenwehr hilft dann manchmal nur noch eine doppelte Verneinung wie in Freiburg 2019 (bei der erfolgreichen Kampagne von Parteien und Verbänden in einem Bürgerentscheid, der den Neubau von Wohnungen zu verhindern anstrebte): *„Nie war ein Nein so Zukunft!"*

Die repräsentativen Ergebnisse des Buches „Wissen, was wird" zeichnen andererseits auch ein ebenso positives wie realitätsnahes Bild der Zukunft Deutschlands:

- Die Deutschen wollen in einem Land des Fortschritts und der Hoffnung leben.

- Sicherheit und Geborgenheit sollen so wichtig wie Freiheit und Unabhängigkeit sein.

- Arbeit, Familie und Freunde werden im Zentrum des Lebens stehen.

- Selbstständigkeit und Ehrlichkeit zählen zu den wichtigsten Zukunftskompetenzen.

- Mehr Rücksichtnahme und Respekt, Verantwortung und Verlässlichkeit halten die Gesellschaft wieder mehr zusammen.

Der Report „Wissen, was wird" macht Mut zur und Lust auf die Zukunft Deutschlands: Alle wollen schließlich gut und lange leben können – materiell, mental und auch sozial.

Mein Blick in die Geschichte der Zukunft Deutschlands erinnert ein wenig an die deutsche Zeitform Futur II: *Heute schon wissen, was morgen gewesen sein wird.* Das Buch gibt Antworten auf die Frage der Politik als *Daseinsvorsorge: „Sind unsere Entscheidungen enkeltauglich?"* Auf der Jahreskonferenz des Rats für Nachhaltige Entwicklung am 13. Juni 2017 war dies die offene Frage von Angela Merkel an die Konferenzteilnehmer. Statt wie bisher den kommenden Generationen nur zu verkünden „Wir bewahren euch vor dem Schlimmsten", votiert der kanadische Premierminister Justin Trudeau mehr für eine zukunftsfähige Positiv-Strategie (SPIEGEL-Interview vom 8. Juli 2017, S. 49): „Lasst uns versuchen, *gemeinsam das Beste zu erreichen*. Lasst uns eine *positive Idee* davon gewinnen, wie unser Zusammenleben aussehen kann. Lasst uns eine *Vision* entwickeln. Es ist besser, wenn wir *alle an einem Strang ziehen*."

Deutschland soll weiter wachsen – ökonomisch und sozial. Aber die Wachstumsidee muss *an eine Vision gebunden* sein, wenn sie sozialen Fortschritt garantieren soll. John F. Kennedys Moonshot-Rede von 1961 ist zukunftsweisend: „Wir haben beschlossen, innerhalb der nächsten zehn Jahre zum Mond zu fliegen." 1969 landete der erste Mensch auf dem Mond. Wo ist die Moonshot-Version unserer Regierung? Wo ist die Vision, die unser Land für zehn bis zwanzig Jahre begeistert? *Wo ist Deutschlands Moonshot?*

WACHSTUM IN DEUTSCHLAND

Alles wächst.
Es wächst die Wirtschaft.
Es wächst der Lebensstandard.
Es wächst die Ungleichheit
und die Unsicherheit auch.
Nervosität wächst
und Aggressivität wächst.
Es wächst die Unlust an der Politik
und die Unlust an der Parteiendemokratie.
Es wachsen Bindungslosigkeit
und Kinderlosigkeit,
Mindestrente und Altersarmut,
Schulden und Umweltbelastungen.
Es wächst die Angst vor der Zukunft.
Wachstum um jeden Preis
hat seinen Preis.

Alles wächst.
Es wächst die Sehnsucht
nach einem Leben nach Maß
und einer Gesellschaft im Gleichgewicht.
Es wächst die Suche
nach Sinn und Halt und Heimat,
nach Verantwortung und Verlässlichkeit.
Es wächst die Lust an der Entmachtung der Parteien
und die Lust an einer neuen Bürgerdemokratie.
Es wächst das Vertrauen
in Familie und Freundeskreis.
Es wächst die Solidarität der Generationen,
damit die nächsten Generationen
eine Zukunft haben.
Wachstum um jeden Preis
hat seinen Preis.

(Mein Szenario aus dem Jahr 2013, Homepage Opaschowski)

XII. ANHANG

1. Publikationsliste des Autors

(1) Du hast fünf Leben! Ein Wegweiser durch die Fünf-Generationen-Gesellschaft (mit P. Zellmann), Wien 2018

(2) Das Abraham-Prinzip. Wie wir gut und lange leben (mit I. Pilawa), Gütersloh 2016

(3) So wollen wir leben! Die 10 Zukunftshoffnungen der Deutschen (mit I. Pilawa), Gütersloh 2014

(4) Deutschland 2030. Wie wir in Zukunft leben, Gütersloh 2013

(5) Der DeutschlandPlan. Was in Politik und Gesellschaft getan werden muss, Gütersloh 2011

(6) WIR! Warum Ichlinge keine Zukunft mehr haben, Hamburg 2010

(7) Wohlstand neu denken. Wie die nächste Generation leben wird, Gütersloh 2009

(8) Vision Europa. Von der Wirtschafts- zur Wertegemeinschaft (mit U. Reinhardt), Hamburg 2008

(9) Alterräume. Illusion und Wirklichkeit (mit U. Reinhardt), Darmstadt 2007

(10) Minimex. Das Zukunftsmodell einer sozialen Gesellschaft, Gütersloh 2007

(11) Das Moses Prinzip. Die 10 Gebote des 21. Jahrhunderts, Gütersloh 2006

(12) Freizeitwirtschaft. Die Leitökonomie der Zukunft (mit M. Pries/U. Reinhardt), Hamburg 2006

(13) Besser leben, schöner wohnen? Leben in der Stadt der Zukunft, Darmstadt 2005

(14) Der Generationenpakt. Das soziale Netz der Zukunft, Darmstadt 2004

(15) Deutschland 2020. Wie wir morgen leben – Prognosen der Wissenschaft, Wiesbaden 2004

(16) Was uns zusammenhält. Krise und Zukunft der westlichen Wertewelt, München 2002

(17) Wir werden es erleben. Zehn Zukunftstrends für unser Leben von morgen, Darmstadt 2002

(18) Start-up ins Leben. Wie selbstständig sind die Deutschen? Hamburg 2002

(19) Deutschland 2010. Voraussagen der Wissenschaft, 2. Aufl., Hamburg 2001

(20) Das gekaufte Paradies. Tourismus im 21. Jahrhundert, Hamburg 2001

(21) Der gläserne Konsument. Die Zukunft von Datenschutz und Privatsphäre in einer vernetzten Welt, Hamburg 2001

(22) Tourismus. Eine systematische Einführung – Analysen und Prognosen, 3. Aufl., Opladen 2001

(23) Xtrem: Der kalkulierte Wahnsinn. Extremsport als Zeitphänomen, Hamburg 2000

(24) Kathedralen des 21. Jahrhunderts. Erlebniswelten im Zeitalter der Eventkultur, Hamburg 2000

(25) Umwelt. Freizeit. Mobilität. Konflikte und Konzepte, 2. Aufl., Opladen 1999

(26) Generation @. Die Medienrevolution entlässt ihre Kinder: Leben im Informationszeitalter, Hamburg 1999

(27) Leben zwischen Muss und Muße. Die ältere Generation: Gestern. Heute. Morgen, Hamburg – Ostfildern 1998

(28) Feierabend? Von der Zukunft ohne Arbeit zur Arbeit mit Zukunft, Opladen 1998

(29) Einführung in die Freizeitwissenschaft, 3. Aufl., Opladen 1997

(30) Deutschland 2010. Wie wir morgen leben, Hamburg 1997

(31) Pädagogik der freien Lebenszeit, 3. Aufl., Opladen 1996

(32) Zehn Jahre nach Orwell. Aufbruch in eine neue Zukunft, Herne 1994

(33) Freizeitökonomie. Marketing von Erlebniswelten, Opladen 1993

(34) Freizeit, Konsum und Lebensstil, Köln 1990

(35) Pädagogik und Didaktik der Freizeit, 2. Aufl., Opladen 1990

(36) Arbeit, Freizeit. Lebenssinn? Orientierungen für eine Zukunft, die längst begonnen hat, Opladen 1983

(37) Methoden der Animation. Praxisbeispiele, Bad Heilbrunn 1981

(38) Einführung in die freizeitkulturelle Breitenarbeit, Bad Heilbrunn 1979

(39) Qualifizierung der Animateure, Düsseldorf 1979

(40) Freizeitpädagogik in der Schule. Animative Didaktik, Bad Heilbrunn 1977

(41) Der Freizeitsportleiter, Hamburg 1977

(42) Freizeit als gesellschaftliche Aufgabe. Konzepte und Modelle, Düsseldorf 1976

(43) Freizeitpädagogik in der Leistungsgesellschaft, 3. Aufl., Bad Heilbrunn 1977

(44) Soziale Arbeit mit arbeitslosen Jugendlichen. Streetwork und Aktionsforschung im Wohnbereich, Opladen 1976

(45) Pädagogik der Freizeit. Grundlegung für Wissenschaft und Praxis, Bad Heilbrunn 1976

(46) Im Brennpunkt: Der Freizeitberater, Düsseldorf 1973

(47) Freizeitpädagogik in der Leistungsgesellschaft, Bad Heilbrunn 1973

(48) Der Jugendkult in der Bundesrepublik, Düsseldorf 1971

(49) Freizeitpädagogik, Bad Heilbrunn 1970

(50) Jugendauslandsreisen. Geschichtliche, soziale und pädagogische Aspekte, Neuwied – Berlin 1969/1970.

2. Zukunftskompass für kommende Generationen

Wenn Zukunftsforschung nachhaltig wird und wirkt

Exemplarische Auswahl von Forschungstexten des Autors
in Schulbüchern, Lehrplänen und Prüfungsaufgaben

- Deutsch Abitur Prüfungsaufgaben MIT mit LOE/2006
  („Zehn Gebote für das 21. Jahrhundert"/2001)

- Deutsch Punkt 3 Gymnasium/2006
  („Der soziale Druck des Konsums"/1997)

- Abschlussprüfung Deutsch Sekundarschule/2006
  („Wachsende soziale Unlust"/2001)

- Deutschideen Ausgabe S/2003
  („Generation @. Die Medienrevolution entlässt ihre Kinder"/1999)

- Realschule Deutsch Abschluss Prüfungsaufgaben
  („Xtrem. Der kalkulierte Wahnsinn"/2000)

- Hauptschule Deutsch Abschluss B/2002
  („Born to shop"/2001)

- Abenteuer Ethik 1 – Berlin Neu/2016
  („Was Jüngere von Älteren lernen können"/2004

- Anstöße Politik & Wirtschaft 2 G Gym SB/2013
  („Die Arbeitsformel für die Zukunft"/2009)

- Fundamente Geographie SB/2008
  („Leben in der Stadt der Zukunft"/2005)

- Demokratie heute 2 – Politik und Wirtschaft Hessen/2012
  („Die Menschen rücken zusammen"/2009)

- Mensch und Politik S II/GK Rechtserz. Wirtschaft Sachsen/2014
  („Wohlstandsfaktor Kinderlosigkeit"/2005)

- Praxis Sprache & Literatur 10 Gymnasium/2009

("Lebst du schon oder drehst du noch am Rad?"/2009

- Politik und Wirtschaft Sek II Qualifikationsphase/2015
  ("Die westliche Wertekultur auf dem Prüfstand"/2001)

- Kolleg Politik und Wirtschaft Hessen – Einführungsphase/2016
  ("Vom Wertecocktail zur Sinnsuche"/2009)

- Anstöße Politik NW SB/2014
  ("Nachhaltigkeit braucht Regeln"/2009)

Der mutige Satz der pakistanischen Schülerin Matala Yonsafz vor der UNO setzt Zeichen für eine nachhaltige Zukunft:

"Ein Kind, ein Leben und ein Buch können die Welt verändern."

3. Grundlagenliteratur

Adam, B. (Hrsg. u. a.): Die Nonstop-Gesellschaft und ihr Preis, Stuttgart – Leipzig 1998

Adelt, P. (u. a.): Umweltbewusstsein und Konsumverhalten. In: R. Szallies/G. Wiswede (Hrsg.): Wertewandel und Konsum, Landsberg/Lech 1990, S. 155–184

Allman, J.: Parenting and survival in anthropoid primates: Caretakers live longer. In: Proceedings of the National Academy of Sciences of the United States of America 95 Nr. 12 (1998), S. 6866–6869

Allmendinger, J.: Wir können uns Karriere ohne Pause nicht leisten (Interview). In: DIE WELT vom 14. Juli 2007

Bell, D.: Die nachindustrielle Gesellschaft (1973), Frankfurt/M. 1996

Bloch, E.: Subjekt – Objekt: Erläuterungen zu Hegel, Berlin 1951

BMFSFJ/Bundesministerium für Familie, Senioren, Frauen und Jugend (Hrsg.): Monitor Familiendemographie, Berlin, April 2005

Bolz, N.: Das neue Soziale in den Netzwerken. In: Wirtschaftsrat (Hrsg.): Deutschland im Jahr 2035, Darmstadt 2013, S. 55–66

BUND/Misereor (Hrsg.): Zukunftsfähiges Deutschland, Basel – Boston – Berlin 1996

Bundeszentrale für politische Bildung (Hrsg.): Vierzig Jahre politische Bildung in der Demokratie, Bonn 1990

Camus, A.: Der Mythos von Sisyphus (Rowohlts deutsche Enzyklopädie Nr. 90), Reinbek b. Hamburg 1959

Club of Rome: Die Grenzen des Wachstums, Stuttgart 1972

Club of Rome (Hrsg.): Die globale Revolution („The First Global Revolution", 1991). In: DER SPIEGEL SPEZIAL 2, Hamburg 1991

Coupland, D.: Microsklaven, Hamburg 1996

Dahrendorf, R.: Wenn uns die Arbeit ausgeht. In: Die Zeit Nr. 39, Hamburg 1978, S. 58

Dreher, A. (u. a.): The effects of foreign aid on refugee flows. In: European Economic Review (2019)

Eco, U.: Visionen der Zukunft. In: Conturen Nr. 2 (2000), S. 10–14

Eliade, M.: Kosmos und Geschichte. Der Mythos der ewigen Wiederkehr, Frankfurt/M. 1984

Emcke, C.: Gegen den Hass, Frankfurt/M. 2016

Enzensberger, H. M.: Ach Europa!, Frankfurt/M. 1989

Fischer, L.: Warum ich links bin ... In: Kursbuch 181, Hamburg 2015, S. 65–75

Flechtheim, O. K.: Futurologie. Der Kampf um die Zukunft, Frankfurt/M. 1972

Fromm, E.: Der moderne Mensch und seine Zukunft, Frankfurt/M. 1960

Fthenakis, W. E.: Auf den Anfang kommt es an. Bildung und Erziehung in den Tageseinrichtungen mit Kindern unter sechs Jahren, München 2003

Gaschke, S.: Die gefährlichen Nebenwirkungen der totalen Vernetzung. In: Die Welt (Oktober 2016/Online – http:hd.welt.de/article158806317/)

Gates, B.: Business @. The speed of thought, New York 1999

Gehmacher, E.: Report 1998. So leben wir in 30 Jahren, Stuttgart 1968

Gerkan, M. von: Wachsende Städte in China. In: U. Altrock/D. Schubert (Hrsg.): Wachsende Stadt, Wiesbaden 2004, S. 185–195

Gleick, J.: Schneller! Eine Zeitreise durch die Turbo-Gesellschaft, München 2000

Grass, G.: Im Krebsgang, Frankfurt/M. 2002

Grimm, J. und W.: Deutsches Wörterbuch, Bd. 32, Leipzig 1954

Guggenberger, B.: Das digitale Nirwana, Hamburg 1997

Handy, Ch.: Die anständige Gesellschaft („The Hungry Spirit. Beyond Capitalism – The Quest for Purpose in the Modern World", 1997), München 1998

Handy, Ch.: Ich und andere Nebensächlichkeiten, Düsseldorf 2007

Harari, Y. N.: HOMO DEUS. Eine Geschichte von morgen, München 2017

Hegelich, S.: Invasion der Meinungs-Roboter. In: Analysen & Argumente, Nr. 221. Hrsg. von der Konrad Adenauer Stiftung (September 2016, S. 2-9)

Hein, Chr.: Das Glück im Schuhkarton. In: FAZ Nr. 33 vom 8. Febr. 2019, S. 11

Hölscher, L.: Die Entdeckung der Zukunft, Frankfurt/M. 1999

Huntington, S. P.: Der Kampf der Kulturen („The clash of civilizations", 1996), München – Wien 1996

Hurrelmann, K. / Albrecht, E.: Die heimlichen Revolutionäre. Wie die Generation Y unsere Welt verändert, Weinheim – Basel 2014

Huxley, A.: Schöne neue Welt. Ein Roman der Zukunft (1931), Frankfurt/M. 1981

Huxley, A.: Wiedersehen mit der Schönen neuen Welt (1959), München 1987

Ipsos/Opaschowski: Repräsentativumfrage „Lebensmodelle", Hamburg 2013

Ipsos/Opaschowski: Repräsentativumfrage „Die Werte der Deutschen 2015", Hamburg 2015

Ipsos/Opaschowski: Repräsentativumfrage „Die Werte der Deutschen 2016", Hamburg 2016

Ipsos/Opaschowski: Repräsentativumfrage „Wie wird 2019?", Hamburg 2018

Ipsos/Opaschowski: Nationaler WohlstandsIndex für Deutschland, Hamburg 2019

Joy, B.: Interview. In: DER SPIEGEL Nr. 18 vom 1. März 2000, S. 102

Jules-Verne, J.: Jules Verne, Paris 1973

Jungk, R.: Zukunftsforscher und Zukunftsverhinderer. In: MERKUR Jg. 23 (1969)

Jungk, R.: Die Zukunft hat schon begonnen (1951), München 1990

Junkerjürgen, R.: Jules Verne, Darmstadt 2018

Kahn, A. / Wiener, A. J.: Ihr werdet es erleben („The Year 2000", 1967), Reinbek 1971

Kaiser, T.: Ende einer finnischen UTOPIE. In: DIE WELT vom 9. Februar 2019, S. 10

Kaku, M.: Zukunftsvisionen. Wie Wissenschaft und Technik des 21. Jahrhunderts unser Leben revolutionieren („Visions. How Science Will Revolutionize the 21st Century", 1997), München 1997/2000

Kauder, V.: Meine Geduld ist zu Ende (Interview). In: DER SPIEGEL Nr. 42 vom 15. Oktober 2016, S. 36–38

Key, E.: Das Jahrhundert des Kindes, Berlin 1902

Kirchhof, P.: Das Gesetz der Hydra. Gebt den Bürgern ihren Staat zurück, München 2006

Klein, St.: Der Sinn des Gebens, Frankfurt/M. 2010

Krastev, I.: Osteuropa erklären. Das Unbehagen an der Nachahmung. In: MERKUR Nr. 836 (2019)

Krenz, D.: Und was heißt Pak Choi auf Sächsisch? In: CHRISMON 04/2018, S. 34–42

Kroeber-Riel, W. / Weinberg, P.: Konsumentenverhalten, 7. Aufl., München 1999

Krupp, Chr.: Klimaänderungen und die Folgen, Berlin 1995

Layard, R.: Die glückliche Gesellschaft. Kurswechsel für Politik und Wirtschaft, Frankfurt/M. 2005

Lehmann, J. / Langeheine, R.: Erziehung und Umweltbewusstsein. In: Report-Psychologie 14 (Mai 1989), S. 16–19

Leicht, R.: Angsthasen und Panikmacher. In: Die Zeit vom 27. März 2002, S. 4

Lepenies, A.: So alt wie das Jahrhundert. In: Dies. (Hrsg.): Alt & Jung. Das Abenteuer der Generationen, Frankfurt/M. 1997, S. 85–90

Levine, R.: Eine Landkarte der Zeit. Wie Kulturen mit Zeit umgehen („A Geography of Time", New York 1997), München 1998

Lobo, S.: Die digitale Kränkung des Menschen. In: Fas Nr. 2 vom 12. Januar 2014, S. 37

Löwer, Chr.: Arbeit ist kein Störfaktor. In: Süddeutsche Zeitung vom 29./30. März 2003

Lohse, E.: Widdewidde wie sie mir gefällt. Wie die Parteien auf die sozialen Medien reagieren. In: Faz Nr. 277 vom 26. November 2016, S. 10

Lübbe, H.: Der Lebenssinn in der Industriegesellschaft, Berlin u. a. 1990

Lübbe, H.: Megatrends. Faktoren der Entwicklung moderner Gesellschaften. In: Club AAB 27/28/29 (1996), S. 117–138

Malthus, H. R.: Ein Essay über das Prinzip der Bevölkerung, London 1798

Massimini, F. (u. a.): Flow und biokulturelle Evolution. In: M. u. I. Csikszentmihalyi (Hrsg.): Die außergewöhnliche Erfahrung im Alltag, Stuttgart 1991, S. 77–102

MacIntyre, A.: Der Verlust der Tugend. Zur moralischen Krise der Gegenwart, Frankfurt/M. 1997

Markl, H.: Wissenschaft gegen Zukunftsangst, München – Wien 1998

McKenzie, E.: Privatopia, New Haven 1996

Mead, M.: Der Konflikt der Generationen, Eschborn 1970

Mead, M.: Growing Up in New Guinea (1930), New York 2001

Methfessel, B.: „... entscheidend bleibt die Arbeitskraft der Frau". In: Tornieporth, G. (Hrsg.): Arbeitsplatz Haushalt, Berlin 1988, S. 55–85

Minois, G.: Geschichte der Zukunft, Düsseldorf – Zürich 1998

Minx, E.: Heute über die Chancen von morgen entscheiden oder: Vom Navigieren in unbekannten Gewässern. In: K. Steinmüller (Hrsg., u. a.): Zukunftsforschung in Europa, Baden-Baden 2000, S. 115–122

Mogenet, E.: „Wenn wir das Vertrauen verlieren, verlieren wir alles" (Interview). In: SÜDDEUTSCHE ZEITUNG Nr. 248 vom 26.10.2016, S. 26

Mohr, R. (u. a.): Die unverschleierte Würde des Westens. In: DER SPIEGEL Nr. 52 (2001), S. 50–66

Mückenberger, U.: Arbeitnehmer: Bürger im Betrieb. In: D. Schulte (Hrsg.): Arbeit der Zukunft, Köln 1996, S. 196–212

Nadella, S.: Mitten in der Zeitenwende (Interview). In: DER SPIEGEL Nr. 42 vom 15. Oktober 2016, S. 65–67

Nietzsche, F.: Der Wille zur Macht (1888), München 1966

Nietzsche, F.: Sämtliche Werke, Bd. 13, München 1980

Oeser, E.: Die Angst vor dem Fremden, 2. Aufl., Darmstadt 2016

O.I.Z/Opaschowski Institut für Zukunftsforschung: Repräsentativumfrage „Deutschland – eine Generation weiter", Hamburg 2014

O.I.Z/Opaschowski Institut für Zukunftsforschung: Repräsentativumfrage „Vertrauen in die Politik", Hamburg 2014

O.I.Z/Opaschowski Institut für Zukunftsforschung: Repräsentativumfrage „Die Kinder von heute in der Gesellschaft von morgen", Hamburg 2014

O.I.Z/Opaschowski Institut für Zukunftsforschung: Repräsentativumfrage „Medien", Hamburg 2015

O.I.Z/Opaschowski Institut für Zukunftsforschung: Repräsentativumfrage „Gut und lange leben", Hamburg 2016

O.I.Z/Opaschowski Institut für Zukunftsforschung: Repräsentativumfrage „Fünf Generationen – Fünf Leben", Hamburg 2017

O.I.Z/Opaschowski Institut für Zukunftsforschung: Repräsentativumfrage „Wissen, was wird", Hamburg 2019

Oloukpona-Yinnon, A. P.: Postkoloniale Situationen und die Zukunft der Kulturen. In: J. Rüsen (Hrsg., u. a.): Zukunftsentwürfe, Frankfurt/M. 2000, S. 75–86

Opaschowski, H.: Wie leben wir nach dem Jahr 2000? (BAT Projektstudie), Hamburg 1988

Opaschowski, H.: Wie arbeiten wir nach dem Jahr 2000? (BAT Projektstudie), Hamburg 1989

Opaschowski, H.: 2019 wird ein Jahr der Konfrontationen (Interview). In: WIRTSCHAFTSWOCHE vom 31. Dezember 2018

Orwell, G.: 1984. Roman („Nineteen Eighty-Four", 1949), Frankfurt/M. – Berlin 1994

Pascal, B.: Pensées. Hrsg. v. L. Chevalier, Heidelberg 1954

Pfeiffer, U. (u. a.): Länger arbeiten im Alter. Hrsg. v. Deutschen Institut für Altersvorsorge, Köln 2005

Plickert, Ph.: Steigender Migrationsdruck. In: FAZ Nr. 29 vom 4. Februar 2019, S. 16

Popcorn, F.: Der Popcorn-Report. Trends für die Zukunft („The Popcorn Report", 1991), München 1992

Popper, K. R.: Selbstbefreiung durch das Wissen (1961). In: Ders.: Auf der Suche nach einer besseren Welt, München – Zürich 2002, S. 149–156

Putnam, R. D.: Bowling Alone, New York – London – Toronto – Sydney – Singapore 2000

Riesman, D.: Wohlstand wofür? (1957). In: Ders.: Wohlstand wofür? („Abundance for what?", 1964), Frankfurt/M. 1966

Rifkin, J.: Access. Das Verschwinden des Eigentums („The Age of Access", 2000), Frankfurt/M. 2000

Rifkin, J.: Die Null-Grenzkosten-Gesellschaft, Frankfurt/M. 2014

Rott, Chr.: Die Chancen des demografischen Wandels (IFG/Institut für Gerontologie der Universität Heidelberg), Vortragsmanuskript Rendsburg, 4. Juni 2015

Sachverständigenrat (Hrsg.): Die Zukunft nicht aufs Spiel setzen (Jahresgutachten 2009/10), Berlin, November 2009

Scheerbarth, P.: Der Kaiser von Utopia, Berlin 2004

Schmid, Th.: Nicht mehr Westen sein. In: Die Welt vom 5. Februar 2019, S. 2

Schulz, Th.: Risse im Weltbild. In: Der Spiegel Nr. 48 (2016), S. 72–74

Schulz, Th.: Digitales Leben. In: Der Spiegel Nr. 1 (2017), S. 144–148

Schulze, G.: Die Erlebnisgesellschaft. Kultursoziologie der Gegenwart, Frankfurt/M. 1992/1993

Schumacher, H.: Restlaufzeit. Wie ein gutes, lustiges und bezahlbares Leben im Alter gelingen kann, Köln 2014

Schwedler, W.: Lauern aufs Stichwort. In: Die Zeit Nr. 50 vom 7. Dezember 1984

Scitovsky, T.: Psychologie des Wohlstands („The Joyless Economy", 1976), Frankfurt/M. – New York 1977

Sennett, R.: Der flexible Mensch. Die Kultur des neuen Kapitalismus, Berlin 1998

SfZ/Stiftung für Zukunftsfragen (Hrsg.): FreizeitMonitor 2016, Hamburg 2016

Shell Deutschland Holding (Hrsg.): Jugend 2006. Eine pragmatische Generation unter Druck (15. Shell Jugendstudie), Frankfurt/M. 2006

Shell Deutschland Holding (Hrsg.): Jugend 2010. Eine pragmatische Generation behauptet sich, Frankfurt/M. 2010

Simson, W.: Faktor Mensch in der Globalisierung. In: SÜDDEUTSCHE ZEITUNG Nr. 119 vom 25./26. Mai 2002, S. 27

SINUS-Jugendstudie U18: Wie ticken Jugendliche 2016? Hrsg. v. M. Calmbach (u. a.), Berlin 2016

Sloterdijk, P.: Kopernikanische Mobilmachung und ptolemäische Abrüstung, Frankfurt/M. 1987

Spaemann, R.: Wertegemeinschaft oder Rechtsordnung? In: zeitschritt 9 (2001), S. 23–26

Steffen, B.: Interview. In: DIE WELT vom 18. August 2008, S. 23

Steinmeier, F.-W.: Eine tödliche Gefahr für unsere Gesellschaft. In: FAZ Nr. 259 vom 5. November 2016, S. 10

Streich, J.: 30 Jahre Club of Rome. Anspruch – Kritik – Zukunft, Basel – Boston – Berlin 1997

Süßebach, H.: Wie man in Deutschland wohnt und sich einrichtet. In: Sommer, Th. (Hrsg.): Leben in Deutschland, Köln 2004, S. 114 – 125

Sulzberger, A. G.: Interview. In: DER SPIEGEL Nr. 6 vom 2. Februar 2019, S. 70 – 73

Taleb, N. N.: Antifragilität. Anleitung für eine Welt, die wir nicht verstehen, 2. Aufl., München 2013

Then, E.: Die Evolution in der Arbeitswelt, Bonn – Fribourg – Ostrava 1994

271

Toffler, A.: Der Zukunftsschock, München 1970

Toffler, A.: Die Zukunftschance, München 1980

Tornieporth, G. (Hrsg.): Arbeitsplatz Haushalt, Berlin 1988

Vascovics, L. A. (u. a.): Älterwerden als Single (ifb-Forschungsbericht Nr. 4/Universität Bamberg), Bamberg 2000

Warnecke, H.-J. (Hrsg.): Projekt Zukunft. Die Megatrends in Wissenschaft und Technik, Köln 1999

Weinberg, H.: Wertewandel im Spiegel der Konsumklima-Forschung. In: R. Szallies/G. Wiswede (Hrsg.): Wertewandel und Konsum, Landsberg/Lech 1990, S. 61–85

Wefing, H.: Die neue Sehnsucht nach der Alten Stadt. In: NEUE RUNDSCHAU 2 (1998), S. 82–98

Wells, H.G.: Der neue Akzelerator (Meistererzählungen, 1901), Zürich 1996

Wilke, G.: Die Zukunft unserer Arbeit. Frankfurt/M. – New York 1999

Wimmex AG (Hrsg.): Sechs Monate Green Card in Deutschland. Eine Zwischenbilanz, München 2001

Zweckbronner, G.: Mensch, Natur, Maschine im Spiegel dreier Jahrhundertwenden. In: Landesmuseum für Technik und Arbeit (Hrsg.): Mythos Jahrhundertwende, Baden-Baden 2000, S. 320–332

Zwickel, K.: Neue Wege in der Arbeitspolitik. In: D. Schulte (Hrsg.): Arbeit der Zukunft, Köln 1996, S. 179–195

4. Stichwortverzeichnis

VERLAGSGRUPPE PATMOS

PATMOS
ESCHBACH
GRÜNEWALD
THORBECKE
SCHWABEN
VER SACRUM

Die Verlagsgruppe
mit Sinn für das Leben

Umschlaggestaltung: Finken & Bumiller
Satz: Schmitz Merz
Druck: GGP Media GmbH, Pößneck
Hergestellt in Deutschland
ISBN 978-3-8436-1184-8 (Print)
ISBN 978-3-8436-1185-5 (eBook)